WIDERSPRUCH
80

W0397780

5 Editorial

SCHWERPUNKT

Zur Lage vor Ort

13 **Die Linke in der Ukraine**
Herausforderungen und Kämpfe einer vielfältigen ukrainischen Linken
Ivo Georgiev

23 **Russlands Linke – gespalten im Krieg**
Gibt es heute eine Linke in Russland? Der Autor beschreibt differenziert die Linke vor dem Krieg gegen die Ukraine und deren Reaktion darauf.
Lutz Brangsch

31 **Feministische Politiken in Zeiten von Krieg und darüber hinaus**
Ausgehend von einem Friedensprojekt mit Frauen in der Ostukraine, kritisiert der Artikel die Blindheit der Linken gegenüber den Alltagsbedürfnissen der Frauen nach Sicherheit und formuliert die Anliegen einer feministischen Sicherheitspolitik.
Annemarie Sancar

39 **«Es geht der herrschenden Klasse in Russland ums Überleben»**
Jeder Ausgang des russischen Krieges in der Ukraine wird zu grundlegenden wirtschaftlichen, politischen und ideologischen Veränderungen im postsowjetischen Raum führen.
Wolodymyr Ischtschenko

49 **Pseudowissenschaft als Trend**
«Geopolitik» ist derzeit auch in Russland omnipräsent. Der Begriff hat allerdings eine erstaunliche Entwicklung von der kritischen Rezeption in der Sowjetunion zur heutigen Akzeptanz als Wissenschaft durchgemacht.
Ewgeniy Kasakow

57 **Die überflüssigen Menschen aus der Ostukraine**
Das Spektrum akzeptabler Identitäten in der ukrainischen Öffentlichkeit ist stark eingeschränkt. Für viele bedeutet dies ein Leben als Fremde im eigenen Land.
Anatoli Uljanov

Imperiale Politiken

61 Hegemonie und aktuelle Geopolitik
Der Hegemon USA steigt ab und es ergeben sich neue Konkurrenzsituationen und Kriegsgefahren. Versuch einer linken Einordnung.
Michael Graff

77 Pro und contra Waffenlieferung an die Ukraine
Nur eine Linke, die ihre alten Feindbilder kritisch überprüft, wird Akzente für eine neue Friedensordnung setzen können.
Renate Hürtgen

85 Zeitenwende oder «gewöhnlicher» interimperialistischer Krieg?
In der Ukraine geht es nicht primär um Autokratie oder Demokratie, sondern um neoimperialistische Auseinandersetzungen.
Franco Cavalli

93 USA und China – Kampf um Hegemonie
Auf Chinas erfolgreiche Eingliederung in die US-dominierte Welthandelsordnung folgen Konflikte statt «Wandel durch Handel».
Renate Dillmann

103 Rückkehr zu Gemeinsamer Sicherheit – trotz alledem!
Ab den 1980-er Jahren konnte sich das Konzept Gemeinsamer Sicherheit als Alternative zu Hochrüstung, Kriegsdrohung und Kriegsführung etablieren. Es war auch eine Alternative zur heute wieder aufgewerteten Strategie der Abschreckung.
Dieter Klein

113 Gretchenfrage Ukraine-Krieg
In der Ukraine stehen die Selbstbestimmungs- und Freiheitsrechte der Bevölkerung auf dem Spiel. Momentan müssen sie mit Waffen verteidigt werden.
Beat Ringger

Legitimationen von Aussenpolitik im Krieg

119 Zwischen Menschenrechtsbellizismus und neuem Nationalismus
«Wandel durch Handel» erscheint im Rückblick als illusionäres Selbstbild einer Übergangsepoche. Spätestens der russische Angriff auf die Ukraine zeigt: Der Imperialismus ist abermals in ein «neues Stadium» eingetreten.
David Salomon

129 Mit wem sind wir solidarisch?
Der ukrainische Widerstand überrascht nicht nur das russische Regime, sondern auch geopolitisch argumentierende Linke. Auch sie blenden die Handlungsfähigkeit der Subalternen aus.
Hanna Perekhoda

139 Für eine friedenspolitische Aussenpolitik der Schweiz im Sinn des Völkerrechts
Neutralitätsauslegungen ändern sich mit globalen Umbrüchen. Auch aktuell ist die Neutralität ein umstrittenes Feld, nicht nur im Fall der Ukraineunterstützung
Markus Heiniger

151 Neutrale Schweiz?
Die neu entflammte Diskussion um die Schweizer Neutralität ist kein Zufall, sondern Ausdruck sich zuspitzender ökonomischer und imperialer Widersprüche.
Dominic Iten

Kapitalistische Krise und Imperialismus

161 Ukraine – die Invasion des Kapitals
Während der Krieg gegen die Ukraine weiter tobt, wird unter Aufsicht westlicher Institutionen die ukrainische Wirtschaft zunehmend privatisiert und für ausländisches Kapital zugänglich gemacht.
Michael Roberts

173 Globalisierung in der Krise
Die Krise der Globalisierung ist die Folge eines umfassenderen Prozesses, der bereits mit der letzten Weltwirtschaftskrise begann.
Arman Spéth

183 Der deutsche Klimaimperialismus
Zehn Thesen zur deutschen Energiepolitik: Warum von Imperialismus in Klimafragen geredet werden kann – warum eine kritische Jugend sich mit den ständigen Rufen nach mehr Entschlossenheit täuscht.
Peter Schadt / Nathan Weis

193 Der Krisenimperialismus des 21. Jahrhunderts
Im Imperialismus treibt die Wende von fossilen zu «grünen» Rohstoffen einen «grünen Klimaimperialismus» an. Dagegen hilft nur der Kampf um einen progressiven Verlauf der unausweichlichen Systemtransformation.
Tomasz Konicz

DISKUSSION

203 «Wichtig ist eine Kultur der Auseinandersetzung»
Wie wir an Konflikten, Widersprüchen und Kritik wachsen können.
Ueli Mäder

213 Die Linke im Epochenbruch
Gedanken zu einer Neubelebung globaler linker Allianzen für eine antikapitalistische, sozialökologische Friedensbewegung
Roland Herzog / Hans Schäppi

REZENSIONEN

223 Herausgeber_innenkollektiv des Andrea Wolf Instituts: **Wir wissen was wir wollen**
Gabriela Neuhaus

226 Paola De Martin: **GIVE US A BREAK!**
Ueli Mäder

228 Mathias Knauer / Jürg Frischknecht: **Die unterbrochene Spur.**
Stefan Howald

231 Slave Cubela: **Wortergreifung, Worterstarrung, Wortverlust.**
Peter Streckeisen

233 Beat Schneider: **Chinas langer Marsch in die Moderne.**
Kurt Seifert

236 Francesco Filippi: **Mussolini hat Gutes getan?**
Winfried Roth

237 Carolin Amlinger / Oliver Nachtwey: **Gekränkte Freiheit** und Mirela Ivanova / Helene Thaa / Oliver Nachtwey (Hg.): **Kapitalismus und Kapitalismuskritik.**
Ueli Mäder

240 Alexander Behr: **Globale Solidarität.**
Lukas Brügger

242 Jörg Kronauer: **Der Aufmarsch – Vorgeschichte zum Krieg.**
Dominic Iten

246 Autor:innen

Editorial

Während Heft 80 des *Widerspruchs* erscheint, sehen und hören wir vom Sterben in der Ukraine, einem geografisch nahen, aber sachlich und politisch fernen Land – sowohl in Bezug auf das Wissen in westlichen Ländern über Geschichte und Gegenwart im postsowjetischen Raum als auch was die Einschätzungen der Kriegsvorgänge anbelangt. Vor einem Jahr gaben wir *Widerspruch* 78 zur *Vermessung der Katastrophe* heraus, und der Angriff Russlands auf die Ukraine spielte darin keine Rolle. Der Krieg hatte uns überrascht. Dennoch wagen wir uns nun aus Gründen der Dringlichkeit, und um Wissen nachzuholen, an ein Heft zum Krieg in der Ukraine und dessen Kontext, das die Akteure und Umstände des Konflikts sowie linke Positionen diskutiert.

Die Zeitschrift *Widerspruch* trägt die Dimensionen von Konflikt und Auseinandersetzung im Titel. In ihr wird herrschenden Positionen widersprochen, und es werden Meinungsverschiedenheiten unter Linken ausgetragen, streitlustig und solidarisch – ohne auszublenden, dass Grenzen existieren und nicht alle Positionen im linken Spektrum unter dem Vorzeichen der Meinungsvielfalt gleichermassen legitim sind. Aussagen müssen belegt werden, Polemiken und Vereinfachungen riskieren auf Widerspruch zu stossen. Theorie und Praxis der Begriffe «links», «sozialistisch» und «emanzipatorisch» müssen zudem inhaltlich weiter gefüllt werden in einer Zeit, in der linke Gegenprojekte zu herrschenden Politiken erst in Konturen erkenntlich sind.

Auseinandersetzungen in einer pluralistischen Linken zu führen, ist dieser Tage nicht einfach. Die rasanten Entwicklungen, bereits stattfindende oder sich abzeichnende Umbrüche drohen, sich links positionierende Menschen, Organisationen und Parteien zu spalten, gegeneinander aufzubringen und teilweise sogar lahmzulegen. Linke nehmen – vereinfacht formuliert – gegenüber dem russischen Angriffskrieg gegen die Ukraine, dem nationalen Selbstbestimmungsrecht, der Bedeutung der NATO-Osterweiterung und dem (interimperialistischen) Charakter des Konflikts sehr unterschiedliche Positionen ein.

Die damit verbundenen Konflikte reichten in der Phase der Konzeption von *Widerspruch* 80 mitten in die Redaktion und den Beirat der Zeitschrift hinein und brachen am redaktionellen Entscheid aus, den Artikel von Hanna Perekhoda abzulehnen, was zur Folge hatte, dass auch Beat Ringger und Renate Hürtgen ihre Artikel zurückzogen.* Die im Verlauf des Konflikts geäusserte Kritik liess uns als Redaktion den Entscheid überdenken und korrigieren, unter anderem, weil der *Widerspruch* eine Plattform für ein breites Meinungsspektrum in der Linken sein will.

Wir verurteilen den russischen Überfall auf die Ukraine und halten fest, dass von einem völkerrechtlichen Standpunkt Recht und Unrecht klar verteilt sind. Von russischer Seite werden völkerrechtliche und humanitäre Prinzipien verletzt, konkret: die territoriale Integrität des ukrainischen Staates gemäss Artikel 2 der UN-Charta.

Für Linke stellen sich zugleich weitere Fragen. Zunächst einmal ist Skepsis angebracht gegenüber allen, die die Wahrheit nun besonders genau kennen wollen. Zum einen, weil es eine nicht eben glanzvolle Geschichte zum Umgang mit Widersprüchen in der Linken gibt. Zum anderen, weil Krisen von ihrem (unbekannten) Ende her gedacht werden müssen. Welche Strategien sind die richtigen? Grundsätzlich diejenigen, die zum Ziel führen: zur Beendigung des Krieges. Welche das sind, wird sich aber erst im Ergebnis zeigen – und weitgehend von der herrschenden Politik entschieden werden. Bei allen Auseinandersetzungen sollte nicht vergessen gehen, dass linke Positionen derzeit auf die grossen Konfliktlinien leider so gut wie keinen Einfluss haben.

Unbestritten scheint eine kapitalismuskritische Lektüre dieses Krieges. Die Ukraine ist ein Markt, der in der westlichen bzw. östlichen Zone gehalten und von beiden Seiten im jeweiligen Einflussgebiet so schnell wie möglich zugerichtet werden soll. Russland wählt dafür einen grausamen Krieg – rohe Gewalt soll den Raum zu Machtentfaltung und Kapitalakkumulation sichern, wobei der Verteidigungswille der Ukrainer:innen zeigt, dass ganz offensichtlich die wenigsten Menschen unter russischem Einfluss leben wollen. Die Angst ist berechtigt, dass mit der imperialen Vereinnahmung der Ukraine durch Russland die dort herrschenden ökonomischen und ideologischen diktatorischen Zustände übertragen würden. Unter der Selenskyj-Regierung zeichnet sich die weitere Zurichtung der Ukraine entlang

* Die namentliche Nennung der Autor:innen erfolgt auf eigenen Wunsch.

eines rigiden Neoliberalismus ab. Wie eine solche Zurichtung aussieht, zeigen die Strukturanpassungsprogramme von IWF und Weltbank im Globalen Süden oder die nach gleichem Muster organisierten Privatisierungen von staatlichen und kollektiven Unternehmen aus der Sowjetzeit sowohl in Russland als auch der Ukraine. Derartige Transformationen bringen den Besitz in wenige oligarchische Hände und stürzen die grosse Mehrheit der unteren Klassen in Armut und Elend. Dieselben Tendenzen zeigen sich auch im «Nationalen Wiederaufbauplan» (Ukraine's National Recovery Plan, UNRP), der anlässlich der Wiederaufbaukonferenz für die Ukraine im Juli 2022 präsentiert wurde und im Ergebnispapier der Konferenz, der «Erklärung von Lugano», reflektiert wird. Der Plan umfasst eine Reihe kapitalfreundlicher Massnahmen, zum Beispiel die «Privatisierung nicht kritischer Unternehmen» oder die «definitive Überführung von staatseigenen Unternehmen in private Konzerne» (UNRP 2022, 9).

Unbestritten ist weiter, dass die Schweiz seit Jahrzehnten eine Drehscheibe ist für (meist männliche) Oligarchen und ihre Geschäftsaktivitäten, wovon auch der Schweizer Rohstoffhandel und die hiesige Finanzindustrie profitieren. Laut Nationalbank lagen 2020 über zehn Milliarden Franken von russischen Staatsbürger:innen auf Schweizer Konten. Vorschläge zur Regulierung des lückenhaften Rohstoffplatzes sind vorhanden, es fehlt aber der politische Wille zur Umsetzung und Transparenz, die nicht nur dem russischen Kapital unwillkommen ist. Diese Finanzierung des russischen Kriegs zu bekämpfen, gehört zu den Aufgaben von in der Schweiz lebenden Linken, genauso wie die praktische Unterstützung aller Deserteur:innen und Flüchtlinge aus der Ukraine und Russland.

Daran anschliessend versteht sich von selber, dass Solidarität unteilbar ist und Unterstützung und Hilfe für die im rassistischen europäischen Grenzregime bevorzugt behandelten Ukrainer:innen nicht auf Kosten der Opfer von NATO-geführten Kriegen gehen dürfen, sondern dass umgekehrt die Aufnahme von Schutzbedürftigen ausgeweitet werden muss. Das NATO-Mitglied Türkei stoppte die Bombardements in den kurdischen Gebieten nicht einmal angesichts der durch das Erdbeben verursachten Verwüstungen – Medien und Öffentlichkeit schwiegen weitgehend. In *Widerspruch* 80 kam ein Artikel zu den Auswirkungen der Angriffe, vor allem auf kurdische Frauen und weibliche Führungspersonen, nicht zustande, da die Autorin aus unbekannten Gründen nicht mehr erreichbar ist.

Nicht unumstritten sind hingegen Fragen der Strategie – Verhandlungen und Waffenlieferungen, ja oder nein? – und die mannigfachen, damit verbundenen Einschätzungen der Konflikte zwischen den Machtblöcken.

Muss die NATO-Politik als für Linke schwierig auszuhaltendes Dilemma mitgetragen werden? Die ukrainische Zivilbevölkerung ist in diesem Krieg nicht nur «Kollateralschaden», sondern unter anderem durch Angriffe auf die Infrastruktur direkt betroffen. Auf dem Spiel stehen ihre Selbstbestimmungs- und Freiheitsrechte. Der Sturz des oligarchischen russischen Regimes oder zumindest der Rückzug aus der Ukraine würde in der Perspektive derjenigen, die das Dilemma aushalten, einen zivilgesellschaftlich vergleichsweise emanzipatorischen Horizont eröffnen und in andere Regionen ausstrahlen. Putin wäre nicht mehr das Role Model für rechte Kräfte auf der ganzen Welt und die nationalistisch-patriarchalen Narrative würden zurückgedrängt, die sich gegen einen «degenerierten Westen» richten mit einer sich liberalisierenden, von binären Mustern entfernenden Geschlechterordnung («Gayropa»).

Die Ansicht, dass der «Westen» seinen Zenit überschritten hat und der Unilateralismus der NATO einer multipolaren Weltordnung weichen muss, stellt eine ideologische Verbindung zwischen Russland und dem Globalen Süden dar. In der UNO-Generalversammlung wird der Angriff zwar mehrheitlich verurteilt, aber der Ukrainekrieg wird nicht zum Prüfstein für die Anerkennung der bestehenden Ausübung der internationalen Rechtsordnung. Im Globalen Süden sind westliche Interventionen, zum Beispiel in Libyen, Afghanistan oder im Irak, präsenter und die humanitäre Doppelmoral des sogenannten Menschenrechtsimperialismus wird angeprangert.

Unter anderem auf linke Positionen aus dem Globalen Süden berufen sich diejenigen Stimmen, die häufig unter dem Slogan «Weder mit Putin noch mit der NATO» mobilisieren. In ihrer Perspektive trugen auch die Provokationen der NATO während der letzten dreissig Jahre wesentlich zur aktuellen Kriegssituation bei, einer Eskalation zwischen Grossmächten, bei der proletarische Menschen ihr Leben, ihre Freiheit und Sicherheit zu verlieren drohen. Oft drängen diese Stimmen auf Diplomatie statt Eskalation und verweisen darauf, dass die verheerenden lokal- und globalstrategischen Interventionen des «Westens» ähnlich legitimiert wurden, wie es derzeit das russische Regime tut – etwa mit dem Kampf gegen Terror oder dem Schutz von Minderheiten. Auch im Fall des von der NATO bombardierten Jugoslawiens, einem Krieg in Europa, der – unter anderem aufgrund der atomaren Bedrohung – nicht auf dieselbe Stufe wie der Krieg gegen die Ukraine gestellt werden kann, war das so.

Die an dieser Stelle schablonenhaft skizzierten Haltungen kommen im vorliegenden Heft differenzierter zu Wort, zusammen mit weiteren, sich quer oder dazwischen positionierenden Stimmen. Kein Artikel ruft dazu auf, sich als Linke widerspruchslos hinter die NATO zu stellen; einige Autor:innen plädieren mit unterschiedlichen Begründungen für Sanktionen und/oder Waffenlieferungen an die Ukraine. Auch relativiert kein Artikel den russischen Angriffskrieg, weil er «irgendwie der kleinere Imperialismus» sei. Bei allen Differenzen sind nach unserem Ermessen alle Artikel in *Widerspruch* 80 auf der Suche nach Zwischenräumen zur herrschenden Politik, jenseits von binären Polarisierungen und unter Anerkennung der vielen Problematiken, die dieser Krieg mit sich bringt, der auf die Stimmen von Wladimir Putin und Wolodymyr Selenskyj verkürzt zu werden droht.

Auch im bis in die Schweiz ausstrahlenden Kriegsnebel muss die Vielfalt verteidigt werden, die vielen ukrainischen und russischen Realitäten, besonders diejenigen der Frauen, Männer, queeren Menschen und Kinder der unteren Klassen. Ihnen gilt unsere Empathie und Solidarität, und sie müssen der reflexive Ausgangspunkt linker Analysen sein. Sie alle leiden unter dem russischen Angriffskrieg, der (in seiner zwischenimperialistischen Dimension) ein zerstörerisches Potential hat, das über die Ukraine hinausreicht und auch die dringend notwendige ökosoziale Transition bedroht.

Wenn nicht anders vermerkt, ist der Stand der Artikel Ende Januar / Mitte Februar.

Die Redaktion

Richtigstellung

Im *Widerspruch* Nr. 79, Artikel »Ein halbes Jahrhundert Zuger ‹Bulletin›« (S. 123 f.) des ehemaligen RML- und SAP-Aktivisten Josef Lang wird der Unterzeichnete als «damaliger Trotzkist» bezeichnet. Aufgrund des jahrzehntelangen gemeinsamen Engagements in der Zuger Sektion der Schweizer Sektion der IV. Internationale weiss Josef Lang genau, dass ich die Titulierung als «Trotzkist» immer ganz bewusst zurückgewiesen habe. Ich habe mich im Zusammenhang mit meinem politischen Engagement immer als Mitglied der IV. Internationale – und als in der Wolle gefärbten Antistalinisten – bezeichnet. Diese Haltung geht auf meine Zeit an der Kantonsschule zurück – das Studium der russischen Revolution und deren Scheitern prägte meine politische Haltung stark. In diesem Zusammenhang wurde mir auch klar, dass Trotzki als Politiker teilweise nicht gerade Vorbildcharakter hatte. Bis heute bin ich der Meinung, dass das eigene Hirn zum selber denken da ist und es wenig ratsam ist, Jünger irgendeines «Idoles» zu sein.

Martin Stuber, Zug, 21.3.2023

SCHWERPUNKT

spw

Heft 253

Ausgabe 6-2022 | 7,00 Euro

Nachhaltigkeit als Reformkonzept und als konkrete Utopie

Klaus Dörre
Die Utopie des Sozialismus – Kompass für einen Weg aus der Klimahölle

Norbert Sprafke
Horst Peter und die Kasseler SPD

Karla Wiegmann
Unabdingbare Allianzen – die Frage nach Mobilitäts-Gerechtigkeit

Andreas Fisahn
Stromversorgung – es gibt Alternativen!

Claudia Bogedan, Oliver Kaczmarek und Felix Welti
Wissenschaft für Transformation – Transformation der Wissenschaft?

www.spw.de

Ivo Georgiev

Die Linke in der Ukraine

Das Interview mit Ivo Georgiev, Leiter des Länderbüros der Rosa-Luxemburg-Stiftung in Kiew, führte Regula Flury.

Regula Flury: Ivo Georgiev, was kannst du uns über die Linken in der Ukraine vor dem russischen Angriff am 24. Februar 2022 sagen? Wer sind sie?

Ich kenne mich primär in der ausserparlamentarischen Linken in der Ukraine aus. Meine erste Begegnung mit Vertreter:innen dieser Linken war 2010, mit Mitgliedern der Studentengewerkschaft Prjama Dija (Direkte Aktion). Diese Gruppe hatte in Kiew einen sehr wirkungsvollen Strassenprotest gegen die Kommerzialisierung des Hochschulsystems initiiert, mit einigen Teilerfolgen. Zu diesem Zeitpunkt war die Studentengewerkschaft sehr populär und in der Lage, Hunderte von Menschen zu mobilisieren.

Es gab auch immer Linke, die den Klassenkonflikt in der ukrainischen Gesellschaft aufzeigten und die soziale Frage stellten. Sie haben die Klassiker gelesen, Marx, Engels, auch Lenin und Trotzki. Es gab welche, die sich als marxistische Linke verstanden haben. Es gab aber auch Gruppen, die sich unkritisch gegenüber dem Stalinismus verhalten haben und sich zum Teil positiv auf die sowjetische Vergangenheit bezogen, wie die Gruppe Borotba oder die Kommunistische Partei der Ukraine. Andere Gruppen, wie die Linke Opposition, später die Organisation Sotsialnyi Rukh (SR, Soziale Bewegung)[1], verstanden sich als demokratische Sozialist:innen, und haben nicht nur die marxistischen Klassiker gelesen, sondern zudem etliche der heute im Westen bekannten Theoretiker:innen und Politiker:innen, zum Beispiel David Harvey, Naomi Klein, Judith Butler. Sie interessieren sich ebenso für die progressive Linke in den USA oder für Jeremy Corbin in Grossbritannien und beziehen sich auch positiv auf die westeuropäische Linke. Diese Bewegungen haben im Unterschied zu den erstgenannten einen inklusiveren Fokus. Darunter finden sich feministische, anarchistische und queere Aktivist:innen. Es gab in der Ukraine konstante Debatten über die richtige Ausrichtung einer linken Kraft: Die einen betonten den Klassencharakter und den Klassenkonflikt, die anderen verstanden ausserdem queere, feministische und Anliegen der LGBT-Community als Teil einer linken Politik. Die Linke in der Ukraine war also seit jeher sehr vielfältig.

Die Gemeinsamkeit all dieser Gruppen ist, dass sie sich in den etablierten Parteien nicht repräsentiert fanden. Sie kritisierten die kommunistische Partei in der Ukraine. Diese war eine Zeitlang sehr einflussreich und hatte den Anspruch, linke Forderungen zu artikulieren, verlor aber lange vor dem Maidan-Aufstand 2014 in der ausserparlamentarischen Linken an Glaubwürdigkeit. Dasselbe gilt auch für andere Parteien, die sich zeitweise in der Ukraine etablieren konnten, wie die Sozialistische Partei der Ukraine, die mit dem Oligarchensystem paktierte. Nach dem Maidan-Aufstand wurde die Kommunistische Partei verboten. Teile der marxistischen Linken haben sich den von Russland unterstützten Separatistenbewegungen im Donbass angeschlossen oder sind auf die Krim oder ins Ausland gegangen. Seither hat es erfolglose Versuche gegeben, eine moderne linke Partei in der Ukraine zu gründen. Dies scheiterte an den hohen administrativen Hürden. Durch den ausgeprägten antikommunistischen Mainstream und die öffentliche Stigmatisierung der Linken als russlandfreundlich hatten sie grosse Schwierigkeiten, die für die Registrierung benötigten Unterstützungsunterschriften zu sammeln und für linke Alternativen zu werben.

Was war die Situation der Linken in der ukrainischen Gesellschaft vor dem Krieg? Gab es Repression?

Die oben genannten linken Gruppen waren bereits vor der russischen Invasion 2022 dafür bekannt, dass sie sich den rechtspopulistischen, neoliberalen und wertkonservativen Tendenzen widersetzten und auch Kontakte mit russischen oppositionellen Linken unterhielten. Sie waren nicht Teil der Mainstream-Kampagne, mit der die ukrainische Regierung Russland schon vor dem Überfall im Februar 2022 als Aggressor-Staat bezeichnet hatte. Sie kritisierten selbstverständlich die mit russischer militärischer Unterstützung erfolgte Gründung der separatistischen Republiken im Donbass und die Annexion der Krim, aber sie profilierten sich nicht als Antirusslandkraft.

Selbst Gruppen, die sich neutral zu Russland verhielten, wurden aufgrund des sehr verbreiteten nationalpatriotischen Konsenses in der Ukraine als prorussisch gebrandmarkt. Linke Menschen in der Ukraine lebten seit der russischen Annexion der Krim 2014 gefährlich. Ihre öffentliche Tätigkeit wurde im besten Fall geduldet, im schlimmsten Fall verfolgt. Besonders in den Jahren 2015 bis 2017 waren sie Verfolgungen ausgesetzt, fanden ihre Namen und Adressen auf schwarzen Listen von ultrarechten Aktivist:innen im Internet und es gab Hetzkampagnen in sozialen Medien gegen Einzelne. Allein im Umfeld unserer Partnerorganisationen kenne ich zwei Menschen, die von rechten Gewalttätern aus Hass, aus einer ultranationalistischen Gesinnung, derart körperlich verletzt wurden, dass beide in Westeuropa als politische Flüchtlinge Asyl beantragten und es auch bekommen haben – das war zu jenem Zeitpunkt, 2016/17, eine grosse Ausnahme.

Ging diese Repression weniger vom Staat aus, sondern von diesen rechtsnationalen, rechtsextremistischen Gruppen?

Der Staat hat auf jeden Fall das Wirken dieser rechtsnationalen, ultrarechten Gruppen nicht eingeschränkt. Insbesondere in der Amtszeit des Präsidenten Poroschenko gab es einen Innenminister, von dem gesagt wurde, dass Abteilungen seines Ministeriums mit rechtsnationalen, paramilitärischen Gruppierungen zusammengearbeitet haben. Die ukrainischen Linken haben viel abbekommen an Hass, Beschimpfungen in sozialen Medien, Störungen von Veranstaltungen, Aufrufen zur Verfolgung bis hin zu körperlicher Gewalt.[1]

Jemand hat die aktuelle Situation der Linken in der Ukraine als Kampf in zwei Richtungen beschrieben: Nach aussen, gegen die russische Aggression, und nach innen, gegen die Regierung und ihre Politik. Zum Kampf nach aussen: Wie verhalten sich die verschiedenen Gruppierungen gegenüber dem Krieg. Was ist ihre Haltung, was machen sie konkret?

Die ausserparlamentarischen Linken waren nach Beginn des Angriffskrieges Russlands gegen die Ukraine geschockt – wie auch der Rest der Bevölkerung – und haben sich sofort gegen diesen Angriff positioniert. Sie haben ihre politische Arbeit in der Regel nicht aufgegeben, aber sie haben begriffen, dass dieser Krieg nicht nur die ukrainische Gesellschaft hart trifft, sondern einen tiefen Einschnitt für linke Akteur:innen und ihre Arbeit bedeutet. Zum einen verschärfte sich das Denken in Freund-Feind-Kategorien und Linke wurden als potenziell prorussische Landesverräter:innen betrachtet. Andererseits haben viele beschlossen, die Selbstverteidigung der Ukraine gegen den russischen Einmarsch zu unterstützen. Darunter sind auch Menschen, die ich als Pazifist:innen kennengelernt habe, auch Anarchist:innen, Sozialist:innen, Feminist:innen – alle haben sich eindeutig gegen diese Invasion gestellt. Praktisch geschieht das auf unterschiedliche Weise. Insbesondere die jüngeren unter ihnen beteiligen sich an der Territorialverteidigung oder haben sich freiwillig zur Armee gemeldet und sind jetzt an der Front. Mittlerweile haben praktisch alle Kolleg:innen, die mir bekannt sind, in ihren Familien oder Freundeskreisen Menschen, die an der Front sind. Einige Gruppen haben sich neu aufgestellt, zum Beispiel die Gruppe Solidarity Collectives. Sie organisieren nun humanitäre Hilfe und beliefern die Menschen in den zerstörten Ortschaften mit lebensnotwendigen Apparaten, wie Elektrogeneratoren, Wasserfiltern und medizinischen Geräten. Sie unterstützen mit Fundraising-Aktionen auch den militärischen Kampf gegen die russische Invasion. Ich habe von Armeeeinheiten gehört, die aus linken Aktivisten bestehen. Sie verteidigen ihr Land an der Front. Diejenigen, die dies aus verschiedenen Gründen nicht können oder wollen, organisieren humanitäre Hilfsgüterlieferungen aus dem Ausland oder beteiligen sich an der Verteilung von Nahrungsmittel an die betroffene Bevölkerung.

Gab und gibt es auch heute Kontakte mit russischen Oppositionellen?
Vor dem Krieg gab es vereinzelt Austausch zwischen ukrainischen Aktivist:innen und russischen Oppositionellen. Der Kontakt wurde trotz Krim-Annexion und Russifizierung der selbsternannten Separatistenrepubliken im Donbass nicht abgebrochen. Deswegen wurden die ukrainischen Akteur:innen vom ukrainischen Mainstream als prorussisch stigmatisiert.

Es gibt auch jetzt Kontakte, insbesondere mit russischen linken Bewegungen, die sich klar als Antikriegsbewegungen positioniert haben. Es gab bereits im Frühjahr 2022 eine gemeinsame Verlautbarung der ukrainischen linken Organisation Sotsialnyi Rukh und der russischen Sozialistischen Bewegung (RSD) mit gemeinsamen Forderungen.[2] In diesem Dokument wird die militärische Niederlage Russlands als notwendige Voraussetzung für eine künftige Demokratisierung der globalen Weltordnung und zur Schaffung eines neuen, internationalen Sicherheitssystems gefordert. Mittlerweile gibt es auch weitere linke, feministische und marxistische Gruppen aus Russland, die die Hauptforderungen der ukrainischen Linken öffentlich unterstützen.[3] Viele dieser russischen Aktivist:innen haben Russland inzwischen verlassen und leben im Exil.

Du sagst, die ukrainische Linke müsse auch einen Kampf nach innen führen, gegen die Regierung und deren Politik. Kannst du das genauer ausführen?

Die ukrainischen linken Bewegungen haben sich immer als Opposition verstanden und haben an den verschiedenen Regierungen seit 2014 Kritik geübt. In erster Linie haben sie soziale Forderungen betont und dafür gesorgt, dass trotz den sehr ungünstigen Rahmenbedingungen eine linke Öffentlichkeit existierte. In publizistischen Auftritten, insbesondere auf der Internetplattform *Spilne* (commons.com.ua/en/), veröffentlichten sie regelmässig kritische Texte, die in den letzten Jahren ein breites Publikum erreichten. Ihre Kritik richtete sich gegen die offizielle Geschichtsschreibung, die mit dem 2015 erlassenen sogenannten Dekommunisierungsgesetz[4] vorangetrieben wurde, aber auch gegen Nationalismus und Imperialismus sowohl aus dem Westen als auch aus dem Osten.

Sie übten zudem deutliche Kritik an den neoliberalen Wirtschaftsreformen. Praktische Schritte unternahmen sie dann in gemeinsamen Aktionen mit einigen Gewerkschaften. So hat die linke Gewerkschaft NPGU (Unabhängige Gewerkschaft der Metall- und Bergarbeiterinnen) in der Industrieregion Kryvyj Rih vor etwa vier Jahren eine Kampagne in einem Grossbetrieb gestartet. Sie forderte Gehaltserhöhungen und die Rücknahme der staatlichen Kürzung von sozialen Leistungen. Es entwickelte sich eine sehr wirkungsvolle Streikbewegung innerhalb dieses Grossbetriebes. Intellektuelle der Linken aus der Hauptstadt haben sich mit dieser Gewerkschaft zusammengetan und diese Streiks öffentlich unterstützt. Am Ende erreichten die Streikenden für die 24 000 Beschäftigten tatsächlich eine 33-prozentige Gehaltserhöhung und den Austausch des Managements. Diese Protestbewegung hatte eine Signalwirkung und bald folgten weitere Arbeitskämpfe in der gesamten Region. Das war ein klarer Beweis, dass die Linke selbst unter den genannten schwierigen Bedingungen in der Lage ist, konkrete Verbesserungen der Lebens- und Arbeitsbedingungen durchzusetzen.

Du erwähnst die neoliberale Politik der Regierung. Woran machst du diese fest?

Ein wichtiger Kristallisationspunkt war die Auseinandersetzung um ein neues Arbeitsgesetz. Bereits seit vielen Jahren gibt es eine Debatte über die Änderung des im Kern noch aus Sowjetzeiten stammenden Arbeitsrechts.

Alle ukrainischen Parlamente haben versucht, eine neue Arbeitsgesetzgebung durchzusetzen, die die Rechte von Arbeitnehmenden in vielerlei Hinsicht beschneidet. Es geht um den Kündigungsschutz und um die Abschaffung von wichtigen sozialen Zahlungen und Vergünstigungen für verschiedene Kategorien von Arbeitnehmenden. Es geht um Deregulierung, Liberalisierung und Privatisierung der öffentlichen Daseinsvorsorge. Der Staat hat kontinuierlich versucht, die Wirtschaft auf Kosten der arbeitenden Bevölkerung umzugestalten, was teilweise auch gelungen ist. Die wachsende soziale Ungleichheit beförderte auch die politische Instabilität des Landes. Gegen diese Politik gab es einen spürbaren Widerstand innerhalb der Gewerkschaften und der linken Öffentlichkeit.

Benutzen die Regierung und das Parlament den Krieg auch, um diese Liberalisierungen gegen weniger Widerstand durchzuziehen?

In der Ukraine gilt jetzt offiziell Kriegsrecht, deswegen werden Einschränkungen der politischen Demokratie vorgenommen und viele Gesetze geändert. Aber trotzdem werden einige dieser Massnahmen heftig kritisiert, zum Beispiel das neue Mediengesetz, das als Instrument der Zensur bezeichnet wird, wie auch die Prekarisierung der Arbeitsverhältnisse, die Abschaffung des Kündigungsschutzes und die Steigerung der Wettbewerbsfähigkeit. Der Kriegszustand und die desolate Lage des ukrainischen Staatshaushaltes setzen die gegenwärtigen Politiker:innen sehr unter Druck. Dennoch ist es eine gefährliche Tendenz, dass man das Sozialsystem weiter beschneidet und den Menschen so viel abverlangt, dass auch diejenigen, die Arbeit haben, in Armut leben müssen. Dagegen gibt es linken Widerstand.[5] In ihren Stellungnahmen betonen die Aktivist:innen, dass für den Wiederaufbau des Landes nach dem Krieg eine gerechte Sozialpolitik mit Rücksicht auf die breite Bevölkerung unentbehrlich ist. Die seit längerer Zeit eingeschlagene und nun intensivierte Stossrichtung einer Verschärfung der neoliberalen Marktwirtschaft, mit internationalen Investitionen, Privatisierungen, Reduzierung der Daseinsvorsorge, mit dem Abbau der Gesundheitsvorsorge und der Unterfinanzierung des Bildungssystems – das ist der falsche Weg. Ganz im Gegenteil müsste man in öffentliche Dienstleistungen investieren und alternative Wirtschaftspolitiken erarbeiten.[6]

Ein weiterer Kampf steht erst noch bevor: Die Ukraine wird als hochverschuldetes Land aus diesem Krieg hervorgehen. Gibt es dazu Überlegungen aus der Linken?

Die Vorstellung und Forderung der Linken ist, dass es eine internationale

Kampagne für einen Schuldenerlass geben soll. Einbezogen werden sollen die Kreditgeber des Landes, allen voran der Internationale Währungsfonds (IWF), die Europäische Kommission und die Weltbank. Auch die westeuropäische Öffentlichkeit soll diesbezüglich sensibilisiert werden. Die Forderungen beinhalten einen Schuldenerlass, so wie es in anderen Ländern auch möglich war, und die Zusage, dass keine Bedingungen, wie zum Beispiel Kürzungen der Sozialleistungen, daran geknüpft werden. Im Weiteren wird gefordert, dass die internationalen Organisationen die Unterstützung der Ukraine nicht mit neoliberalen Wirtschaftsmassnahmen verknüpfen – selbstverständlich soll weiterhin auf finanzpolitische Transparenz und die Bekämpfung der Korruption geachtet werden. Aber die Zivilbevölkerung soll ausdrücklich geschützt und ein Mindestmass an sozialer Sicherung garantiert und ausgebaut werden.

Ein interessanter Punkt ist, dass die Forderung nach einem Schuldenerlass in der Ukraine selbst nicht unbedingt willkommen ist. Es gab eine Publikation, in der genau diese Forderungen dargelegt wurden, und die erste Reaktion liberaler Medien war nicht gerade positiv. Sie bezeichneten es als einen verdeckten Verrat an den Interessen der Ukraine, weil dadurch möglicherweise Kreditgeber abgeschreckt würden. Dies hätte also Auswirkungen auf das Investitionsverhalten des Westens und die Ukraine bekäme am Ende dann weniger Unterstützung.

Zusammengefasst: Die Linke sorgt dafür, dass es in der Ukraine eine Auseinandersetzung über diese Themen gibt – ohne sie hätte es diese gar nicht gegeben.

Was meint die ukrainische Linke zum Unverständnis einer breiten Linken im Westen – und in anderen Regionen –, die aufs Schärfste verurteilt, dass man sich auf die Nato einlässt?

Die ukrainische Linke hat im Moment viel wichtigere Probleme zu lösen, als sich Gedanken über die Nato und über die Geopolitik zu machen. Die ukrainische Linke kämpft um ihr eigenes Überleben und deswegen werden diese Argumente linker Gruppen im westlichen Ausland mit Befremden und Unverständnis aufgenommen. Es ist nicht so, dass die ukrainische Linke jemals die Nato unterstützt hätte. Im Gegenteil war ihr Verhältnis zur Nato vor dem Angriff immer kritisch. Ihre aussenpolitische Ausrichtung war eher die einer neutralen Haltung. Aber sogar mit dieser Positionierung war die Linke eine Ausnahme in der ukrainischen Öffentlichkeit, sie hat dadurch viel Hass auf sich gezogen. Seit dem Überfall am 24. Februar 2022 steht die ukrainische Linke positiv zu Waffenlieferungen, insofern ist das Thema Nato vom Tisch.

Die Linke wird sich mit den geopolitischen Konsequenzen auseinandersetzen, wenn dieser Krieg, der Kampf ums Überleben, vorbei ist.

Es ist für die gesamte Öffentlichkeit des Landes ein sehr wunder Punkt, wenn Menschen, die nicht unmittelbar betroffen sind, sich über die Betroffenen hinwegsetzen und an deren Stelle argumentieren, ob es für sie nicht besser wäre, die Waffen wegzulegen, sich zu ergeben. Es ist leider so, dass in vielen Aufrufen der Friedensbewegung und der westlichen Linken die ukrainische Bevölkerung kaum Beachtung findet und zur subjektlosen Verhandlungsmasse der geopolitischen Grossmächte degradiert wird.

Ein weiterer kritischer Punkt in diesem Zusammenhang ist das Argument, dass für die «unteren Klassen» nichts schlimmer sei als ein Krieg, sowohl bezüglich des physischen Überlebens als auch der ökonomischen Situation. Sie bezahlen den Hauptpreis.

Das stimmt. Es ist eine furchtbare Tragödie, gerade für die einfachen Menschen, nur nehmen sie diesen Preis in Kauf. Die Menschen, die ich kenne, sagen alle, es gibt etwas Schlimmeres als Krieg und das ist das Leben unter russischer Okkupation. In einem Gespräch mit einer Kollegin, die täglich mit ihrem Sohn telefoniert, der an der Front kämpft, fragte ich sie, ob es nicht besser wäre, wenn der Krieg beendet würde, selbst zu dem Preis, dass einige der besetzten Territorien abgegeben würden. Sie antwortete mir, dass sie natürlich wolle, dass der Krieg aufhört, aber nicht um den Preis, die annektierten Gebiete an Russland fallen zu lassen. Selbst ihr Sohn würde dies nicht wollen. Das ist eine Haltung, die eine Mehrheit der betroffenen Bevölkerung in der Ukraine vertritt.

Für die ukrainische Linke ist es sehr enttäuschend, dass sie nicht mehr Unterstützung aus der westlichen Linken erhält. Was wären ihre Forderungen an uns?

Die ukrainischen Linken der Organisation Sozialnyi Rukh haben im Herbst 2022 ein Positionspapier veröffentlicht, in dem sie ihre Forderungen dargelegt haben.[7] Sie wünschen sich, dass Partnerorganisationen aus dem Westen ihnen zuhören. Sie wünschen sich, dass sie nicht bevormundet werden und ihr Widerstand gegen die Invasion als legitim anerkannt wird. Sie erwarten, dass man sie wahrnimmt, weil sie das Gefühl haben, übergangen zu werden, dies insbesondere mit Blick auf die vorher genannten Positionen der westlichen Linken und ihren geopolitischen Ansatz zur Problematik. Die ukrainischen Linken lehnen die Darstellung kategorisch ab, dass es sich bei diesem Krieg bloss um einen Stellvertreterkrieg der Grossmächte handelt, in dem die Ukraine als Land und Gesellschaft auf den Spielball eines grossen, imperialistischen Akteurs reduziert wird. Diese Darstellung wird als zynisch und überheblich empfunden.

Viele ukrainische Linke haben ihre Wünsche an westliche Linke mittlerweile reduziert, sie hoffen nicht mehr auf ein breiteres Verständnis. Aber sie wünschen sich, dass sie und ihr Land diesen Albtraum überleben, sie wünschen sich ein Ende dieses Krieges, das es möglich macht, dass eine ukrainische Linke tatsächlich auch nach dem Krieg weiter existiert. Dafür brauchen sie die Unterstützung ihrer westlichen Kolleg:innen. Sie wünschen sich auch, dass man sie in linken Debatten darüber, wie denn eine andere Weltordnung aussehen könnte, und welches die Folgen dieses Krieges sein könnten, einbezieht. Sie wollen, dass der Eroberungskrieg Russlands gegen die Ukraine endet und ihr Land wiederaufgebaut wird, ohne weiterhin militärischer Gefahr durch Russland ausgesetzt zu sein. Die grosse Befürchtung, die ich in der ukrainischen Linken wahrgenommen habe, ist, dass dieser Krieg zu Bedingungen beendet wird, die eine weitere Zuspitzung des nationalpatriotischen Diskurses, des Ultranationalismus im Land vorantreiben. In einer derartigen Situation würde die ukrainische Linke untergehen. Sie hoffen auf einen Ausgang des Krieges zu Bedingungen, über die die ukrainische Gesellschaft selbst entscheidet.[8]

Wir haben immer von «der Linken» geredet. Wird das hier Gesagte auch von den feministischen, anarchistischen, queeren Gruppierungen geteilt?

Feministische Bewegungen sind ein Teil dieser Szene, zum Beispiel die Organisation INSHA aus Cherson, die sich vor dem Ausbruch des Krieges sehr erfolgreich für die Rechte queerer Menschen, LGBT-Personen, in der Region Cherson eingesetzt hat. INSHA-Aktivistinnen organisieren jährlich in Cherson eine öffentliche Grossveranstaltung, das Queer Forum, an dem auch viele Menschen aus anderen Regionen der Ukraine teilgenommen haben, um ein Zeichen gegen Homophobie und für Vielfalt zu setzen. Diese Organisation kann natürlich jetzt nicht normal weiterarbeiten. Einige Mitglieder sind in andere Teile des Landes oder nach Westeuropa geflüchtet und arbeiten von dort aus. Ihre Positionen, wie auch diejenigen anderer Vertreterinnen des linken Feminismus, sind im Rahmen dessen, was ich bereits geschildert habe. In einem Aufruf ukrainischer Feministinnen zum Krieg im Sommer 2022 haben sie ihre Meinung sehr pointiert und auch aus einer friedenspolitischen Perspektive deutlich gemacht.[9]

Anmerkungen

1 Auch die Rosa-Luxemburg-Stiftung (RLS) kam als ausländische Organisation vor drei Jahren in den Fokus der Rechten. Nach einer Demonstration ukrainischer Linker vor drei Jahren in Kiew wurde die Tür des Büros von einer Gruppe gewaltbereiter Menschen mit ultrarechten Parolen verschmiert und die RLS Im Internet als russische Agentin hetzerisch denunziert.

2 lefteast.org/against-russian-imperialism/?fbclid=IwAR248vBoyiGppheCU70w-coRvDs5NejvDZnLnd9_1iBHrzOdbPd4S-SQJYQBo (Abfrage 7.2.2023)

3 z. B. socialist.news/russia/war/our-solidarity-is-with-ukrainian-people/?fbclid=IwAR3PXUoQThKczDo-eX2HCGgGU22fUgfXRwNXNmQia6AD-Lhwi20RovDy9ndCU (Abfrage 3.2.2023)

4 Die Dekommunisierungsgesetze, im Mai 2015 vom damaligen Präsidenten Poroschenko unterzeichnet, dienten einerseits dazu, sowjetische Symbolik aus dem öffentlichen Raum zu verbannen, und andererseits, Anhänger der Organisation der ukrainischen Nationalisten und der Ukrainischen Aufstandsarmee zu Nationalhelden zu erklären. Sie legitimierten offiziell ultranationalistische und rechtsradikale Tendenzen. Die Vorgaben des Instituts für Nationales Gedenken, Namen von international bekannten Vertreter:innen der kommunistischen Bewegung, wie die Gründer:innen der Kommunistischen Partei Deutschlands, Karl Liebknecht und Rosa Luxemburg, aus dem öffentlichen Raum zu entfernen und zu stigmatisieren, gelten auch heute und dienen als Rechtfertigung für Angriffe gegen linke Organisationen und Aktivist:innen.

5 www.rosalux.de/en/news/id/46779/ukraines-recovery-must-benefit-ukrainians (Abfrage 3.2.2023)

6 www.rosalux.de/en/news/id/49760/to-rebuild-ukraine-needs-just-social-policy (Abfrage 3.2.2023)

7 rev.org.ua/resolution-the-war-and-the-future-of-ukraine-and-the-left-movement/ (Abfrage 3.2.2023)

8 rev.org.ua/the-left-view-on-the-prospects-of-peace-negotiations/?fbclid=IwAR-3ryW13xFTYAWgQuAzu6Ql1R1Lb-DDLMxMeh-6K7NJEqRakuEoP-haa4IhE (Abfrage 3.2.2023)

9 Das Recht auf Widerstand. Ein feministisches Manifest (commons.com.ua/en/right-resist-feminist-manifesto/, Abfrage 3.2.2023)

Lutz Brangsch

Russlands Linke – gespalten im Krieg

Die Linke in Russland, wie auch die westeuropäische Linke, ist in den aktuellen Auseinandersetzungen keine Friedensbewegung. Der Krieg hat den vielfältigen Faktoren der traditionellen Spaltungen neue hinzugefügt, beziehungsweise alten Faktoren neues Gewicht gegeben. Genauso ist die Gesellschaft in Russland spätestens seit der Krim-Krise gespalten. Unabhängig von Parteipräferenzen dürfte das Pro und Kontra zum «Beitritt» der Krim, zum Agieren Russlands im Donbass-Konflikt von 2014 bis 2022 und zum Krieg gegen die Ukraine im Verhältnis von 50:50 schwanken. Zuverlässige Aussagen dazu sind unmöglich (Brangsch 2021). Um für die Darstellung an dieser Stelle überhaupt einen handhabbaren Ausgangspunkt zu haben, müssen wir einen eher bescheidenen Massstab an das «Links-sein» anlegen. Als «links» sollen hier Organisationen betrachtet werden, die sich in irgendeiner Art antikapitalistisch verstehen, dabei die Errichtung einer wie auch immer verstandenen Macht der Arbeiter und Arbeiterinnen in Betracht ziehen und in der Praxis für die sozialen Rechte der Lohnabhängigen eintreten. Nur mit einer so weichen Definition ist es möglich, über eine Linke in Russland zu sprechen.

Die Linken in Russland und ihre Organisationen – ein sehr kurzer Überblick

Um in dieser Vielfalt Orientierungspunkte zu finden, wird die Opposition in Analysen in systemische und nichtsystemische unterschieden. Als systemische Opposition werden die Kräfte bezeichnet, die auf irgendeine Weise mit den Machtstrukturen verbunden und von ihnen abhängig sind. Ihr werden die im Parlament, der Duma, vertretenen Parteien zugerechnet, auf der linken Seite des Parteiensystems also die Kommunistische Partei der Russischen Föderation (KPRF) und die Partei Gerechtes Russland – für die Wahrheit (Spravedlivaja Rossija – Za pravdu – SR). Die nichtsystemische Opposition ist nicht- beziehungsweise antiparlamentarisch und hat keine Beziehungen zum Machtapparat. In der Realität sind die Übergänge zwischen diesen Flügeln allerdings fliessend. Auch wenn es keine offizielle Zusammenarbeit geben mag, so wirken in konkreten sozialen Auseinandersetzungen ihre Anhänger*innen unabhängig von den Führungen oft zusammen. Und trotz ihrer parlamentarischen Präsenz sehen sich Anhänger*innen der KPRF wachsendem politischem Druck ausgesetzt. Insofern ist die genannte Unterscheidung nur bedingt von analytischem oder gar politischem Wert.

Eine im März 2022 abgeschlossene Untersuchung des Parteiensystems in Russland kommt zu dem Ergebnis, dass unter den zu diesem Zeitpunkt registrierten 32 politischen Parteien zehn oder elf als linke betrachtet werden können. Neben der KPRF und SR zählen dazu die Kommunistische Partei der Kommunisten Russlands, die Partei Alternative für Russland (Partei der Wahl des sozialistischen Weges), die Patrioten Russlands, die Russländische Partei der Rentner für soziale Gerechtigkeit, die Partei für Gerechtigkeit, die Russische Partei für Freiheit und Gerechtigkeit, die Partei für soziale Verteidigung und die Partei für die Wiedergeburt Russlands. Auch die beiden ökologisch orientierten Parteien Russische ökologische Partei «Grüne» und die Grüne Alternative können dazu gerechnet werden (RLS Moskau 2022a).

Das Feld der nichtregistrierten linken Parteien beziehungsweise Bewegungen ist ideologisch noch breiter. Es umfasst neben den kommunistischen und sozialdemokratischen Strömungen vor allem solche, die ihr Selbstverständnis als Anarchist*innen, Trotzkist*innen, Antistalinist*innen, demokratische Sozialist*innen oder Marxist*innen betonen oder auch jeglichen Bezug auf die Linke des 20. Jahrhunderts ablehnen oder sich antibolschewistisch verstehen. Feministische und ökologische Initiativen bewegen sich oft an den Schnittstellen mit zivilgesellschaftlichen Strukturen bürgerlicher Ausrichtung. Als konsequente Gegner des Kriegs Russlands aus diesem Spektrum profilierten sich zum Beispiel die Russländische Sozialistische Bewegung (RSD), der Linksblock, die Alternativen Linken, die Autonome Aktion, die Progressiven Linken oder der Feministische Widerstand gegen den Krieg. Viele ihrer Mitglieder mussten deshalb das Land verlassen und arbeiten jetzt aus der Emigration heraus. Diese Organisationen, beziehungsweise Netzwerke stützen sich vor allem auf junge Menschen auf Studierende, Schüler*innen und in geringem Masse auch auf junge Arbeiter*innen (RLS Moskau 2022b).

Daneben gibt es eine ganze Reihe linker Intellektueller, die unabhängig von vorhandenen Partei- oder Gruppenzugehörigkeiten agieren. Eine zentrale Rolle spielen dabei Boris Kagarlitsky und Alexandr Buzgalin. Beide stehen für zwei unterschiedliche Quellen der heutigen Linken in Russland. Ersterer gehörte bereits zur Opposition gegen die KPdSU in den 1980er-Jahren, Buzgalin gehörte dem letzten Zentralkomitee der KPdSU an. Kagarlitsky betreibt schon seit Jahren den Blog *Rabkor*, mit dem er und seine Mitstreiter*innen in die linken Debatten intervenieren. Sein Telegram-Kanal *Кагарлицкий letters* (Kagarlitsky-Briefe) mit fast 20 000 Abonnent*innen kommentiert aktuelle gesellschaftliche Entwicklungen. Buzgalin betreibt seit Anfang der 1990er-Jahre das Projekt *Alternativy* als Zeitschrift und Diskussionszusammenhang. Dieses Projekt war führend bei der Organisation der auch in Russland in Folge der Weltsozialforen entstandenen regionalen Sozialforen (zuletzt im Mai 2022). Buzgalin nutzte seine Position als Professor an der Moskauer Universität, um im akademischen Bereich die Schule des kritischen postsowjetischen Marxismus (Barashkova 2022) zu etablieren.

Neben der bereits erwähnten Zeitschrift *Alternativy* ist diese Richtung auch mit der Zeitschrift *Voprosy političeskoj ėkonomii* (Fragen der politischen Ökonomie) sowie dem von Buzgalin gegründeten Zentrum für moderne marxistische Forschungen verbunden. Trotz der wachsenden politischen Einschränkungen gelang es ihm in den letzten Jahren, zwei Moskauer marxistische Foren, auch mit internationaler Beteiligung, zu organisieren.[1] Die besondere Bedeutung dieses Projektes besteht darin, dass hier vor allem jungen linken Intellektuellen die Möglichkeit zur Präsentation und Diskussion ihrer Arbeitsergebnisse geboten wird. Derartige Möglichkeiten gibt es im akademischen Betrieb immer weniger, denn selbstorganisierte Marxistische Studienzirkel können Gegenstand politischer Verfolgung werden (Korolev 2022). Eine Reihe von Beiträgen auf der erwähnten Konferenz setzte sich mit Themen auseinander, die auch in der Linken des «Westens» diskutiert werden, so zum Beispiel zu Fragen des Feminismus, der Geschichte der Linken und den Ursachen ihres Scheiterns oder der Rolle der «Peripherie» im historischen Prozess. Hier liegen die theoretischen Schnittstellen zu Debatten, wie sie im Umfeld der Alexei Nawalny nahen bürgerlichen Gruppierungen, wie Vesna oder Doxa, oder infolge des Kriegs entstandenen Zusammenhängen geführt werden, wie dem Feministischen Widerstand gegen den Krieg.[2] Gerade unter den Bedingungen des Krieges und der dadurch verschärften antidemokratischen und sozial-konservativen Politik überlagern sich in Fragen von Geschlechtergerechtigkeit, Migration, Umwelt und des Kampfes für «ehrliche Wahlen» und so weiter linke und bürgerliche

Bewegungen. Freilich bewegt sich dies alles vor allem im intellektuellen Raum.

Die Arbeiter*innenschaft als klassische Klientel der Linken steht dem politischen System generell, und damit sowohl den systemischen als auch den nichtsystemischen Linken, skeptisch gegenüber. Vor allem nach der Rentenreform, die eine Anhebung des Rentenalters brachte, hat sich ihre Distanz zur herrschenden «Präsidentenpartei» *Einiges Russland* (Edinaja Rossija – ER) weiter verstärkt. Eine Untersuchung aus dem Jahr 2019 kommt zu der Einschätzung, dass ein grosser Teil der Arbeiter*innen für die Lösung sozialer Probleme paternalistischen Auffassungen folgt. Mehr als die Hälfte der Bevölkerung bedauert das Verschwinden der Sowjetunion, wobei 48 Prozent ihre Wiederherstellung wünschen, allerdings 66 Prozent das auch für unmöglich halten (VCIOM 2022). Die Arbeiter*innen erwarten vom Präsidenten und von den föderalen Regierungen (im Gegensatz zu demokratisch-parlamentarischem Vorgehen), dass sie für die Erhöhung der Löhne, die Schaffung von Arbeitsplätzen und eine gerechte Verteilung der Einkommen sorgen (Archipova u. a. 2019, 23).[3] Vor diesem Hintergrund halten die Autor*innen dieser Studie die Entstehung neuer linker Parteien oder den Aufstieg einer der nichtsystemischen linken Gruppen für unwahrscheinlich. Mit ihren oft direkt an den Präsidenten gerichteten Forderungen nach einer sozialen Politik in sowjetischer Tradition, insbesondere nach der Rücknahme der Rentenreform, trifft die KPRF also offensichtlich den Nerv einer breiten Schicht von Wähler*innen. Zudem kann sich die Partei immer noch auf ein weitreichendes Netz internationaler Beziehungen zu anderen sich kommunistisch nennenden grösseren und kleineren Parteien stützen.

Damit bleibt die KPRF wohl auch auf absehbare Zeit die stärkste Kraft im diversen linken Lager. Sie verfügt über 57 Sitze in der Duma und ist damit die stärkste Oppositionspartei. Nach eigenen Angaben hat die Partei über 160 000 Mitglieder bei einem Durchschnittsalter von 55,6 Jahren (vgl. KPRF 2023). Stütze der Partei bleibt weiter die Generation 60+, während sie unter Jüngeren wegen ihrer befürwortenden Haltung zum Ukraine-Krieg an Rückhalt verliert (Nezygar' 2022). Das wäre schlüssig, da im Dezember 2022 etwa 34 Prozent der Befragten im Alter von 18 bis 24 Jahren diesen eher (11 Prozent) oder vollständig (23 Prozent) ablehnten, während dies bei den über 55-jährigen nur bei sechs beziehungsweise zehn Prozent zutraf (Levada 2022).

Gerechtes Russland als zweite sich links (sozialdemokratisch) betrachtende Kraft galt ursprünglich als eine Schöpfung der Präsidialadministration. Die Partei entstand durch die Vereinigung einer Reihe sozialdemokratisch orientierter Parteien. Sie sollte durch ihre Gründung 2006 das Monopol der parlamentarischen linken Opposition der KPRF brechen. Im Jahr 2012 wurde sie Mitglied der Sozialistischen Internationalen, im März 2022 wegen ihrer Unterstützung des Ukraine-Krieges ausgeschlossen. Bei den Duma-Wahlen 2021 erreichte sie 7,6 Prozent der Stimmen, weit hinter der KPRF. Programmatisch ist sie nur schwer von der KPRF zu unterscheiden (Bondarenko u. a. 2022).

Ukraine-Frage und die Spaltung der Linken

Die grundsätzlich positive Haltung der KPRF zum Ukraine-Krieg und zur Staatsmacht wird von Analytiker*innen damit erklärt, dass das Verhältnis der Mehrheit der Wähler*innenschaft zum Präsidenten immer noch positiv sei: Alle Probleme werden der Bürokratie zugeschrieben. Daher würde die KPRF es vermeiden, Putin direkt zu kritisieren. Man versuche so, das eigene konservative Umfeld zu erhalten und gegebenenfalls auch zu stärken (Garmonenko 2022). Gleichzeitig wird versucht, durch eine revolutionäre Rhetorik auch aktivistische Linke anzuziehen. Bindeglied zwischen diesen beiden Polen ist ein starker Bezug auf die Sowjetunion und Stalin. Die im Vorfeld der Duma-Wahlen erfolgte Bildung eines «linkspatriotischen Blocks» zeigt, dass auch Teile der nichtsystemischen Linken nationalistischen und konservativen Auffassungen folgen. Zu den wichtigsten Verbündeten der KPRF in diesem Block zählen die Linksfront unter Führung von Sergej Udal'cov, und die Bewegung für einen neuen Sozialismus (unter Führung von Nikolai Platoškin). Die «links-patriotische» Linie ist allerdings nicht einfach aus dem seit 2014 anhaltenden Konflikt um die Ukraine zu erklären (Budraitkis 2022). Bereits Anfang der 1990er-Jahre verband der Vorsitzende der KPRF, Gennadi Zjuganov, nationalistische Auffassungen mit revolutionärer Rhetorik. In seinem im Jahr 1994 erschienenen Buch *Deržava* (Die Macht) stellt er den Patriotismus als das entscheidende Moment für einen Wiederaufstieg Russlands dar (Zjuganov 1994, 123).

Das führt zu zwei eng miteinander verbundenen Paradoxa. Das erste besteht darin, dass sich die beiden einander gegenüberstehenden Tendenzen in der russländischen Linken in einem Punkt einig sind: Die Probleme können nur durch einen antikapitalistischen Umsturz gelöst werden. Allerdings sehen beide völlig unterschiedliche Wege zu diesem Ziel vor. Die KPRF und ihr Umfeld vertreten die Auffassung, dass durch einen Sieg in der Ukraine der Ausgangspunkt für eine Entmachtung der Oligarchen in beiden Ländern und damit für die Einführung eines sozialistischen Weges «von oben» eröffnet werde. Organisationen wie die RSD meinen dagegen, dass eine wie immer geartete Niederlage Russlands den Schlüssel zur Überwindung der kapitalistisch-oligarchischen Herrschaft in Russland und der Ukraine auf dem Weg zu einem demokratischen Sozialismus birgt.

Die Position der KPRF und ihres Blocks kann aber auch nicht nur auf die Bejahung des Krieges reduziert werden. Und hier liegt das zweite Paradox. Die Schnittmenge zwischen den sozialen und politischen Forderungen der einander gegenüberstehenden linken Gruppierungen ist erheblich. Dies zeigt sich immer wieder in konkreten Auseinandersetzungen, weniger in den Deklarationen der Führungen. Bei den Protesten gegen die Erhöhung des Rentenalters, bei der Verteidigung gewerkschaftlicher Rechte und derer der einzelnen Lohnabhängigen, in Kämpfen für die Sicherung der gesundheitlichen Versorgung und der Bekämpfung der Armut erweisen sich die KPRF und SR oft als «parlamentarischer Arm» der Bewegungen. Gerade findet ein Arbeitskampf der kleinen unabhängigen Gewerkschaft Kurier breite Unterstützung in den verschiedenen Strömungen der systemischen wie auch der nichtsystemischen Linken. Demgegenüber finden zum Beispiel feministische Positionen, wie sie von Linken jenseits von KPRF und SR offensiv vertreten werden, bei diesen kaum Resonanz. Gleiches gilt für die feindselige Haltung der Regierung zu den Rechten von LGBT, die von den Spitzen beider Parteien mitgetragen wird. Auf der politischen Ebene finden sich gemeinsame Interessen vor allem im Kampf gegen jegliche Verfälschungen der Wahlen, beginnend mit Manipulationen bei der Aufstellung von Kandidat*innen bis hin zu Fälschungen bei Stimmabgabe und -auszählung. In Vorbereitung auf die Kommunalwahlen 2022 zeichnete sich nun ein neuer Trend ab, der die festgefahrene Konstellation in der Linken möglicherweise teilweise auflösen könnte. Nachdem bereits zu den Duma-Wahlen eine Reihe von Aktivist*innen mit einigem Erfolg auf den Listen der KPRF angetreten waren, gab es im Vorfeld dieser Kommunalwahlen Bestrebungen, diesen Ansatz aus Einzelbewerber*innen gezielt aufzubauen. Gemeinsam mit Aleksandr Zamjatin schuf Michail Lobanov, der bei den Duma-Wahlen auf der KPRF-Liste angetreten, aber seinem Konkurrenten von Einiges Russland (ER) knapp unterlegen war, in Moskau ein Webprojekt, durch das sich Kandidat*innen, die sich in Opposition zu ER befinden, vernetzen und schulen konnten. Der Untertitel der Seite hiess *Unsere Antwort ist Selbstorganisation.* Der Name der Plattform ist vieldeutig: *Vydviženie* kann als Nominierung (zum Kandidaten), als Hervortreten oder auch als *Vy dviženie* («Ihr seid die Bewegung») gelesen werden. Auch die RSD unterstützte bei diesen Wahlen vier unabhängige Kandidat*innen. Sie betrachtete die Wahlen als Mittel der «Repolitisierung» der Gesellschaft (RSD 2022). Wenigstens aber könnten die Wahlen zeigen, wie die Ereignisse der letzten Monate auf das politische Bewusstsein der Wähler*innen gewirkt haben, wie Evgenij Stupin von der KPRF und der Gewerkschafter Michail Lobanov meinten (Lobanov/Stupin 2022).

Neues ist nur jenseits der alten Zerwürfnisse zu erwarten

Die hier angedeuteten Tendenzen weisen darauf hin, dass die Linke ohne einen Bruch mit den bisherigen Denkweisen und Praxen in sämtlichen Flügeln auch in Russland keine Perspektive hat. Auf dem 4. Russischen Sozialforum in St. Petersburg 2019 wurden aber die Grundlagen für eine neue Linke in Russland deutlich – und die Entwicklungen seit dem Februar 2022 haben sie bestätigt: Internetmedien, die von der jüngeren Generation Linker betrieben werden. So sehen das auch bürgerliche Kreise. Der liberale Politologe Ivan Kurilla formuliert auf dem dem Sacharov-Zentrum nahestehenden Telegram-Kanal *O strane i mire* seine Vision der Zukunft Russlands als Generationenwechsel. Die Kommunikation über das Internet und die unter dem Druck der politischen Verhältnisse in den letzten beiden Jahrzehnten entstandenen Netze horizontal orientierter gegenseitiger Unterstützung seien ein Indikator für die Entwicklung einer neuen Generation, die nicht mehr mit den alten Hierarchien der bisherigen Opposition(en) verbunden sein wird (Kurilla 2023). Die alte hierarchieorientierte Generation werde von einer neuen netzorientierten abgelöst. Die Angebote aus diesem Milieu reichen von Portalen, die in aktuelle Debatten intervenieren (und dazu gehören auch die von Buzgalin und Kagarlitsky betriebenen Kanäle) bis hin zu internetbasierten Bildungsangeboten. Obwohl die Zensur schärfer geworden ist, bleiben Netzwerke wie Telegram, VKontakt oder Youtube (oft unter Nutzung von VPN) die wichtigsten Instrumente der Information, Vernetzung und des Lernens für Linke. In diesem Raum werden auch Fragen, die für westliche Linke interessant sind, diskutiert. Das ist auf Portalen, wie *Vestnik Bury*, *PosleMedia*, Russian Dissent zum Teil auch in englischer Sprache zu verfolgen.[4]

Ob und wie es zu einem gemeinsamen Handeln Linker in Russland beziehungsweise zwischen diesen und westeuropäischen Linken kommen wird, ist im Moment völlig offen. Den Ausgangspunkt werden das gegenseitige Kennen und Verstehen, die Akzeptanz des Verschiedenen und das Finden von Gemeinsamkeiten bilden müssen. Freilich wird das noch einen langen Atem erfordern.

(Stand: 27. Januar 2023)

Anmerkungen

1 marxiststudies.ru/ (Abfrage 3.2.2023)

2 Dabei handelt es sich um eine Plattform, die feministische Gruppen in Russland und im Ausland vereinigt. Ihr Telegram-Kanal hat über 40 000 Abonnent*innen. Die gemeinsamen Positionen werden in ihrem Manifest mit «Opposition gegen den Krieg, gegen das Patriarchat, gegen Autoritarismus und Militarismus» beschrieben (FAS 2022).

3 Eine Analyse aus dem Sommer 2022 kommt bezüglich der auch in Russland entstandenen Schicht der Neuen Armen zu einem ähnlichen Ergebnis (Bondarenko u. a. 2022).

4 vestnikburi.com/; posle.media/language/en/posle-media/ (Abfrage 3.2.2023), russiandissent.substack.com/ (Abfrage 3.2.2023)

Literatur

Archipova, Aleksandra / Sokirjanskaja, Ekaterina / Kozlova, Irina / Gavrilova, Marija u. a., 2019: Levyj perevorot? Rossijskie levye partii in dviženija i social'no-političeskie vzgljady pabočich. II. Soremennye rossijskie rabočie – kto oni? Moskva

Barashkova, Olga, 2022: The Post-Soviet School of Critical Marxism (PSSCM). Particular Characteristics, Main Tendencies, and Its Place in the System of Marxist Studies in Post-Soviet Russia. In: Critical Sociology, 48 (4–5), 591–608

Bondarenko, O. / Graššenkov, I. A. / Kagarlitsky, B. / Serebrennikov, S. S., 2022: Levaja povestka-2022 v Rossii i mire. Vyzovy, vozmožnosti, novye lidera. In: Fonds progressivnoj politiki. progresspolicy.ru/doklad-levaya-povestka-2022-v-rossii-i-mire-vyzovy-vozmozhnosti-novye-lidery/ (Abfrage 3.2.2023)

Brangsch, Lutz, 2021: Ein gespaltenes Land. In: Zeitschrift Luxemburg (online verfügbar)

Budraitkis, Ilya, 2022: Russian ‹left› split over Ukraine war. In: Le Monde diplomatique (online verfügbar)

FAS (2022). [Manifest] In: Feministskoe Antivoennoe Soprotivlenie. t.me/femagainstwar/4 (Abfrage 23.1.2023)

Garmonenko, Dar'ja, 2022: KPRF ne rešaetsja na smenu kursa. In: Nezavisimaja gazeta (online verfügbar)

Korolev, Pjotr, 2022: [Druck auf kommunistischen Gewerkschafter]. In: Kommunističeskij mir, abrufbar unter: t.me/kom_mir/2587 (Abfrage 5.2.2023)

KPRF, 2023: O partii. Kratkaja spravka. kprf.ru/party/ (Abfrage 8.1.2023)

Kurilla, Ivan, 2023: [über den Generationenwechsel in der Opposition]. In: О стране и мире. t.me/stranaimir/2018 (Abfrage 3.1.2023)

Levada, 2022: Konflikt s Ukrainoj. Ocenki dekabrja 2022. In: Levada-centr. www.levada.ru/2022/12/23/konflikt-s-ukrainoj-otsenki-dekabrya-2022-goda/ (Abfrage 3.2.2023)

Lobanov, Michail / Stupin, Evgenij, 2022: Vlast' boitsja municipal'nych vyborov. svpressa.ru/online/sptv/336455/ (Abfrage 14.6.2022)

Nezygar', 2022: [Anhängerschaft KPRF]. In: Nezygar'. t.me/russica2/46409 (Abfrage 7.6.2022)

RLS Moskau, 2022a: «Levoe» krylo partijnoj sistemy sovremennoj Rossii. Sostojanie i perspektivy [unveröff.]

RLS Moskau, 2022b: Nesistemnye levye v sovremennoj Rossii. Sostojanie i perspektivy [unveröff.]

RSD, 2022: [Wahlen und Repolitisierung]. In: RSD. t.me/rsd_tg/4011 (Abfrage 14.6.2022)

Udal'cov, Sergej, 2022: Specoperaciju na Ukraine nužno zaveršit' vozroždeniem Sovetskogo Sojuza. In: Svobodnaja pressa. svpressa.ru/blogs/article/329884/ (Abfrage 31.3.2022)

VCIOM, 2022: 100 let SSSR: zabyt' nel'zja vernut'sja? In: ВЦИОМ. Новости. wciom.ru/analytical-reviews/analiticheskii-obzor/100-let-sssr-zabyt-nelzja-vernutsja (Abfrage 1.1.2023)

Zjuganov, G. A., 1994: Deržava. Moskva

Annemarie Sancar

Feministische Politiken – in der Ostukraine in Zeiten von Krieg und darüber hinaus

Im ersten Teil gebe ich einen Einblick in ein feministisches Friedensprojekt der FriedensFrauen Weltweit (PWAG) und der Nichtregierungsorganisation (NGO) Kharkiv Regional Foundation Public Alternative (PA) in der Ostukraine. Darauf folgt eine kritische Auseinandersetzung mit der friedenspolitischen Debatte hierzulande. Zuletzt geht es um Forderungen der feministischen Friedenspolitik und darum, was wir von den Frauen in der Ostukraine dafür lernen können.

Frauenrealitäten in der Ostukraine – ein Projekt mit friedenspolitischer Relevanz

Frauen in der Ostukraine leben bereits seit 2014 unter schwierigen Bedingungen. Zusammen mit einer lokalen Partnerorganisation, die in diesen Teilen der Ukraine bestens vernetzt ist und über viele Kontakte zu Basisgruppen von Frauen verfügt, hat PWAG 2021 ein Projekt der Friedensförderung lanciert, bei dem die Alltagserfahrungen der oft unter der Armutsgrenze lebenden Frauen im Zentrum stehen. Vorabklärungen der Lebensbedingungen von Frauen in der Ostukraine zeigten, wie prekär ihre Lebensbedingungen sind; so ist im Vergleich zum Westen des Landes die Grundversorgung miserabel. Der Arbeitsmarkt ist ausgetrocknet, die Industrieanlagen stehen weitgehend still, die Bodenschätze bleiben in der Tiefe, die strategisch wertvollen Tunnelsysteme[1] unbenutzt. Die Armut ist gross, viele Frauen haben Gesundheitsprobleme und leiden unter fehlendem Einkommen sowie ausbleibenden Renten. Wer kann, geht gegen Westen. Zurück bleiben alte, gebrechliche Menschen, Frauen mit Care-Pflichten sowie das Personal von NGOs, Sicherheitskräfte und OSZE-Missionsangehörige.[2] Die Ausgangslage des Projekts waren die schlechten Lebensumstände der Menschen, die fehlenden Lohnarbeitsmöglichkeiten, eine militarisierte Öffentlichkeit und die grassierende (häusliche) Gewalt.

Im Rahmen des Projekts trafen sich Exponent:innen von lokalen Frauengruppen und NGOs 2021 zum ersten Mal an WomenPeaceTables, ebenfalls eingeladen waren Vertreter:innen von Polizei, Schule, Arbeitsamt oder Gesundheitsdiensten. Sie diskutierten ihre Unsicherheiten im Alltag und planten Aktivitäten zur Verbesserung ihrer Lebensbedingungen. Zu folgenden Themen stellten sie Forderungen an die Behörden: bessere Grundversorgung für alle, mehr Bildungschancen, Armutsbekämpfung, Schutz vor Gewalt, konsequente Bestrafung der Täterschaft, sichere Räume für Kinder. Entschieden wollten sie diesen alltäglichen Unsicherheitsfaktoren, die unter anderem auf die starke Militarisierung der Region zurückgeführt werden, entgegentreten. Die internationale Gemeinschaft war zwar präsent, aber in erster Linie militärisch (OSZE) und mit NGOs, die lokale wirtschaftliche und humanitäre Projekte umsetzten, ohne die bedürftigen Menschen systemisch einzubeziehen. Die Entwicklungshilfe war im Vergleich wenig alltagsbezogen.

Der russische Angriff am 24. Februar 2022 unterbrach diesen Prozess. Doch die Frauen haben nicht aufgegeben, sie vernetzen sich weiterhin und garantieren sich gegenseitige Nothilfe. Sie besuchen Frauen in abgelegenen Siedlungen, um sie zu versorgen, und nehmen sich Zeit, um der Vereinsamung in Armut und Angst vorzubeugen. Die Solidarität ist bis heute gross, der Wille zum Wiederaufbau da, immer mit dem Fokus auf eine Sicherheit, die mehr ist als Schutz vor militärischen Angriffen. Sie führten die digitalen und persönlichen Treffen auch nach Kriegsausbruch weiter. Im Glauben an einen Frieden schmieden sie weiterhin Pläne und entwerfen Projekte, die sie auf der «Women's Platform for Peace», einem gemeinsamen Ort für Lern- und Wissensaustausch, teilen. Ihre Ideen für die Zeiten nach dem Krieg sind Startups, Trainings oder Beratung von und für Frauen. In Online-Workshops stellen sie klar, wie ernst es ihnen mit einem gerechten Wiederaufbau ihrer Region ist, wie wichtig für sie die Überwindung aller Formen von Gewalt, die sie im Alltag kennen, ist. Sie wollen erreichen, dass die Bedingungen für die Sorgearbeit, zum Beispiel die Pflege der Kinder oder der älteren, beeinträchtigten Menschen, besser werden, und dass sie von der Polizei geschützt werden, wenn sie häusliche Gewalt erleiden.

Im Zentrum aller Diskussionen steht nur die eine Frage: Was bedeutet Sicherheit für mich, für uns? Ende Jahr traf sich ein Dutzend der Protagonist:innen aus dem Projekt in einem Workshop zum Thema Storytelling. Im Vertrauen, dass alles unter ihnen bleibt, erzählten die Frauen ihre Geschichte und beschrieben ihre schwierigen Erlebnisse und Erfahrungen. Für sie bedeutete dieses Treffen, einen geschützten Ort für den persönlichen Austausch zu haben. Dies sei gegenwärtig selten, aber enorm wichtig für ihr Selbstwertgefühl, so die Frauen, auch wenn es sehr schmerze. Ihre Geschichten sind persönliche Zeugnisse der erfahrenen Gewalt, wichtig für die Öffentlichkeit, für die Aufklärung der Kriegsverbrechen, und sie geben gleichzeitig Hinweise, wie der Wiederaufbau nach dem Krieg aus ihrer Perspektive aussehen sollte. Die Frauen entwickeln dabei ein Gemeinschaftsgefühl, unabhängig davon, ob sie russisch oder ukrainisch sprechen, aus den besetzten oder ukrainischen Städten kommen, ob sie HIV-positiv sind oder als Mütter eines im Konflikt verschwundenen Sohnes für ihre Rente kämpfen. Die Erfahrung des Storytelling hat sie gestärkt und ermutigt, weitere Frauen einzuladen, ihre Geschichte zu erzählen. In solchen Momenten, sagen sie, würden sie Angst, Trauer und Schmerz nicht trennend, sondern vereinend erfahren. Das im Projekt entstandene Zusammengehörigkeitsgefühl ist gerade in Zeiten von Krieg ein wichtiger Baustein für nachhaltigen Frieden. Die gemeinsame Bewältigung des schwierigen Alltags stärkt die Gemeinschaft, die Frauen lassen sich nicht einbinden in die von Interessen getriebenen Machtspiele der verfeindeten Parteien, sondern artikulieren klar und deutlich, was sie heute und dann später brauchen, wenn Friedensverhandlungen beginnen.

Leider zeigt der Blick auf andere (Nach-)Kriegswirtschaften: Investitionen in eine Infrastruktur für eine Grundversorgung, die umfassende Sicherheit für Frauen und ihre Mitmenschen garantiert, sind teuer und wenig lukrativ. Was es also braucht, ist eine massive Erhöhung der Budgets für eine allen zugängliche Grundversorgung von guter Qualität, das gilt auch für die Ostukraine (Sancar 2022).

Ein blinder Fleck bei der (friedenspolitischen) Linken?

Viele Linke hierzulande diskutieren geopolitische Fragen und versuchen, sich in der heutigen Situation neu zu positionieren. Die Schilderungen der ukrainischen Frauen, die Kleinräumigkeit ihrer Lebenswelten, haben in dieser politischen Debatte wenig Platz. Ihre vielfältigen Geschichten aus dem Alltag in Zeiten von Krieg lassen sich schwer in grosse geopolitische Zusammenhänge einordnen. Seit dem Ende des Kalten Kriegs glaubten wir im Westen an eine einigermassen stabile Weltordnung. Bereits mit der Besetzung von Teilen der Ukraine 2014 ist die Respektierung der Grenzen gebrochen, aber es gab wenig Reaktionen im Westen. Erst der Kriegsbeginn am 24. Februar 2022 belehrte uns eines Besseren, es gab keine Ausreden mehr. Er ist ein Bruch und verlangt eine Neuorientierung. Das geschieht vor allem auf geostrategischer Ebene, die Linke diskutiert über Sinn und Unsinn von Aufrüstung und Waffenlieferungen. «Alltagsbanalitäten», wie sie die Frauen im Projekt beschreiben, bleiben aussen vor, obschon feministische Studien immer wieder zeigen, dass der Einsatz von Waffen verheerende Konsequenzen hat für die Integrität der Frauen, für deren Lebensqualität und für ihre Sorgearbeit. Doch wer sich heute gegen Aufrüstung stellt, gilt als naiv. Wie die Erfahrungen verschiedener feministischer Forscherinnen und Friedensorganisationen wie die PWAG zeigen, gibt es einen klaren Zusammenhang zwischen der Verwendung und Zugänglichkeit von Waffen und der sexualisierten geschlechterspezifischen Gewalt. Von linker und grüner Seite wird trotzdem verlangt, die Produktion von Waffen in den Rüstungsindustrien hochzufahren[3] (dies gilt allerdings nicht für die Grünen in der Schweiz).

Die Linke anerkennt zwar die Bedeutung der (un-)bezahlten Care-Arbeit für die nationale Volkswirtschaft und für die soziale Sicherheit der gesamten Gesellschaft. Sie tut dies aus einer innenpolitischen Perspektive. In der friedenspolitischen Diskussion wird Sicherheit aber als aussenpolitische Aufgabe betrachtet, nämlich die Verteidigung der Nation (als staatliches Konstrukt) vor feindlichen Angriffen jeglicher Art. So wird «Sicherheit» aufgeteilt in eine innenpolitische Dimension,[4] nämlich das Wohlergehen der einzelnen Bürger:innen, was auch den sozialen Frieden einschliesst. Während diese Aufgaben vornehmlich in die Verantwortung des Innendepartements gehören, ist die aussenpolitische Dimension vor allem in der Verantwortung von Wirtschafts- und Verteidigungsministerium. Dies führt dazu, dass die Sicherheit der Nation als Ganzes ins Zentrum gerückt wird, und zwar begleitet von gewinnbringenden Wirtschaftsabkommen, militärischen Einsätzen und Aufrüstung.

«Unter den aktuellen Bedingungen von Krieg und gesteigertem Nationalismus dominiert die Vorstellung, dass unsere Existenz mit jenen anderen verbunden ist, zu denen wir eine nationale Affinität haben, die wir (wieder-)

erkennen, weil sie mit bestimmten kulturell spezifischen Vorstellungen dessen übereinstimmen, was ein Mensch ist.» (Butler 2009, 23)

Wie Judith Butler beschreibt, fördert Krieg eine nationale Vorstellung von Verbundenheit unter Menschen und nationale Vorstellungen, was Zugehörigkeit ausmacht. Aus feministischer Sicht verhindert die Aufteilung in eine aussen- und eine innenpolitische Sicherheitspolitik, Sicherheit umfassend zu verstehen, nämlich als Abwesenheit von physischer, struktureller und kultureller Gewalt, unabhängig von sozialen Kriterien wie Herkunft, Geschlecht, Alter. «Umfassende Sicherheit» heisst auch, Diskriminierungen aufzudecken, institutionellen und strukturellen Formen von Gewalt entgegenzuwirken und Ausbeutung zu verhindern. Deshalb ist es entscheidend für Sicherheit und Frieden, unter welchen Bedingungen Care-Arbeit organisiert wird. Care-Arbeit ist lebensnotwendig, um zu arbeiten und die Gesellschaft weiterzubringen. Gleichzeitig ist sie aber auch ein Gut, eine in den globalisierten Markt integrierte Handelsware. Überall, wo gearbeitet wird, braucht es Care-Dienstleistungen, Sorgearbeit für die Menschen (Betreuungs-, Pflege- und Hausarbeit für Kinder und Erwachsene). Je nach Angebot und Nachfrage variiert ihr Marktwert, doch in der Regel wird Care-Arbeit unbezahlt geleistet, und zwar vor allem von Frauen! Die (wirtschaftliche) Wertschätzung von Care-Arbeit ist hingegen gering, auch weil eine angemessene Ausstattung und Entlohnung die Produktivität zu stark einschränken würden. Wann immer Budgets gekürzt werden, kommt die Care-Arbeit zuerst unter den Sparhammer (Sancar 2020, 11 f.): weil sie zu wenig profitabel ist und weil die Frauen – so die versteckte Annahme – sie auch unbezahlt verrichten werden.

Die prekäre Situation der meisten Care-Arbeiter:innen ist wirtschaftlich bedingt, sichtbar auch in der Ukraine, wo der Osten deutlich unterversorgt ist und die verbleibende Bevölkerung sich mit einem Gesundheitssystem abfinden muss, das im alten sowjetischen Modus dahinserbelt. Im Vergleich dazu erlebt die Medizin im Westen des Landes einen Aufschwung, zumindest bis letzten Frühling, unter anderem dank Schweizer Technologiefirmen. Aber auch in der Schweiz scheut man sich vor Investitionen in Care-Infrastruktur: zu teuer, zu wenig lukrativ. Während Militärbudgets ohne grosse Debatte aufgestockt werden können, wird beim Gesundheitswesen gespart, aller Notrufe und jeglicher Sicherheitsbedenken zum Trotz.

Krisenpolitik in Kriegszeiten ist immer auch Wirtschaftspolitik, die Unterstützung der Rüstungsindustrie erscheint selbstverständlich. Und obwohl hier gerade riesige Übergewinne erwirtschaftet werden (Lang 2023), bekommt die Rüstungsindustrie Steuererleichterungen. Gleichzeitig lässt die Politik die Gesundheitsinstitutionen im Krisenmodus, Investitionen in den wirtschaftlich als weniger produktiv geltenden Care-Sektor bleiben aus. Gelder fliessen somit deutlich einfacher in Bereiche, die nach Prinzipien der «Nationalen Sicherheit» organisiert sind.

Trotz Krieg halten wir daran fest, dass Sicherheitspolitik sich an den Frauen- und Menschenrechten misst und nicht am ökonomischen Mehrwert. Dies bedeutet, dass Sicherheit neu gedacht und in einen anderen Rahmen gestellt werden muss. Es braucht eine Bereitschaft, ihre Komplexität verstehen zu lernen, die Finanzflüsse und Gesetze entsprechend auszurichten. Ebenso wichtig ist es, symbolpolitisch wirksame Gegendiskurse zu entwerfen. Denn gerade in Zeiten von Krieg und Krise entsteht eine kollektive Angst, die allzu schnell in Empörung mündet. Und diese birgt ein hohes politisches Potenzial für eine verstärkte Legitimation von Aufrüstungsausgaben im Namen der Sicherheit «unserer Nation», während der Druck, in soziale Sicherheit zu investieren, nachlässt.

Jede Aufrüstung, jeder Handel von Kriegsmaterial treibt gewaltförmige Konflikten an und in direktem Zusammenhang steigt die geschlechtsspezifische Gewalt, wie Erfahrungen und Studien feministischer Expert:innen und Friedensforscher:innen aufzeigen.[5] Was braucht es also, damit Sicherheitspolitik nicht Öl ins Feuer der Gewalt giesst, sondern diese verhindert? Das Instrumentarium und die langjährigen Erfahrungen von Feministinnen in Bewegungen, Wissenschaft, Politik sind wichtige Ressourcen für eine kritische Analyse westlicher Sicherheitspolitik. Die Linke täte gut daran, dieser feministischen Perspektive mehr Aufmerksamkeit zu schenken, Grabenkämpfe aufzugeben (Fankhauser 2022) und sich für eine umfassende Sicherheit einzusetzen. Einmal mehr braucht es einen Neuanfang in der Friedenspolitik, die ohne Gender-Bias für eine menschen- und frauenrechtsbasierte Sicherheitspolitik einsteht.

Sicherheit – das Kernstück der feministischen Politik

Was macht einen feministischen Ansatz für Friedens- beziehungsweise Aussenpolitik aus, und ist er generell anwendbar? Feministische Aussenpolitik, wie sie verschiedene westliche Staaten vertreten, kritisiert vermeintliche Sicherheitsmassnahmen, die Militarismus fördern und normalisieren, und macht Entmilitarisierung zu einem zentralen Thema. «Frieden kann daher nicht nur als Abwesenheit von Krieg verstanden werden, sondern es müssen strukturelle Gewalt [...] abgebaut und ein positiver Frieden erreicht werden.

Feministische Aussenpolitik besteht in diesem Prozess auf Inklusivität und transparenten Entscheidungen vom Lokalen zum Globalen in allen Fragen von Frieden und Sicherheit.» (Lunz 2011, 51)

Umfassende Sicherheit heisst Zugang zu einer guten Grundversorgung für alle. Die Basis der sozialen Sicherheit sind Wohnen, Bildung, Kultur, bezahlbare Energie, wie die Referentin für weltanschaulichen Dialog der Rosa Luxemburg Stiftung im Gespräch mit *Neue Wege* festhält (Hildebrand, 2023). Sie plädiert für Räume des gemeinsamen Nachdenkens. Das Wissen und die Organisationskompetenzen der lokalen Bevölkerung, besonders der Frauen, sind beste Informationsquellen für eine gute Grundversorgung, gerade auch für die Zeiten nach dem Krieg. Frauen leisten unter schwierigsten Bedingungen die Versorgungsarbeit – in Zeiten von Krieg eine Zauberei! Sie kennen die Lücken, die sich im Krieg noch deutlicher zeigen, sie wissen, wo ansetzen, aber sie müssen gehört werden. Ihre Schilderungen sind essenziell für die Friedensförderung. Wir müssen über die Bedeutung von Lebensbedingungen und der menschlichen Existenz in ihrer Verletzbarkeit nachdenken (Butler 2009). Frühere Erfahrungen zeigen indes, wie wenig Platz die Alltagserfahrungen in der Bewältigung der Kriegsschäden haben. Zeit, den Frauen zuzuhören, fehlt, obschon die UNSCR 1325[6] die gleichberechtigte Partizipation von Frauen und Männern auf allen Ebenen der Friedensverhandlungen verlangt. Die vielfachen physischen, psychischen und strukturellen Gewalterfahrungen der Frauen sind aber auch als Warnsignale für potenzielle Konflikte präventiv von Bedeutung. Die patriarchalen Machtverhältnisse, die sich vor allem in der militärischen Sicherheitspolitik widerspiegeln, verhindern das Wachsen einer Friedenskultur – «because wars and militarism are patriarchal, masculinist ideals and practices» (Okazawa-Rey 2022, 9). Die Unterscheidung in eine innen- und aussenpolitische Sicherheitspolitik untermauert diese Praxis und verhindert so das Wachsen einer Friedenskultur. Denn mit der (militarisierten) Aussensicherheitspolitik verfestigen sich auch immer wieder genderspezifische Unterschiede, wie zum Beispiel die Bilder starker Männer als Verteidiger des Vaterlandes und seiner Frauen.

Die Frauen in der Ostukraine untermauern mit ihren Geschichten, wie wichtig ein umfassendes Verständnis von Sicherheit ist. Der Wiederaufbau der ukrainischen Gesellschaft ist eine Chance für eine andere (feministische) Friedens- und Sicherheitspolitik. Das Genderbewusstsein ist vorhanden, die (feministische) Zivilgesellschaft ist stark. Es ist also gut möglich, dass sie auch der Entwicklung in der Ukraine nach dem Krieg eine andere Richtung geben wird, hin zu einer Friedenskultur, in der auch die umfassende Sicherheit Platz hat.

Anmerkungen

1 Vgl. Merkur, Münchener Zeitungs-Verlag GmbH, 2023. Russlands Besessenheit von Bachmut: «Putins Koch» Prigoschin äussert sich persönlich. merkur.de (Abfrag 3.2.2023)

2 Die Sonderbeobachtermission der OSZE in der Ukraine (SMM) nahm ihre Tätigkeit am 21. März 2014 auf und beendete sie aufgrund des Kriegs am 31. März 2022. Die SMM wurde auf Ersuchen der ukrainischen Regierung und aufgrund eines Konsensbeschlusses aller 57 OSZE-Teilnehmerstaaten als unbewaffnete Mission entsandt. Ihre Hauptaufgaben waren die unparteiische und objektive Beobachtung und Berichterstattung über die Sicherheitslage in der Ukraine sowie die Förderung des Dialogs zwischen allen Konfliktparteien.

3 Vgl. German Foreign Policy, 17 January 2023: Bezogen auf die Produktion in den Rüstungskonzernen: «In den nächsten Jahren müssen wir die Produktion hochfahren», so Sara Nanni, die Obfrau von Bündnis 90/Die Grünen im Verteidigungsausschuss. (www.pressenza.com/de/author/german-foreign-policy-com/)(Abfrage 3.2.2023)

4 Eine der Ausnahmen ist das Bundesgesetz über polizeiliche Massnahmen zur Bekämpfung von Terrorismus (PMT), mit dem mittels neuen Technologien sogenannt potenzielle Extremist:innen überwacht werden können.

5 Vgl. Enloe, Cynthia, 2016: Globalization and Militarism. Feminists make the Link. Maryland; Cockburn, Cynthia, 2012: Antimilitarism. Political and Gender Dynamics of Peace Movements. London; Gabriel, Sidonia / Sancar, Annemarie, 2015: Gendergerechte Friedenspolitik. Friedensarbeit und Frauenrechte im Spiegel von KOFF/swisspeace; Butler, Judith, 2010: Raster des Kriegs. Warum wir nicht jedes Leid beklagen. Frankfurt/New York.

6 Verbunden mit dieser Resolution des Uno-Sicherheitsrates ist «Women, Peace and Security». Die drei Pfeiler sind Partizipation, Konfliktprävention, Schutz vor Gewalt. Viele nationalen Aktionspläne setzen zudem auf den Wiederaufbau und die Versöhnung, mit dem Ziel einer gendergerechten und damit auch nachhaltigeren Friedensförderung.

Literatur

Butler, Judith, 2009: Krieg und Affekt. Berlin

Fankhauser, Urs, 2022: Krieg in der Ukraine. Die Linke im Stresstest. Denknetz online Publikation (online verfügbar)

Hildebrand, Cornelia, 2023: Der Ukrainekrieg als Zäsur. Gespräch mit Cornelia Hildebrandt. In: Neue Wege, 1/2

Lang, Jo, 2023: Oligarchen-Gelder und Übergewinne für die Ukraine. In: GSOA-ZITIG (Erscheinungsdatum: Frühling 2023)

Lunz, Kristina, 2022: Die Zukunft der Aussenpolitik ist feministisch. Berlin

Okazawa-Rey, Margo, 2022: Amplifying voices calling for just peace, genuine security, and culture of life. In: Feminists connecting for Peace, 1, 6–10

Sancar, Annemarie, 2020: Perspektivenwechsel «Neoliberalismus». Der Alltag. In: à propos, 11–12

Sancar, Annemarie, 2022: Wem bringt Aufrüstung mehr Sicherheit? Einen feministisch-pazifistischen Frieden gibt es nicht, solange um den Sieg gerungen wird. In: Frankfurter Rundschau (online verfügbar)

Wolodymyr Ischtschenko

«Es geht der herrschenden Klasse in Russland ums Überleben»

Das Interview führte Małgorzata Kulbaczewska-Figat für *Crossborder Talks*. Stefan Howald kürzte und übersetzte den Text. Das ungekürzte Original findet sich unter www.crossbordertalks.eu/2022/07/29/russia-political-capitalists/.

Du hast gesagt, du hättest den Krieg nicht erwartet – so wie viele andere Beobachter:innen auch, mich eingeschlossen. Lässt sich jetzt erklären, warum die herrschende Klasse in Russland sich entschieden hat, diesen Krieg zu beginnen und was sie damit zu erreichen hoffte – abgesehen davon, ihre Herrschaft in Russland zu festigen?

Genauer gesagt, ich hätte nicht gedacht, dass es zu einer grossflächigen Invasion kommen werde, aber ich hatte erwartet, dass das Scheitern der russischen Zwangsdiplomatie zu einer militärischen Eskalation führen könnte, die sich zuerst auf den Donbass beschränken würde und dann zu langsameren, schrittweisen, hybriden Versuchen, Teile der Ukraine zu destabilisieren, zu demontieren und zu übernehmen – eine Salamitaktik. Selbst die ukrainische Regierung und vermutlich die meisten Beobachter:innen der postsowjetischen Region erwarteten so etwas (Yilmaz 2022).

Jedenfalls ist der Krieg in dieser oder einer anderen Form im Interesse der herrschenden Klasse in Russland. Ich stimme nicht mit jenen Interpretationen überein, die von einer fanatischen Identifikation der herrschenden

Klasse mit einer imperialistischen Ideologie ausgehen. Eine solche Politik hat es durch die postsowjetischen herrschenden Klassen bislang sehr selten gegeben.

Der Krieg ist vielmehr im gemeinsamen rationalen Interesse der herrschenden Klasse in Russland. Für sie ist es ein Überlebenskampf. Dabei versucht sie, den Krieg als Überlebenskampf Russlands darzustellen. Aber im Wesentlichen geht es um das Überleben dieser spezifischen Fraktion der Kapitalistenklasse – was ich die politischen Kapitalisten nenne. Ihr hauptsächlicher Konkurrenzvorteil besteht in spezifischen, oftmals informellen Gewinnen (manche nennen es Korruption), aber nicht etwa in technologischen Neuerungen oder billigen Arbeitskräften.

Die postsowjetischen politischen Kapitalisten entstanden während des Kollapses des Sowjetstaats. Dabei wurden sie unermesslich reich – indem sie den Staat stahlen. Deswegen sind sie so besessen von der Idee der staatlichen Souveränität. Sie brauchen eine monopolartige Kontrolle über den Staat, die mit keiner anderen inländischen Kapitalfraktion, geschweige denn mit dem internationalen Kapital geteilt werden soll.

Wir müssen uns daran erinnern, dass der «Kampf gegen die Korruption» ein wichtiger, wenn nicht der wichtigste Teil der westlichen Agenda für die postsowjetischen Länder war, ebenso wie für die «weiche» westliche Macht durch die von den NGOs getragene «Zivilgesellschaft». Wenn wir die Forderungen der EU für den Kandidatenstatus der Ukraine anschauen, dann geht es überwiegend um «Korruption». «Kampf gegen die Korruption» meint die Ausmerzung der politischen Kapitalisten «als Klasse». Durch «Transparenz» wird das transnationale Kapital gegenüber dem einheimischen bevorzugt. Die postsowjetischen politischen Kapitalisten wären nur durch «Zähmung» in die globale Elite aufgenommen worden, indem sie die Spielregeln und ihre untergeordnete Stellung akzeptierten oder schlichtweg ihres Konkurrenzvorteils beraubt worden wären.

Im Übrigen droht etwas weiteres – die Krise des postsowjetischen bonapartistischen Regimes. Die personalisierte autoritäre Herrschaft ist grundsätzlich anfällig. Wenn die Führer zu alt werden, stellt sich die Frage der Nachfolge, wobei es keine Regeln zur Machtübergabe gibt, keine ausgearbeitete Ideologie, zu der sich der Nachfolger verpflichten muss, keine ideologisch ausgerichtete Partei oder Bewegung, in der der neue Führer hätte sozialisiert werden können. Die Frage der Nachfolge macht das Regime verwundbar. Die internen Konflikte innerhalb der Elite mögen gefährlich eskalieren, und es gibt vermutlich Aufstände von unten, wie kürzlich diejenigen in Belarus und Kasachstan.

Keine der postsowjetischen, sogenannten Maidan-Revolutionen stellte eine breite soziale Bedrohung für die politischen Kapitalisten als Klasse dar. Sie wechselten bloss die Fraktionen der herrschenden Klasse aus und verschärften damit die Krise der politischen Repräsentation. Gleichzeitig schwächten sie den Staat und machten die politischen Kapitalisten anfälliger gegenüber dem Druck des transnationalen Kapitals, und zwar gegenüber direktem ebenso wie indirektem Druck durch die prowestliche, durch NGOs geprägte Zivilgesellschaft, so wie es in der Ukraine nach der Euromaidan-Revolution von 2014 geschah.

Die dreissig Jahre seit dem Zusammenbruch der Sowjetunion sind eine permanente Krise gewesen. Es sind keinerlei stabile politische Institutionen entstanden. Diese Krise mag jetzt zu ihrem Ende kommen. Entweder Veränderung oder Tod – eine Zerstörung des spezifischen postsowjetischen Raums.

Mit dem Krieg versuchen die russischen politischen Kapitalisten diese existenziellen Bedrohungen durch einen militärischen Einsatz zu bekämpfen und ihre Herrschaft durch ein mehr auf Ideologie basierendes und die Massen mobilisierendes Regime zu konsolidieren. Auf dem Spiel steht ein eigenständiges Zentrum der Kapitalakkumulation im postsowjetischen Raum. Alternativ würde sich dieser zersetzen, und die postsowjetischen Eliten müssten sich mit denen der EU, der USA und Chinas neu arrangieren.

Was lässt sich über die herrschende Klasse der Ukraine sagen? Wie setzt sie sich zusammen? Was bedeutet der Begriff «ukrainische Oligarchen», und was ist deren Hauptinteresse?

Die ukrainischen Oligarchen sind die gleichen politischen Kapitalisten, wie sie während des Zusammenbruchs der Sowjetunion aufkamen. In den frühen 1990er-Jahren ging die sowjetisch-ukrainische Elite (die sogenannte Nomenklatura) eine kurzfristige Allianz mit der nationalistischen ukrainischen Intelligenz ein, um ihren Anspruch auf einen Teil des zerfallenden sowjetischen Staats zu rechtfertigen. Diese Allianz erwies sich als brüchig, da die Mittelschicht nicht zufrieden damit war, dass die herrschende Elite ihre Macht bloss symbolisch nationalistisch verbrämte.

Gleichzeitig schafften es die neuen politischen Kapitalisten in der unabhängigen Ukraine nicht, der ukrainischen Staatsform eine eigene Bedeutung und ein nationales Entwicklungsprojekt unter ihrer politischen Führung zu verleihen, das sich wesentlich von der herrschenden Ideologie der nationalistisch-liberalen Zivilgesellschaft unterschied. In dieser Hinsicht teilte die Ukraine die Krise der Hegemonie mit anderen Staaten der ehemaligen Sowjetunion.

Anders als in Russland schafften es die politischen Kapitalisten in der Ukraine auch nicht, ihr eigenes bonapartistisches Regime zu stabilisieren, mit dem sie eine autonome Politik im Interesse der herrschenden Klasse als Ganzes verfolgen konnten; Interessen, die mit den Interessen einzelner Oligarchen kollidieren mochten. Stattdessen erlebte die Ukraine innerhalb einer Generation drei Revolutionen.

Die jüngste – die Euromaidan-Revolution von 2014 – rückte zwei Fraktionen der herrschenden Klasse ins Rampenlicht. Diese hatten sich früher herausgebildet, aber Euromaidan verdeutlichte ihre politischen Strategien.

Eine dieser Fraktionen bezog offen Stellung gegen die Bedrohung durch das transnationale Kapital, eine Bedrohung, die durch die Schwächung des ukrainischen Staates und den wachsenden Einfluss der westlichen Staaten sowie der Abhängigkeit von diesen zunahm. Diese Fraktion versuchte, die öffentliche Meinung gegen die vom Westen finanzierten NGOs und deren sogenannte «Antikorruptions-Kampagne» zu mobilisieren. Der nationalistische Teil der Zivilgesellschaft griff diese Fraktion der ukrainischen Oligarchie als «prorussisch» an. Dabei bemühte sich diese Fraktion doch gerade darum, die ukrainische Souveränität wieder herzustellen, um ihre eigenen Interessen zu legitimieren. Zugleich versuchte sie, zwischen den westlichen und den russischen herrschenden Klassen zu lavieren – eine entsprechende Aussenpolitik hat die Ukraine bis zum Euromaidan zumeist betrieben.

Bemerkenswerterweise und entgegen den Annahmen vieler westlicher Analyst:innen und Journalist:innen, die diese Gruppe aufgrund von Einschätzungen der ukrainischen Nationalist:innen und der Medien als «prorussisch» etikettierten, hat praktisch keine wichtige Figur aus diesem Lager die russische Invasion befürwortet. Das ist nicht überraschend. Der Hauptteil ihrer Anlagen und ihrer Reichtümer befindet sich in der Ukraine und im Westen. Ihre Wähler:innen sind in der Ukraine. Diese Leute waren nie «prorussisch», sondern immer «pro-ich», sie haben immer nur für sich selbst geschaut. Dabei allerdings den Anspruch erhoben, einen grossen Teil der ukrainischen Gesellschaft zu vertreten. Diese Ukrainer:innen wiederum hatten gute Gründe, skeptisch gegenüber der nationalistischen und neoliberalen Ideologie der mittelständischen Zivilgesellschaft zu sein. Sie sind verständlicherweise auch nicht glücklich über die Zerstörung ihrer Lebensgrundlagen und Heime durch die Invasion. Es gibt Kollaborateure, aber abgesehen von wenigen Ausnahmen sind es eher untergeordnete Figuren.

Das Problem für diese Kapitalfraktion besteht jetzt darin, dass sie sich während des Kriegs nicht auf die bisherige konfrontative Strategie verlassen kann und zusehends ihre politischen Positionen verliert.

Ein anderes grosses Segment der herrschenden ukrainischen Klasse hat sich mit dem transnationalen Kapital zu arrangieren versucht. Man pries sich als unentbehrlich für den Kampf gegen Putin an. Die Strategie war einfach: Man versuchte den Westen zu überzeugen, falls eine Destabilisierung zugelassen würde – sagen wir früher von Poroschenkos Herrschaft und heute derjenigen von Selenskyj –, dann würde die ganze Ukraine destabilisiert, womit Putin in die Hände gespielt würde. Das hat bis jetzt funktioniert.

Indem sie dies den westlichen Eliten verkauften, konnten diese Kapitalisten zumindest bei der Antikorruptionskampagne ein paar Zugeständnisse erkaufen. Niemand erwähnt mehr die Pandora Papers, in denen ein paar Monate vor dem Einmarsch Selenskyjs Offshore-Konten und seine dubiosen Geschäfte mit Igor Kolomoiskii, einem der notorischsten ukrainischen Oligarchen, dokumentiert wurden (Al Jazeera 2021). Niemand hat die autoritären und repressiven Tendenzen auf dubioser juristischer Grundlage hinterfragt, die sich innerhalb der Selenskyj-Regierung schon vor der Invasion zeigten.

Das wichtigste Kriterium, um die Ukraine als Kandidatin für einen Beitritt zur EU zuzulassen, betrifft Massnahmen gegen die sogenannte Korruption. Die Ukraine mag der EU beitreten, oder zumindest wird das versprochen, aber nur, wenn die herrschende Klasse beseitigt wird, welche die ukrainische Wirtschaft bislang in der Politik repräsentiert hat. Natürlich soll der so «geöffnete Raum» durch das transnationale Kapital und nicht durch die ukrainischen Arbeiter:innen gefüllt werden.

Das transnationale Kapital wird zweifellos vom Wiederaufbau der Ukraine profitieren, so wie das nach vielen der jüngsten Kriege geschehen ist. Das geht klar aus den ukrainischen und westlichen Plänen hervor, wie sie kürzlich in Lugano diskutiert worden sind.

Gleichzeitig werden Selenskyj und die loyale Fraktion der herrschenden Klasse – sollte er weiterhin so populär bleiben – auch künftig versuchen, die Antikorruptionsmassnahmen zu umgehen und zu sabotieren und die Kommandohoheit in der verbleibenden ukrainischen Wirtschaft zu sichern.

Siehst du die Chance für eine Revolution, die zu einer tatsächlichen sozialen Gleichheit in der Ukraine führen könnte? Wie kann die Vereinnahmung revolutionärer Prozesse verhindert werden? Fehlt es in

Osteuropa an sozialistischen Führungsfiguren, weil bereits das Wort Sozialismus anrüchig geworden ist?

Das ist eine oberflächliche und irreführende Erklärung. Eine Erklärung, die die Interessen einer Minderheit der Bevölkerung reproduziert. Wenn man die Wahlumfragen anschaut, so bedauerten vor einem Jahr 30 bis 40 Prozent der Ukrainer:innen den Zusammenbruch der Sowjetunion und bewerteten diese insgesamt eher positiv (Ukrajinska Pravda 2021). Trotz aller antisozialistischer ideologischer Bemühungen nach dem Euromaidan ist dieser Prozentsatz stabil geblieben. Vorher war die positive Bewertung der Sowjetunion sogar noch stärker. Zudem gelten die 30 bis 40 Prozent, von denen ich spreche, nur für die bis zum 24. Februar von der ukrainischen Regierung kontrollierten Gebiete ohne Donbass und die Krim, wo man noch weitaus positiver zur Sowjetunion eingestellt war.

Zu behaupten, die Leute würden bereits vom Wort Sozialismus abgestossen, geschweige denn vom entsprechenden historisch-politischen System, ist eine Interpretation der mittelständischen Zivilgesellschaft, die in Osteuropa stark antikommunistisch ist. Aber diese repräsentiert unsere Gesellschaften als Ganzes nicht.

Wir müssen nur die Wiedergeburt einer neo-sowjetischen Identität in Russland beobachten, oder den Aufschwung von marxistischen Lesegruppen, die Tausende von jungen Leuten zusammenbringen und auf YouTube millionenfach verfolgt werden. Die meisten von ihnen haben keinen einzigen Tag ihres Lebens in der Sowjetunion gelebt. Das ist keine Nostalgie alter Leute.

Die internationale Linke weiss über diese Entwicklungen in der linken Bewegung bei uns praktisch nichts, weil sie über keine entsprechenden Sprachkenntnisse verfügt und weil sie kaum mit den weniger privilegierten Gruppen verbunden ist, die die Basis der neosowjetischen Wiedergeburt bilden. Aber auch wegen des Affinitäts-Bias der internationalen Linken, da sie ihr ähnliche Leute sucht und diese nur in sehr kleinen Gruppen des marginalen linksliberalen Flügels der mittelständischen Zivilgesellschaft findet.

Zudem befindet sich die Linke auch in anderen Ländern nicht gerade in Hochform. Wir erinnern uns alle an Occupy Wallstreet, aber was hat diese Bewegung bewirkt? Es hat Leute in der Linken gegeben, die nahe dran waren, die Macht zu ergreifen, etwa Jeremy Corbyn in Grossbritannien oder Bernie Sanders durch seine zwei Wahlkampagnen. Aber auch sie endeten im Misserfolg. Syriza übernahm die Macht in Griechenland und hat sich dann unterworfen.

Natürlich ist die Ukraine ein weitaus extremerer Fall, da die einheimische Linke seit dem Euromaidan unterdrückt wird, eine Unterdrückung, die sich angesichts der Invasion noch verstärkt hat. Andererseits können wir in den letzten Jahren nicht gerade auf viele Erfolge der linken Bewegung in anderen Weltgegenden stolz sein. Der lose verbundene «linke Populismus» auf unzureichender ideologischer Grundlage weist etliche Gemeinsamkeiten mit der Maidan-Revolution auf. Und wie diese ist er, aus linker Sicht, ein politischer Misserfolg.

Grundsätzlich ist der Abstieg der Linken in der Veränderung der Klassenstruktur und der entsprechenden soziopolitischen Organisationen seit den 1970er-Jahren und dann nach dem Ende des Kalten Kriegs begründet. Mark Beissinger hat ebenfalls auf das Ende des Kalten Kriegs als wichtigen Faktor für den Niedergang der sozialen Revolutionen seit den 1980er-Jahren hingewiesen (Beissinger 2022). Die gegenwärtige Krise einer Gegenhegemonie ist sicherlich das Resultat einer Krise der Hegemonie, die ein globaler Prozess ist, sich aber am stärksten in den postsowjetischen Staaten äussert. Doch die Krise der Massenpolitik und entsprechender Ideologien, die abnehmende Bedeutung der Parteien, die Ersetzung organisierter politischer Repräsentanz der Klassen durch einen vagen Populismus werden in manchen Weltgegenden diskutiert.

Dies ist auch ein Grund, weswegen wir in Bezug auf künftige soziale Revolutionen im 21. Jahrhundert optimistisch sein können, trotz all der Niederlagen vergangener Jahre. In historischer Perspektive haben verstärkte Kämpfe zwischen verschiedenen Imperialismen – wie wir sie gegenwärtig erleben – auch zu einem Aufschwung sozialer Kämpfe geführt. Das hat die Soziologin Beverly Silver in der Studie *Forces of Labour* über soziale Aufstände auf der ganzen Welt gezeigt (Silver 2003). Die Staaten konkurrieren miteinander, und deswegen müssen sie auch darum konkurrieren, sich die Loyalität der subalternen Klassen und Nationen zu sichern. Eine verstärkte hegemoniale Politik der herrschenden Klassen schafft soziale und politische Bedingungen für verstärkte gegenhegemoniale Alternativen der subalternen Klassen.

Nicht zufällig war der Höhepunkt der sozialen Revolutionen in Europa nach dem Ersten Weltkrieg. Dann gab es revolutionäre Umwälzungen nach dem Zweiten Weltkrieg, eingeschlossen die Dekolonisierung in Afrika und Asien. Jetzt treten wir in einen neuen Zyklus der Konkurrenz zwischen verschiedenen Imperialismen ein.

Bereits sehen wir einen Wechsel hin zu einer stärker hegemonialen Politik, nicht bloss in Russland, sondern auch in China und in den USA. Als ein mögliches Resultat mag sich eine stärkere und besser organisierte sozialrevolutionäre Opposition herausbilden. Natürlich wird dies nur geschehen, wenn wir die nukleare Apokalypse verhindern und den katastrophalen Klimanotstand bewältigen. Falls wir überleben, mag die Linke eine hoffnungsvollere Zukunft haben. Zugleich ist eine stärkere antiimperialistische Linke zentral für das Überleben der Menschheit.

Die ukrainische Gesellschaft schliesst sich nun zusammen, und ein ziviler Patriotismus entwickelt sich – jedenfalls hören wir das sehr oft in den Medien. Angeblich verschwinden regionale Identitäten und Differenzen ebenso wie Klassenunterschiede angesichts der russischen Invasion. Wie würdest du dies unter einer marxistischen Forschungsperspektive kommentieren?

Es gibt bestimmte Trends. Laut den Meinungsumfragen, die natürlich während des Kriegs sehr ungenau sind, ist sich die ukrainische Gesellschaft ziemlich einig in der Verurteilung des russischen Einmarschs (Kudrja 2022). Auch wenden sich einige russisch Sprechende dem Ukrainischen zu, weil sie die russische Sprache als diejenige des Angreifers betrachten. Ich bin mir aber nicht sicher, inwiefern diese Trends über die Mittelklasse hinausreichen, die den öffentlichen Raum dominiert. So lange der Krieg andauert, ist es schwierig, die Trends und deren Nachhaltigkeit zu beurteilen.

Wenn die Leute nur vereint gegen etwas sind, heisst das allerdings noch lange nicht, dass sie gemeinsam für ein positives Projekt oder die Vision einer neuen Ukraine sind. Die Haltung zur Nato ist weiterhin gespalten (Balachuk 2022). Kritik an der sogenannten «Entrussifizierung» und Entkolonialisierung wird selbst von Leuten aus der Nähe des Präsidialamts geäussert. Ob diese Stimmen politischen Einfluss haben, ist aber eine andere Frage, da Selenskyj sich früher oft dem nationalistischen Druck gebeugt hat, selbst wenn es um unpopuläre Massnahmen ging.

Die Behauptung, Putin habe die ukrainische Gesellschaft geeint und endlich eine eigenständige Ukraine geschaffen, wird ausgenützt, um abweichende politische Positionen, Meinungen und kulturelle Praxen zu unterdrücken und zum Verstummen zu bringen. Diejenigen, die sich dieser Einheitlichkeit nicht unterziehen wollen, werden als antiukrainisch dargestellt, obwohl sich viele von ihnen in der Ukraine befinden. So hat der Staat alle angeblich prorussischen Parteien verboten, obwohl sie keinerlei Bedrohung dargestellt haben. Die Personen mit politischem Einfluss in diesen Kreisen haben nach dem russischen Einmarsch alle die Ukraine unterstützt. Andere Gruppen waren schlicht zu unbedeutend, um eine Gefahr darzustellen.

Als Ergebnis der Verbote ist ein beträchtlicher Teil der ukrainischen

Stimmenden – gemäss der Parlamentswahl von 2019 insgesamt 18 Prozent – ihrer politischen Repräsentation beraubt worden. Wie mit der Verschärfung des Arbeitsrechts nutzt die politische Elite den Krieg aus, um die politische Arena von unliebsamer Opposition zu reinigen. Einige mächtige Oligarchen, sogar Petro Poroschenko, der Führer der nationalistischen Opposition, die keineswegs der Sympathien für Russland verdächtigt werden können, geraten unter zunehmenden politischen Druck.

Wenn früher russisch Sprechende nun zum Ukrainischen wechseln, ist das nicht nur ein spontaner Trend, sondern dieser wird durch verschiedene Massnahmen, Politiken des Staats auf regionaler Ebene ebenso wie durch den Druck der ukrainischen Zivilgesellschaft, befördert, die russische Sprache und die russische Kultur aus der Öffentlichkeit zu verbannen. Dies schliesst das in einigen Regionen verhängte Verbot ein, kulturelle Produkte in Russisch zu reproduzieren, in anderen Regionen Russisch selbst als Wahlfach in Sekundarschulen zu verbieten oder ukrainische Strassennamen von russischen Dichtern und Wissenschaftlern zu säubern. So etwas geschieht nicht «naturwüchsig». Das ist eine gezielte Politik bestimmter Fraktionen der ukrainischen Elite und der nationalistischen Zivilgesellschaft. Diese wollen ihre eigenen Interessen vorantreiben und die Ukraine in ihrem Sinn reformieren, was auch immer die Wünsche der ukrainischen Gesellschaft in ihrer ganzen Diversität sein mögen. Das wollten sie schon immer machen, und nun haben sie die ideale Gelegenheit dafür gefunden und können den Krieg ausnützen, da sie keine Kritik oder Gegenbewegung erwarten müssen.

Eine grosse Gruppe von Ukrainer:innen, die zumeist Russisch sprechen, aber sich mehr durch ihre politische Haltung als ihre Muttersprache definieren, sieht sich zwischen den beiden nationenbildenden Projekten der ukrainischen Zivilgesellschaft und Putins Konzept des «einen Volks» eingeklemmt. Doch sie passen in keins von beiden. Ähnlich wie im ehemaligen russischen Reich wird es wohl keine Diskriminierungen von russisch sprechenden Ukrainer:innen als Einzelne geben – hoffentlich, obwohl es einige beunruhigende Hinweise in diese Richtung gibt –, aber soziale Forderungen dieser Gruppe könnten als landesverräterisch desavouiert werden.

Würde die schnellere Integration der Ukraine in die europäischen Institutionen nicht auch eine sozialere Gesetzgebung, mehr Transparenz und mehr Demokratie ermöglichen? Ist die EU an einer solchen Demokratisierung überhaupt interessiert?

Mir scheint, die europäische Integration würde neue Barrieren errichten und einen neuen Rahmen für das setzen, was möglich und was unmöglich ist. Eine der Forderungen der EU gegenüber der Ukraine betrifft die Regelung der Sprachenfrage, deren Form von der Venedig-Kommission scharf kritisiert worden ist. Nun wird verlangt, dass die Ukraine entsprechende Änderungen umsetzt. Das wäre ein Fortschritt. Zudem glaube ich, dass sich die menschenrechtliche Lage in der Ukraine nach dem Krieg verbessern würde, wenn die Ukraine sich der EU anschliessen würde.

Andererseits ist die Mitgliedschaft in der EU kein Allheilmittel. Wir haben erlebt, was sich die Herrschenden in Ungarn haben erlauben können. Wir kennen die Gesetze in Polen gegen die Abtreibung. Zudem hat die EU die offensichtlichen Diskriminierungen sogenannter Nicht-Bürger:innen in den baltischen Staaten immer toleriert.

In diesem Sinne glaube ich, dass sich einige Dinge durch eine EU-Mitgliedschaft verbessern würden, und das sollte nicht geringgeschätzt werden. Aber dadurch werden nicht alle Probleme gelöst, die die Ukraine gegenwärtig hat.

Die Lage bezüglich Menschen- und Arbeitsrechten in der Ukraine sollte von der internationalen Öffentlichkeit genauer beobachtet werden, um mögliche Verschärfungen alter Probleme zu verhindern.

Literatur

Al Jazeera, 2021: Pandora Papers. Ukraine leader seeks to justify offshore accounts. www.aljazeera.com/news/2021/10/4/pandora-papers-ukraine-leader-seeks-to-justify-offshore-accounts (Abfrage 28.11.2022)

Balachuk, Iryna, 2022: 81 % украинцев поддержали бы на референдуме вступление в ЕС, и 71 % – вступление в НАТО – опрос. www.pravda.com.ua/rus/news/2022/07/29/7360841/ (Abfrage 28.11.2022)

Beissinger, Mark R., 2022: The Revolutionary City. Urbanization and the Global Transformation of Rebellion. Princeton

Beverly, J. Silver, 2003: Forces of Labour. Cambridge

Kudrja, Olga, 2022: Как война меняет украинское общество. www.ukrinform.ru/rubric-society/3527441-kak-vojna-menaet-ukrainskoe-obsestvo.html (Abfrage 28.11.2022)

Ukrajinska Pravda, 2021: Треть украинцев скучает по СССР – опрос. www.pravda.com.ua/rus/news/2021/08/19/7304347/ (Abfrage 28.11.2022)

Yilmaz, Harun, 2022: No, Russia will not invade Ukraine. www.aljazeera.com/opinions/2022/2/9/no-russia-will-not-invade-ukraine (Abfrage 28.11.2022)

Ewgeniy Kasakow

Pseudowissenschaft als Trend

Zum Aufstieg der Geopolitik im postsowjetischen Russland

Der Begriff «Geopolitik» ist im heutigen Russland seit Jahrzehnten omnipräsent. Er ertönt in den allabendlichen Polit-Talkshows in den staatlichen TV-Kanälen, taucht in den Überschriften der akademischen Publikationen auf, in den Kolumnen der Tagespresse und in den Auftritten der parlamentarischen wie auch der radikalen Opposition. Dabei war die Geopolitik in der Sowjetunion einst absolut verfemt. Die *Grosse Sowjetische Enzyklopädie* bezeichnete sie – zwar mit etlichen ideologisch gefärbten Invektiven versetzt – jedoch ganz zutreffend als eine Pseudowissenschaft beziehungsweise als «bürgerliche, reaktionäre Konzeption» (Alampiev/Semenov 1971, 316), die einen Determinismus der geografischen Lage für die Politik behaupte. Ferner ging das Nachschlagewerk auf die historischen Wurzeln der Geopolitik im Zeitalter der kolonialen Konkurrenz ein und auf die Rolle von Geopolitikern wie zum Beispiel Karl Haushofer bei der Formulierung der Ideologie sowie der aussenpolitischen Ziele des deutschen Nationalsozialismus.[1] Als im Herbst 1993 das erste nach der neuen postsowjetischen Verfassung gewählte Parlament Russlands zusammentrat, wurde dort ein bis 1999 unter diesem Namen bestehender Ausschuss für Fragen der Geopolitik geschaffen. Es dauerte nicht lange, bis es Lehrbücher gab über die nun in die Familie der wissenschaftlichen Disziplinen aufgenommene Lehre von der Abhängigkeit politischer Prozesse von der geografischen Lage der Staaten (Nartov 1999; Muchaew 2007). Wie erklärt sich eine derartig rasante Karriere der Geopolitik in der Russischen Föderation?

Reiz des Verbotenen, Kraft des Verborgenen

Während der verschiedenen Abschnitte der sowjetischen Geschichte wurden mehrere wissenschaftliche Disziplinen und Lehren aus der Wissenschaftsfamilie verbannt, dies aufgrund ihrer (echten oder vermeintlichen) Inkompatibilität mit der marxistischen Theorie in der von der herrschenden Kommunistischen Partei zum jeweiligen Zeitpunkt propagierten Variante: Pädologie, Psychoanalyse, auf der mendelschen Vererbungslehre basierende Genetik, Soziologie, Politologie, Kybernetik. Die zu einem späteren Zeitpunkt regelmässig erfolgende Aufhebung dieser Verbannungen – auf das Kybernetikverbot folgte zum Beispiel ein wahrer Kybernetikboom – brachte die Sowjetmenschen zum Glauben, dass alles, was in der UdSSR als «unwissenschaftlich» abqualifiziert worden war, aus politisch-ideologischen Gründen unterdrückte Wahrheit sein könnte. Genau darauf führt der Historiker und Soziologe Nikolaj Mitrochin das steigende Interesse an Esoterik, Okkultismus und «Parawissenschaften» in den späten Jahren der Sowjetunion zurück (Mitrochin 2020, 24 f.).

Noch vor der Lockerung der Zensur in der Perestroika-Zeit erschienen in den sowjetischen populärwissenschaftlichen Medien und Literaturzeitschriften nicht nur Informationen über UFOs, alternative Heilmethoden, angebliche Wunderfähigkeiten von Yoga, Telepathie und so weiter, sondern auch nationalistisch, xenophob und verschwörungstheoretisch gefärbte Materialien über vergessene, untergegangene Zivilisationen, vormonotheistische Kulte oder mächtige Geheimbünde (Kukulin 2017, 61 f.).

Derartige Mythologie konnte sowohl als eine sensationsheischende Ergänzung der offiziellen Propaganda erscheinen als auch subversive Formen annehmen. Die beiden Varianten verhielten sich jedoch komplementär zueinander. Wer sich fürs Geheimnisvolle und über die Grenzen der anerkannten Wissenschaft Gehende interessierte, konnte zuerst in sowjetischen Zeitschriften über geheime psychologische oder biologische Waffen der US-amerikanischen Geheimdienste lesen, seinen Wissensdurst weiter mit den Broschüren oder Romanen über die Machenschaften der Freimauer und angeblich mit ihnen verbundenen Zionist:innen stillen und zuletzt das Ganze mit neoheidnischen oder christlich-nationalistischen «Samisdat»[2] ergänzen (Menzel 2012, 151 f.; Aitamurto 2016). Die Vorstellung, dass die Feinde der Sowjetunion über unvorstellbar ausgeklügelte Methoden und geheimes Wissen verfügten, konnte die Fantasie sowohl von loyalen Sowjetbürger:innen als auch diejenige von heimlichen oder offenen Gegner:innen der damaligen Ordnung beflügeln. Die herrschende Zensur befeuerte die Vorstellung, es könnte noch unendlich viele unter Verschluss gehaltene Geheimnisse geben.

Dass die harsche Verurteilung der Geopolitik bei etlichen Leser:innen der offiziellen sowjetischen Texte das Gegenteil des gewünschten Effekts erzeugte, darf deshalb nicht verwundern.

Die Wurzeln der postsowjetischen Geopolitik

Wird über den hohen Stellenwert der Geopolitik im heutigen Russland gesprochen, fällt unweigerlich der Name Alexander Dugin. Der 1962 geborene ehemalige Mitbegründer der ebenso schillernden wie politisch marginalen Nationalbolschewistischen Partei (NBP)[3] wird inzwischen weltweit als angeblicher «Chefideologe» des putinistischen Russland vermutet.[4] Seine intensive Beschäftigung mit in der Sowjetunion nicht gern gesehenen Texten und Autoren begann bereits in den 1970er-Jahren im Umfeld des sogenannten Juschinski-Gasse-Zirkels in Moskau.[5] 1988 trat Dugin der Pamjat-Gesellschaft, einem Sammelbecken russischer Nationalist:innen, bei. Von dem dortigen christlich-orthodoxen und monarchistischen Mainstream unterschied sich seine Position insofern, als er schon früh die rechts stehenden Theoretiker aus dem Westen rezipiert und als einer der ersten im postsowjetischen Russland Kontakte zu den Autoren der französischen Nouvelle Droite hergestellt hatte. Bei seiner Annäherung an die geopolitischen Theorien spielten die NS-Vorbelastung etlicher wichtiger Akteure oder ihre Feindschaft zur sowjetischen Ideologie keine abschreckende Rolle, sondern waren vielmehr Anziehungspunkte. Auch die offizielle Aberkennung der Wissenschaftlichkeit von Geopolitik stellte kein Hindernis dar, denn Dugin und der Juschinski-Gasse-Zirkel hatten sich in ihrer Ablehnung der Aufklärung auch zur Alchemie, Gnosis und einer ganzen Reihe von esoterischen Lehren bekannt. Die Vorstellung, die «profanen» Wissenschaften verschleierten lediglich den Zugang zu tiefen, sich nur wenigen Auserwählten eröffnenden Wahrheiten, ist grundlegend für das Verständnis von Dugins Theorien.

Dugin stützte sich explizit auf Haushofer und seine deutschen Adepten sowie auf Carls Schmitts Gegenüberstellung von See- und Kontinentalmächten (Schmitt, 1942; 1950), die sich als erstaunlich anschlussfähig an die unter dem Eindruck der «Schocktherapie»-Reformen wachsende antiwestliche Stimmung erwiesen. Das Leitmotiv von Dugins Überlegungen ist seit den 1990er-Jahren die Suche nach Optionen für ein weltweites Bündnis gegen die von den USA und Grossbritannien verkörperte «atlantische» Zivilisation. Dieses Bündnis kann, in unterschiedlichen historischen Epochen, Russland und asiatische Mächte («Eurasismus»), die Sowjetunion und die alten faschistischen Achsenmächte («Nationalbolschewismus»), Russland und die islamische Welt oder Russland und die pantürkische Bewegung, aber auch Russland und europäische Antiamerikanist:innen von links und rechts oder Russland und China umfassen. Konstant bleibt lediglich die zentrale Rolle, die Dugin dabei Russland zuschreibt. Zwar stand Dugin im regen Austausch mit den französischen Ethnopluralisten um Alain de Benoist, jedoch weist seine Konzeption von Geopolitik einen entscheidenden Unterschied auf: Er wollte Russland stets als ein Imperium sehen. Deshalb war er auch bereit, diesem einen multiethnischen und multikonfessionellen Charakter zuzugestehen (Herzinger/Stein 1995, 137 f.; Umland 2006). Damit machte Dugin sich bei der auf strikte Trennung der Ethnien bedachten Neuen Rechten, aber auch bei der das imperiale Staatsmodell ablehnenden Linken unbeliebt, fand hingegen Anschluss an die «grosse Politik» im postsowjetischen Russland (Höllwerth 2007).

Geopolitik als angebliche Wunderwaffe des Feindes

Das Interesse für Geopolitik war aber nicht nur in Dugins rechtsesoterischer Umgebung gross. Unter den etablierten Akademiker:innen der späten Sowjetunion, beauftragt mit der «Kritik der bürgerlichen Ideologien», fanden sich nicht wenige, die den zu kritisierenden Lehren einiges abgewinnen konnten. So hat sich zum Beispiel ein Mitglied der Akademie der Wissenschaften, der Historiker Alexei Naročnickij (1907–1989), für die Rezeption der Geopolitik im zaristischen Russland interessiert und darin Anknüpfungspunkte für den offiziellen sowjetischen Diskurs über den westlichen Imperialismus gefunden (Naročnickij 1976, 65 f.).

Kritik an westlichen Geostrategen, wie am US-Präsidentenberater Zbigniew Kazimierz Brzeziński, die den Untergang der Sowjetunion prophezeiten, war Dauerthema in sowjetischer Forschung und Publizistik. Als die Prophezeiungen des ideologischen Feindes in Erfüllung gingen, lag es für etliche der sowjetischen Kritiker:innen nahe, dass es die in der UdSSR verfemten Methoden waren, die dem Gegner einen Vorteil beim Prognostizieren und Entwickeln von Strategien verschafften. Die Vorstellung, der Zerfall der Sowjetunion sei das Ergebnis einer lange geplanten und unter Ausnützung geopolitischer Methoden umgesetzten Strategie des Westens, wurde zunehmend populär.

Naročnickijs Tochter, die Historikerin und Politikerin Natalja Naročnickaja, äusserte bereits in den 1990er-Jahren die Vorstellung, dass – nachdem Lenin und der Marxismus zwar Russland geschadet hätten – die

Wiederherstellung einer imperialen Grossmacht durch die Bolschewiki positiv zu bewerten sei. Der Abschied von der sowjetischen Ideologie sei somit richtig gewesen, der Zerfall der Sowjetunion und die Annäherung an den Westen aber eine Katastrophe für Russland (Naročnickaja 2003). Mit Beginn der radikalen Marktreformen unter Jelzin wuchsen die antiwestliche Stimmung und die Enttäuschung über den Verlust des Grossmachtstatus auch in den Reihen derjenigen, die anfänglich tatkräftig für den Wandel eingetreten waren. Bewaffneter Separatismus in Tschetschenien und die Nato-Erweiterung weckten Ängste, die Russische Föderation könnte dasselbe Schicksal wie die Sowjetunion ereilen. Wider Erwarten wurde das postsowjetische Russland keine kapitalistische Weltmacht. Die Erkenntnis dieser bitteren Tatsache ging in der russischen Politik einher mit Debatten über die neue Bedeutung des Begriffs «Imperium», und dieses wurde nun, losgelöst von konkreten zaristischen oder sowjetischen Ideologien, als eine Art «historisches Schicksal Russlands» dargestellt (Kretzschmar 2002).

Geopolitik im Kontext der Realpolitik

Der Ausschuss für geopolitischen Fragen der Staatsduma wurde 1994, nach den Wahlen im Herbst 1993, gegründet. Mit 22,92 Prozent wurde damals die Liberaldemokratische Partei (LDPR) von Wladimir Schirinowski mit einem äusserst eklektischen Programm zur stärksten Kraft. Die LDPR setzte die Gründung des Ausschusses in ultimativer Form durch und zeigte sich darin äusserst engagiert. Nicht nur war LDPR-Mitglied Alexei Mitrofanow lange Zeit dessen Vorsitzender, sondern er zog auch etliche Akteure des rechtsradikalen Spektrums als Expert:innen hinzu. Als wissenschaftliche Mitarbeiter der Abgeordneten oder als eingeladene Referenten fungierten nicht nur Dugin oder der Nationalbolschewik Eduard Limonow, sondern auch der ehemalige Rockmusiker Sergei Scharikow, ebenfalls bekannt als Übersetzer und Verleger neofaschistischer Autoren aus dem Westen. Zusammen mit den LDPR-Politikern Andrei Archipow und Alexander Filatow führte Scharikow zwischen 1996 und 1999 ein allwöchentliches Seminar «Nation und Staat» durch (Archipov/Smirnov 1996). Die esoterischen Bezüge und rassistischen Implikationen der Geopolitiker galten nicht als Disqualifizierungskriterium.

Auch in den Reihen der Kommunistischen Partei der Russischen Föderation (KPRF), seit 1995 stärkste Oppositionspartei, wuchs das Interesse an Geopolitik. Der Parteivorsitzende Gennadi Sjuganow hat selber ein Werk über die Bedeutung der Geopolitik für die politische Strategie seiner Partei verfasst (Zjuganov 1997). Sjuganows ehemaliger Mitstreiter, der aus der KPRF ausgetretene Duma-Vorsitzende Gennadi Selesnjow, machte Dugin 1998 zu seinem offiziellen Berater. Zum damaligen Zeitpunkt hatte Dugin bereits mit der Unterstützung der Akademie des Generalstabes sein erstes Lehrbuch über Geopolitik verfasst (Dugin 1997). Noch bevor Putin die verschiedenen politischen Lager der Jelzin-Zeit in sein Herrschaftsmodell integrieren konnte, wurde Geopolitik sowohl in der radikalen Opposition als auch in Teilen des Staatsapparates rezipiert.

Mainstream in der Putinzeit

Das wohl bekannteste Zitat von Putin entstammt seiner Rede zur Lage der Nation im April 2005. Darin bezeichnete er den Zerfall der Sowjetunion 1991 als die grösste geopolitische Katastrophe des 20. Jahrhunderts (Putin 2005, 13, 14). Während das Wort «Katastrophe» nahelegt, dass davon alle negativ betroffen sind, steht das Adjektiv «geopolitisch» in Dissonanz dazu, denn bei der (Geo-)Politik gibt es stets Gewinnende und Verlierende. Dass das Staatsoberhaupt sich auf Geopolitik beruft, zeigt aber deutlich, dass die Vorbehalte der Sowjetzeit gegenüber der «reaktionären Konzeption» von Geopolitik inzwischen zumindest im regierungsloyalen Lager vergessen sind. Mehrere staatliche Think-Tanks betätigen sich im heutigen Russland auf dem Gebiet der geopolitischen Expertise und vermischen empirische Beobachtungen mit abenteuerlichen Vorstellungen wie derjenigen der ewig bestehenden, angeblich durch die Geografie vorgegebenen Bündnisse und Feindschaften zwischen Ländern, «Kulturen» und «Zivilisationen». Allen Varianten gemeinsam ist die Kritik an der «unipolaren Welt» und die Suche nach Verbündeten im Kampf dagegen. Alexei Puschkow, der Vorsitzende des Auswärtigen Ausschusses der Duma, ist zugleich der Verfasser mehrerer geopolitischer Werke (Puškov 2018). Bezüge auf die Geopolitik tauchen auch regelmässig in den Veröffentlichungen des Rates für Aussen- und Sicherheitspolitik (SWOP) auf, dessen Vorsitzender Sergei Karaganow kurz vor Kriegsbeginn eine programmatische Rede über die «Krise des Westens» hielt (Monath 2022). Alle Varianten der Kreml-loyalen Geopolitik im heutigen Russland vollführen einen Spagat zwischen einer antiunversalistischen These von einem wie auch immer verstandenen «russischen Sonderweg» und der Betonung einer globalen Bedeutung von russischer Kultur, Geschichte und Aussenpolitik. Genauso verrenken sich die russischen Geopolitiker:innen im Widerspruch zwischen den Anklagen gegen Imperialismus, «Globalismus» und Kolonialgeschichte des Westens und der Begründung der Notwendigkeit, dass Russland eine Weltmacht sein müsse. Besser liesse sich die alte These der Sowjetischen Enzyklopädie nicht illustrieren. Geopolitik hat mit Wissenschaft nichts zu tun, sie stellt nur einen Versuch dar, die jeweiligen Staatsinteressen mit angeblich objektiven geografischen Sachzwängen zu legitimieren.

Anmerkungen

1 Zur deutschen geopolitischen Schule vgl. Diner 1984, 1–28

2 Samisdat – im Ostblock an der Zensur vorbei per Schreibmaschine vervielfältigte und von Hand zu Hand weitergegebene Texte.

3 Die Nationalbolschewistische Partei (NBP), 1993 von Eduard Limonow und Alexander Dugin gegründet, propagierte eine Synthese aus linkem und rechtem Radikalismus. Seit 2007 in Russland verboten.

4 Für konträre Einschätzungen siehe Umland 2019; Geiss 2022.

5 In der an der Juschinski-Gasse gelegenen Wohnung des Schriftstellers Pjotr Mamlejew trafen sich junge, fremdsprachenkundige Menschen, die den sowjetischen Lesenden völlig unbekannte Autoren wie René Guenon, Mircea Eliade oder Julius Evola besprachen. Die esoterische und antiegalitäre Ausrichtung des Zirkels wurde durch die Übernahme einer faschistischen Ästhetik betont. Da der Zirkel erst in den Perestroika-Jahren öffentlich in Erscheinung trat, wurde er auch nicht von Repressionen behelligt.

Literatur

Aitamarto, Kaarina, 2016: Paganism, Traditionalism, Nationalism. Narratives of Russian Rodnoverie. New York

Alampiev, P. M. / Semenov, Ju. N., 1971: Geopolitika. In: Bol'šaja Sovetskaja Enciklopedija. M. Bd. 6

Archipov, A. V. / Smirnov, S. N., 1996: Russkaja ideja na jazyke zakonov Rossii. Materialy parlamentskich slušanij, 15. Oktjabrja 1996. Federa'noe sobranie, parlament RF, GD. Moskva.

Diner, Dan, 1984: «Grundbuch des Planeten». Zur Geopolitik Karl Haushofers. In : Vierteljahrshefte für Zeitgeschichte. 32 (1), 1–28

Dugin, Aleksander, 1997: Osnovy geopolitike Rossii. Geopolitičeskoe budušsee Rossii. Moskva

Geiss, Heinz, 2022: Einiges Russland. Der Putinismus ist eine grossrussische, völkische Ideologie. In: iz3w., 390, 14–17

Herzinger, Richard / Stein, Hannes, 1995: Endzeit-Propheten oder Die Offensive der Antiwestler. Fundamentalismus, Antiamerikanismus und Neue Rechte. Reinbek

Höllwerth, Alexander, 2007: Das sakrale eurasische Imperium des Aleksandr Dugin. Eine Diskursanalyse zum postsowjetischen russischen Rechtsextremismus. Stuttgart

Kretzschmar, Dirk, 2002: Region oder Imperium? Zur Semantik von Geopolitik, Raum und Kultur in Russland. In: Maresch, Rudolf / Werber, Nils: Raum, Wissen, Macht. Frankfurt/M.

Kukulin, Il'ja, 2017: Periodika dlja ITR. Sovetskie naučno-populjarnye žurnaly i modelirovanie interesov pozdnesovetskoj naučno-techničeskoj intelligencii. In: Novoe literaturnoe obozrenie, 145 (3), 61–85

Menzel, Birgit, 2012: Occult and Esoteric Movements in Russia from the 1960s to the 1980s. In: Menzel, B., Hagemeister, M., Rosenthal, B. (Hg.): The New Age of Russia. Occult and esoteric dimensions. München, 151–185

Mitrochin, Nikolaj, 2020: Sovetskaja intelligencija v posikach čuda. Religioznost i paranauka v SSSR 1953–1985. In: Novoe literaturnoe obozrenie, 163 (3), 24–37

Monath, Hans, 2022: Interview mit Putins Vordenker: «Die Demokratie in ihrer jetzigen Form wird im Grossteil Europas nicht überleben». In: Tagespiegel. 6.4. (online verfügbar)

Muchaev, Rašid, 2007: Geopolitika. Učebnik dlja studentov vuzov. Moskva

Naročnickaja, Natalija, 2003: Rossija i russkije v mirovoj istorii. Moskva

Naročnickij, Aleksej, 1976: O teorii i metodologii istorii meždunarodnych otnošenij. In: Voprosy istorii, 2, 65–69

Nartov, Nikolaj, 1999: Geopolitika. Učebnik dlja vuzov. Moskva

Puškov, Aleksej, 2018: Global'nye šachmaty. Russkaja partija. Moskva

Putin, Valdimir, 2005: Botschaft zur Lage der Nation am 25. April 2005. In: Russland-Analysen, 63., 13–14

Schmitt, Carl, 1942: Land und Meer. Eine weltgeschichtliche Betrachtung. Leipzig

Schmitt, Carl, 1950: Nomos der Erde. Köln

Umland, Andreas, 2006: Der «Neoeurasismus» des Aleksandr Dugin. Zur politischen Strategie der russischen «Neuen Rechten» sowie zur Rolle des integralen Traditionalismus und (quasi)religiöser Elemente in ihrer Ideologie. In: Jäger, Margarete / Link, Jürgen (Hg.): Macht – Religion – Politik. Zur Renaissance religiöser Praktiken und Mentalitäten. Münster

Umland, Andreas, 2019: Alexandr Dugin. Kreuzzug gegen den Liberalismus und Verbindungen nach Deutschland. In: Gegenmedien. gegneranalyse.de/personen/alexandr-dugin/# (Abfrage 3.2.2023)

Zjuganov, Gennadij, 1997: Geografija pobedy. Osnovy rossijskoj geopolitiki. Moskva

FemWiss

Werde Mitglied
Erhalte 3x jährlich das FemInfo – das feministische Magazin mit wissenschaftlichem Blick und Beiträgen zu relevanten gesellschaftspolitischen Themen.

Weitere Infos
www.femwiss.ch

Gratis Leseprobe bestellen
info@femwiss.ch

Der Verein Feministische Wissenschaft Schweiz bezweckt die Förderung feministischer Wissenschaften, trägt zur Sensibilisierung auf intersektionale feministische Perspektiven bei und stellt diese zur Diskussion – mit dem Ziel, feministische Auseinandersetzung einem möglichst breiten Publikum zugänglich zu machen und eine Brücke zwischen Wissenschaft, Gesellschaft und Politik zu schlagen.

Anmerkung der Redaktion

Anatoli Uljanov machte sich in den 2000er-Jahren mit seinen provokativen Texten zu Kunst, Kultur und Politik in der Ukraine einen Namen. In der Folge hatte er wiederholt mit politischer Repression und gewalttätigen Übergriffen zu kämpfen, weshalb er sich 2009 gezwungen sah, die Ukraine zu verlassen. Seither lebt er in den USA, wo sich seine anfängliche Position gegen Nationalismus, für Vielfalt und Menschenrechte zu einer antiimperialistischen, antirassistischen und sozialistischen Perspektive entwickelte. Wir veröffentlichen an dieser Stelle einen seiner literarischen Texte. Uljanov erzählt darin vom Umgang mit russischsprachigen Minderheiten in der Ukraine. Er berichtet, wie deren Identität unter Druck gerät und sie zu «Fremden im eigenen Land» werden. Der Text fragt nach den Auswirkungen dieses Umgangs auf der persönlichen Ebene – sowohl vor wie auch nach Ausbruch des Krieges.

Anatoli Uljanov

Die überflüssigen Menschen aus der Ostukraine*

Stellen Sie sich vor, Sie sind russischsprachig und leben in einer zerbombten ostukrainischen Stadt, die darauf wartet, befreit zu werden. Einige der «Befreier» werden zuerst Ihre Schränke nach jungen Männern durchsuchen, die sie mobilisieren und als Kanonenfutter der Marke Z verwenden können. Die anderen Befreier machen deutlich, dass sie in Ihnen nichts weiter als einen «Vatnik», einen Homo Sovieticus, sehen. Ihnen bleibt somit nur die Wahl, mit welchem Messer Sie befreit werden möchten: dem guten Messer des Opfers oder dem bösen Messer des Angreifers?

Wenn ich Oleksij Danilow, dem Sekretär des Nationalen Sicherheits- und Verteidigungsrates der Ukraine, zuhöre, verstehe ich, dass niemand besonders an der «Reintegration des Donbass» (Danilow 2022) interessiert ist. Was zählt, ist ein Territorium, das vorzugsweise von der «überflüssigen» Be-

* Der Artikel erschien ursprünglich am 10. 9. 2022 auf *LeftEast* (lefteast.org/the-superfluous-people-of-eastern-ukraine/). Er wurde für den *Widerspruch* vom Autor leicht angepasst und von Arman Spéth übersetzt.

völkerung befreit ist. Menschen sind generell unbequem. Sie alle sind so unterschiedlich und nuanciert, haben ihre eigenen Ansichten und Identitäten. Sie müssen irgendwie zusammengeklebt, repräsentiert werden. Niemand will sich damit herumschlagen.

Denn wenn du mit den Bewohner:innen der besetzten Gebiete einen Dialog führen willst, sagst du ihnen nicht: «Ihr seid es, die eine gemeinsame Sprache mit uns finden müsst, nicht umgekehrt»; du würdest die Oma nicht des Verrats bezichtigen, weil sie an der humanitären Hilfe aus dem Z-LKW genascht hat; du würdest deine Füsse nicht an den sowjetischen Symbolen abwischen – die inzwischen nicht mehr ideologisch, sondern sozial und kulturell sind –, die so sehr zur Identität von Mutter und Vater deines Gegenübers gehören, dass ihre Zerstörung weniger eine politische Rache (Dekommunisierung) als vielmehr eine soziale Ausgrenzung bedeutet. Selbst die [russischen] Invasoren dachten daran, die ukrainische Sprache in die Schulen von Cherson einzubinden, weil Öffentlichkeitsarbeit wichtig ist, während die ukrainische Seite nicht einmal auf der Ebene der Propaganda ein Bild von Toleranz und Integration vermitteln kann.

Wenn du möchtest, dass sich die Bürger:innen des einfallenden Landes gegen ihr Regime erheben, dann ist der Aufruf, ihnen die Visa zu entziehen und sie mit Putin in einen Käfig zu sperren, weil sie zufällig am falschen Ort geboren wurden, ein falscher. Du sagst nicht, dass ausnahmslos alle «so sind», brennst keine kulturellen Brücken ab, zerschlägst nicht Gedenktafeln für Bulgakow[1]. Du kastrierst dich nicht, um den Feind zu ärgern …

Russland ist hier der Aggressor. Das ist glasklar. Was nicht klar ist, ist die Frage, was diese «überflüssigen» Ukrainer:innen in eine Ukraine locken soll, das keine Anstrengungen unternimmt, einen Platz für sie zu finden. Nichts, ausser dem blanken Horror vor Russland. Dort wird es noch schlimmer sein; hier ist es einfach nur schlecht. Was ist besser – schlechter oder schlecht? Schlecht ist besser, natürlich! Das ist die einzige Wahl, die man hat.

«Dir gefällt es hier nicht? Dann verpiss dich.» Na, vielen Dank dafür. Wenigstens darfst du die Welt verlassen, in der du aufgewachsen bist, die du einst geliebt und in der du geträumt hast. Sie werden die Lücke mit einem/r vertrauenswürdigen Bürger:in füllen. Es sei denn, du bist ein Mann im wehrpflichtigen Alter, natürlich. Dann kannst du dich nirgendwo hin verpissen.

Ich hoffe, dass die Ukraine gewinnt. Allerdings hege ich keinen blinden Optimismus hinsichtlich einer besseren Zukunft.

Jetzt wird die Einheit der Gesellschaft durch die russische Aggression und die Anwesenheit eines äusseren Feindes gewährleistet. Sobald der Krieg vorbei ist, werden sich die inneren Widersprüche verschärfen.

Der Krieg wird zu einem universellen Argument werden. Er wird dazu dienen, jegliche Probleme in der Wirtschaft, jegliche Repression, Willkür zu rechtfertigen. Das Opfer ist immer im Recht. Das Opfer darf alles und ist für nichts verantwortlich.

Da Russland nicht von der Bildfläche verschwinden wird, wird die Nähe zu ihm und die Erinnerung an die Invasion es immer möglich, ja sogar notwendig machen, sich auf einen Krieg vorzubereiten. So wird der Krieg zum grossen Grund, zur Frage und zur Antwort, zur einenden, initiierenden Kraft, zur Idee der Nation, zu unserer eigenen Umlaufbahn. In der Zwischenzeit, während der äussere Hauptfeind unerreichbar bleibt, werden wir uns mit dem erreichbaren, inneren «Feind» befassen.

Alles Sowjetische wird ausgelöscht, als Teil der Ablehnung dieses Teils von dir selbst; die sowjetische Identität wird schambesetzt und verdrängt, was zur Verarmung der Kultur führt, einer verminderten Inklusivität, zur Einschränkung des Spektrums an akzeptablen Identitäten. Wer ist hier schuldig? Russland. Aber das macht es für die «überflüssigen» Bürger:innen der Ukraine nicht einfacher.

Viele russischsprachige Ukrainer:innen, die die Ukraine unterstützen und sich gegen den Putinismus stellen, verinnerlichen sowohl die Schuld, die «Sprache der Invasoren» («Hundesprache», «Besatzersprache», «Sprache der Kolonisatoren») zu sprechen, als auch das gesamte historische Narrativ dahinter. Also gehen sie online, um sich selbst zu verleugnen, um Vergebung für ihre «Bastardheit» zu erlangen oder um sich davor zu bewahren, mit etwas Russischem in Verbindung gebracht zu werden, als ob ein Teil von ihnen nun ein Fluch wäre. Sie entschuldigen sich für die Sprache ihrer Mutter oder verurteilen öffentlich die «Sowoks» [Sowjetmensch, auch gleichbedeutend mit «Schaufel»], obwohl die meisten ihrer Verwandten genau das sind.

Die Ukrainer:innen, die den Krieg in der Ukraine überlebt haben, fühlen sich natürlich berechtigter als diejenigen, die ihn in Berlin überlebt haben, aber die Menschen in Lemberg oder Kiew werden diese Logik nicht auf die Binnenvertriebenen und Bewohner:innen der besetzten Gebiete anwenden, die den Krieg am unmittelbarsten erlebt haben. Denn es sind «sie», die eine gemeinsame Sprache mit «uns» finden müssen.

Alle Appelle zum Schutz der Rechte «überflüssiger» Bürger:innen werden als verdächtig, unecht, vom Kreml unterstützt und künstlich, unrealistisch oder sogar gefährlich bezeichnet. Etwas, das der ukrainische Staat viel zu lange geduldet hat, etwas, das zum gegenwärtigen Krieg geführt hat, sodass es jetzt an der Zeit ist, sich ein für alle Mal damit auseinanderzusetzen.

Ich sehe nichts Gutes auf diese «überflüssigen» ukrainischen Bürger:innen zukommen. So etwas wie ein Doppelleben in der Stille und eine vorgetragene Zustimmung zu «patriotischen Standards» bestenfalls. Ein Leben als Fremde im eigenen Land. Die neuen Unterdrückungen werden durch die alten gerechtfertigt werden, was sie kontinuierlich, endlos und scheinbar gerecht macht.

Die Zukunft klingt wie der dumpfe Aufprall herannahender Stiefel. Und doch gibt es eine gewisse Hoffnung. Vor allem, dass ich falschliege.

Anmerkung

1 Michail Afanassjewitsch Bulgakow war ein in Kiew geborener russischer und sowjetischer Schriftsteller.

Literatur

Danilow, Oleksij, 2022: Це не нам треба розумітися з жителями Донбасу, не влаштовує – в Росію!. www.youtube.com/watch?v=zDWssmFPlrg (Abfrage 30.11.2022)

DAS ARGUMENT
ZEITSCHRIFT FÜR PHILOSOPHIE UND SOZIALWISSENSCHAFTEN

340 *Ukraine-Krieg – Weltordnungskrieg?*
Formen, Fronten, Folgen – Eine Zwischenbilanz

S.Watkins Fünf Kriege in einem
V.Giacché Ökonomische Auswirkungen des Ukraine-Kriegs
W.Streeck Böses Erwachen: Deutschland nach dem Krieg
J.Neelsen Zeitenwende. Ende westlicher Hegemonie
E.Crome Dialektiken im internationalen System
A.Chenoy Der neue kalte Krieg und der globale Süden
J.Moore Imperialistische Kriege in der Endphase der billigen Natur
J.B.Foster Nuklearkrieg und Ökokrise als dopelter Exterminismus
A.Gromyko Zur nuklearen Dimension in Stellvertreterkriegen
N.Paech Verdeckte Kriege im Schatten des Völkerrechts
K.Dörre Nach der Zeitenwende
W.Adolphi Die LINKE und der Frieden
W.F.Haug Das Blut der anderen – ein Jahr später

Doppelheft 28 €

Michael Graff

Hegemonie und aktuelle Geopolitik

Eine Einordnung aus linker Sicht

Dieser Beitrag gibt eine Übersicht über die historische Herausbildung der aktuellen geopolitischen Situation und versucht eine Einordnung aus linker Sicht.

Zentral ist dabei das Konzept der Hegemonie. Altgriechisch «Hegemon» bedeutet «Anführer». Die Politikwissenschaft versteht darunter dominante Staaten, deren Einfluss vor allem auf der Kombination von wirtschaftlicher Stärke und militärischer Macht und der erkennbaren Bereitschaft beruht, diese auch einzusetzen. Unter «Geopolitik» sind Strategien zur Machtausübung ausserhalb des eigenen Territoriums zu verstehen, also der Zugriff auf Menschen, Ressourcen und Märkte. Hegemonie beruht dann auf erfolgreicher Geopolitik. Da militärische Gewaltbereitschaft kostspielig ist, erfordert Hegemonie auf Dauer die Bereitschaft der pro forma Unabhängigen, tatsächlich aber Dominierten, sie zu akzeptieren, wofür diese die Teilhabe an sogenannten «Clubgütern» erwarten (Nesmashnyi 2023).[1] Dies sind in erster Linie militärische Sicherheitsgarantien, aber auch wirtschaftliche und kulturelle Integration oder Teilhabe können wichtig sein. Hegemonie währt nicht ewig. Ist, wenn eine aufstrebende Macht einen etablierten Hegemon bedroht, Krieg unvermeidlich (Thukydides-Falle)?[2] Insbesondere in den USA ist die Einschätzung verbreitet, dass die Konfrontation mit China schon begonnen hat (Lachmann 2023). Wie ist es dazu gekommen?

Abstieg eines Hegemons von der Antike bis zur Gegenwart

Die Geschichte verzeichnet seit der Antike zahlreiche regionale, später auch globale Hegemonialmächte, wobei zunächst die militärische Sicherung der Handelsrouten im Vordergrund stand (Bernstein, 2009). Die erste wirklich globale Hegemonie entfaltete sich nach den Napoleonischen Kriegen mit Grossbritannien im Zentrum.[3] Die Pax Britannica hielt bis zum Ersten Weltkrieg. Dieser war für alle Beteiligten eine Tragödie; und obwohl der Waffenstillstand vom November 1918 die Niederlage der Mittelmächte besiegelte, ist schwer zu erkennen, welchen Nutzen der Krieg für die Sieger hatte, mit Ausnahme der USA, die nach 1918 zum globalen Hegemon wurden. Die europäischen Siegermächte hielten zwar an ihren kolonialen Ambitionen fest, waren aber im Unterschied zu den USA so geschwächt aus dem Krieg hervorgegangen, dass die wirtschaftliche Dominanz der USA unanfechtbar war. Dieser entzog sich nur die Sowjetunion, die sich nach der bolschewistischen Revolution 1917, internationalen Militärinterventionen und einem Bürgerkrieg in den frühen 1920er-Jahren auf dem grössten Teil des Russischen Imperiums etabliert hatte. Die international geächtete Sowjetunion verfolgte eine Politik des «Sozialismus in einem Land». Hegemoniale Ansprüche stellte sie nicht, wurde aber zum Orientierungspunkt vieler kommunistischer Bewegungen im Rest der Welt.

Die Zwischenkriegszeit brachte eine kurze Erholungsphase, aber auch Hyperinflationen, Faschismus und Revanchismus, und in der 1930er-Jahren die weltweite «Grosse Depression».

Der Zweite Weltkrieg begann mit dem Angriff des Deutschen Reichs auf Polen im September 1939. Geopolitisches Ziel der Aggression war die Revision der Neuordnung von 1918. Mit dem deutschen Einmarsch in die Sowjetunion im Sommer 1941 und dem Eintritt der USA im Dezember desselben Jahres war der Ausgang des Kriegs besiegelt. Der Sieg der ungleichen Bundesgenossen musste aber noch bis 1945 erkämpft werden.

Grosse Teile der Welt wurde in den nächsten vier Jahrzehnten von den zwei antagonistischen «Supermächten» USA und Sowjetunion dominiert. Der sowjetische Einfluss reichte bis zur Elbe, so weit wie die Rote Armee im Mai 1945 vorgestossen war, mit Ausnahme Jugoslawiens und Albaniens, die eigene Wege zum Sozialismus finden wollten. Die amerikanische Hegemonie erstreckte sich über Westeuropa und Lateinamerika und schloss zahlreiche faschistische und despotische Länder ein.

Die Hegemonie der USA wurde von einer charakteristischen Rationalisierung begleitet, die auf einer Kombination von vermeintlich göttlicher Auserwählung und dem Bewusstsein beruhte, als demokratischer Staat aus einem antiimperialistischen Krieg entstanden zu sein (Schröder 2022). Diesem Narrativ zufolge ist die Hegemonie der USA eine «Mission», es handelt sich um keine gewöhnliche Expansion des Wirtschaftsraums und der militärischen Reichweite, verbreitet werden vielmehr «Werte» von universeller Geltung. Formalisiert wurde die US-Hegemonie durch ihre dominante Rolle in der Nato, dem Internationalen Währungsfonds, der Welthandelsorganisation und der Weltbank. Neben den beiden üblichen Pfeilern geopolitischer Macht – ökonomische und militärische Stärke – konnten die USA aber auch wie kein Hegemon zuvor auf «Soft Power» zurückgreifen: Die (vermeintliche) Attraktivität des «American Way of Life», durch Hollywood und TV-Seifenopern in jedem Winkel der Welt zu bestaunen, übten vielerorts grosse Anziehungskraft aus.

Der Antagonismus zwischen dem US-amerikanischen und dem sowjetisch geführten Block dauerte an, bis sich letzterer 1989 aufzulösen begann. Der stille Abgang der Regierungen, die für sich in Anspruch genommen hatten, über einen «real existierenden Sozialismus» zu herrschen, wurde im Westen und von vielen direkt Betroffenen begeistert aufgenommen. Die USA fanden sich im Zentrum einer unipolaren Welt und mit einem politischen und wirtschaftlichen System, das fortan dem Rest der Welt als Modell dienen würde. Offenbar hatte die Geschichte bewiesen, dass es keine Alternative zum Kapitalismus gibt.

Doch das Zwanzigste Jahrhundert endete nicht gut. Die Umwandlung der Volkswirtschaften Ost- und Mitteleuropas in kapitalistische Marktwirtschaften brachte vielen Menschen Not und nur den wenigen, denen es gelang, sich die Produktions- und Naturgüter im Rahmen von Privatisierungen anzueignen, unglaublichen Reichtum. Das Aufkommen aggressiver Nationalismen führte zum Zerfall multiethnischer Staaten, häufig begleitet von Gewaltexzessen. In den mit den USA verbündeten Ländern folgte auf das Ende des «real existierenden Sozialismus» zumeist ein markanter Rückbau des Sozialstaats. Ohne erkennbare Alternative zur Marktwirtschaft waren sozialer Ausgleich und Schutz vor Arbeitslosigkeit und Armut zur Legitimierung der Verhältnisse nicht mehr so dringlich wie zuvor. Eine radikale Linke, die sich dem entgegengestellt hätte, gab es nicht mehr, und die schon zuvor staatstragende sozialdemokratische Linke akzeptierte fast geschlossen die Lehre von der Überlegenheit freier Märkte und der Bedeutung der «Eigenverantwortung».[4]

In den USA folgte auf den Rausch der 1990-Jahre ein heftiger Kater. Die Terrorangriffe vom September 2001 erschütterten die Überzeugung der eigenen Unverwundbarkeit, und der daraufhin erklärte «Krieg gegen den Terror» mit seinen schlecht durchdachten und teils völkerrechtswidrigen Interventionen erwies sich als kostspielig, opferreich und erfolglos. Im Nahen Osten und Nordafrika sind keine Demokratien westlicher Prägung entstanden, sondern reihenweise gescheiterte Staaten (Losurdo 2022).

Auch wirtschaftlich fällt die Bilanz ernüchternd aus. Die weltweite Rezession von 2008/9 wurde ausgelöst durch das Platzen einer gewaltigen Spekulationsblase im US-Hypothekarmarkt, also direkt im Zentrum des Finanzkapitalismus. Die zunehmende Armut in den USA ist unübersehbar, die Infrastruktur unterhaltsbedürftig, das Haushaltsdefizit chronisch, ebenso die gewaltigen Handelsbilanzdefizite, durch welche die USA seit den 1990er-Jahren vom Gläubiger zum grössten Schuldner geworden sind. Die anhaltenden Defizite hätten bei jedem anderen Land bereits alle Kreditwürdigkeit verspielt. Nur dank des Privilegs, sich in der eigenen Währung verschulden zu können (immer noch die grösste Weltreservewährung), ist es noch nicht zu einer Währungskrise gekommen.

Nicht zuletzt hat auch die «Soft Power» Beschädigungen erfahren. Dass mit Donald Trump von 2017 bis 2021 ein notorischer Lügner und Egomane das höchste Amt der USA ausübte, ist im Rest der Welt zur Kenntnis genommen worden, ebenso die Gewalt bei der Amtsübergabe an Joe Biden. Dieser ist zwar gemessen an Trump eine Lichtgestalt, aber dass es die Demokratische Partei nicht schafft, andere als erklärte BewahrerInnen des Status quo für die Präsidentschaft zu nominieren, ist angesichts der Herausforderungen des 21. Jahrhunderts ernüchternd.

Hegemonie und Konkurrenz

Dem politikwissenschaftlichen Konsens zufolge hat die hegemoniale Macht der USA ihren Höhepunkt überschritten (Nesmashnyi 2023). Die USA werden die globale Hegemonie teilen müssen. Der aufstrebende Rivale ist China. Mit den Reformen von 1978 begann dort eine exportgetriebene Wachstumspolitik. Die Ein-Kind-Politik setzte Ressourcen dafür frei, die sonst für Kinderbetreuung hätten aufgewendet werden müssen. Zudem konnte die wachsende Industrie auf Hunderte von Millionen potenzieller Arbeitskräfte aus ländlichen Gebieten zurückgreifen. Rekordhohe Investitionen verbreiterten die Produktionsbasis. 2013 wurde die «Neue Seidenstrasse» initiiert, ein gewaltiges Investitionsprojekt in die Verkehrsinfrastruktur Eurasiens und Afrikas, welches Chinas Integration mit diesen Wirtschaftsräumen vertiefen soll, und dessen geopolitische Ausstrahlung vom Westen nicht ohne Argwohn zur Kenntnis genommen wird. Von 1978 bis 2021 erhöhte sich die Wirtschaftsleistung Chinas um den Faktor 43 (die der USA um den Faktor 3). Der wirtschaftliche Wohlstand, gemessen am kaufkraftbereinigten Pro-Kopf-Einkommen, liegt seit 2020 über dem Weltdurchschnitt.

Die EU und die mit ihr assoziierten Länder in Europa sind zwar ökonomisch noch ein Schwergewicht, aber ein absteigendes, und globale militärische Hegemonie geht von Europa nicht aus. Das Militär ist nationalstaatlich und dabei weitgehend in die Nato integriert, in der die USA tonangebend sind. Frankreich und Grossbritannien verfügen über Atomwaffen, aber diese dienen wohl vor allem der Pflege nostalgischer Grossmachtssehnsucht. Auch fehlt Europa, anders als den USA, ein kollektives Sendungsbewusstsein. Frankreich hängt an der Frankofonie und ist um enge Beziehungen mit seinen früheren afrikanischen Kolonien bemüht. Der Brexit vermittelte vielen BefürworterInnen die Illusion, der Alleingang werde eine Rückkehr zur früheren Weltgeltung bewirken. In Deutschland ist nach zwei verlorenen Kriegen der imperiale Geist vorerst abhandengekommen. Europas hegemoniale Aspirationen sind wirtschaftlicher Natur und kontinental. Sie erstrecken sich seit dem Ende der Sowjetunion bis an die russische Grenze, was sicher zu der aktuellen Situation in der Ukraine beigetragen hat.

An der Peripherie üben nur wenige Länder so etwas wie hegemoniale Macht aus. Unter den als «BRICS» zusammengefassten Ländern (Brasilien, Russland, Indien, China und Südafrika) sind das neben dem Absteiger Russland und dem aufsteigenden globalen Hegemon China allenfalls Indien in Südasien, Brasilien in Südamerika und Südafrika in der Region südlich der Sahara, aber globale Ausstrahlung haben letztere nicht. Im Südpazifik versucht Australien eine regionale Hegemonie zu etablieren, als Juniorpartner der USA.

Zum Ausmass der wirtschaftlichen Untermauerung von Hegemonie ist ein Blick auf das Bruttoinlandprodukt (BIP) aufschlussreich. Abbildung 1 zeigt die Anteile der zehn grössten Volkswirtschaften (2021) am Welt-BIP.

Abbildung 1: Anteile am Welt-BIP

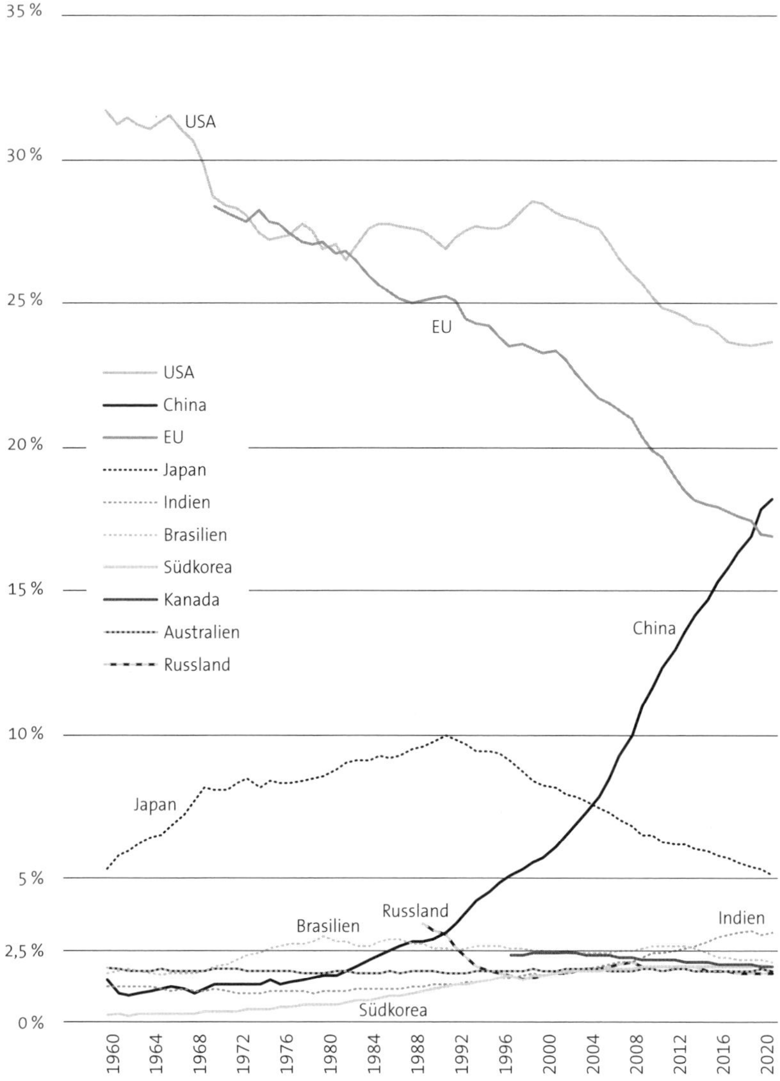

Quelle: World Development Indicators (online verfügbar), Datenverfügbarkeit ab 1960, Zugriff am 5. Januar 2023, EU-Länder zusammengefasst

Der Anteil der USA fiel von 1960 bis 2021 von 31,7 % auf 23,6 %. Für das gesamte westliche Lager ist der relative Bedeutungsverlust noch deutlicher, da sich der EU-Anteil von 1970 bis 2012 von 28,4 % auf 16,9 % verringert hat. Japan, vor einigen Jahrzehnten noch als aufsteigender Rivale um die globale

Hegemonie betrachtet, verzeichnet mit 10,0 % im Jahr 1991 seinen maximalen Anteil und hat diesen seitdem praktisch halbiert. Unter den Schwellenländern hat Indien seinen Anteil am Welt-BIP verdreifacht und Brasilien seinen verdoppelt, mit 3,1 % und 2,1 % sind sie aus globaler Sicht aber noch immer Leichtgewichte. Der klare Ausreisser ist China. Im Jahr 1960 hatte das damals wie heute bevölkerungsreichste Land der Welt einen verschwindend kleinen Anteil von 1,5 % am Welt-BIP. Nach den Reformen von 1978 beginnt er allmählich, aber kontinuierlich zu steigen. Der Anstieg beschleunigt sich in den 1990er-Jahren. Bereits 1991 übertrifft die chinesische Wirtschaftsleistung die russische, 2004 die japanische und 2020 diejenige der EU. Sie erreicht 2021 mit knapp 17 % den zweiten Rang. Wenn sich die Trends fortsetzen, wofür alles spricht, dürfte die chinesische Wirtschaft bereits in einem Jahrzehnt die weltgrösste sein. Handelskriege, Technologieembargos, Boykotte und andere Massnahmen der USA und ihrer Verbündeten können dies verzögern, aber nicht verhindern. Von den «BRICS»-Ländern finden sich neben China 2021 nur Indien, Brasilien und Russland unter den ersten zehn, dazu kommen Südkorea, Kanada und Australien, letztere mit Anteilen in der Grössenordnung von 2 % bis 3 %. Russland ist im Jahr 2021 mit einem Anteil von 1,7 % zwar noch die zehntgrösste Volkswirtschaft, aber eine absteigende; 1989 wird der Anteil für die Russische Sowjetrepublik noch mit 3,4 % beziffert.

Die Bestrebungen des Westens, als Reaktion auf den Ukraine-Krieg der russischen Wirtschaft nachhaltig zu schaden, treffen also auf einen bereits extrem geschwächten Antagonisten, dessen geopolitische Bedeutung praktisch allein auf seinem Reichtum an fossilen Energieträgern beruht. Zudem sollte diese als Pfeiler hegemonialer Macht in dem Masse, in dem die Weltwirtschaft die Wende hin zu nachhaltiger Energie vollzieht, an Bedeutung verlieren (Lachmann 2023). Im Falle Russlands dürfte sich das besonders empfindlich bemerkbar machen, aber auch die USA und der Nahe Osten werden davon betroffen sein.

Der zweite Pfeiler hegemonialen Einflusses ist militärische Macht. Mit ihrem Netz an Stützpunkten und Flotten auf allen Ozeanen sind die USA unübertroffen, aber die praktisch im gesamten westlichen Lager nur Tage nach dem russischen Einmarsch in die Ukraine am 24. Februar 2022 beschlossenen milliardenschweren Erhöhungen der Militärausgaben könnten vermuten lassen, dass hier Aufholbedarf diagnostiziert wurde. Hier ist also wieder ein Blick auf die Daten angebracht. Abbildung 2 zeigt die Anteile der Länder mit den grössten Militärausgaben (2021).

Abbildung 2: Anteile an den weltweiten Militärausgaben

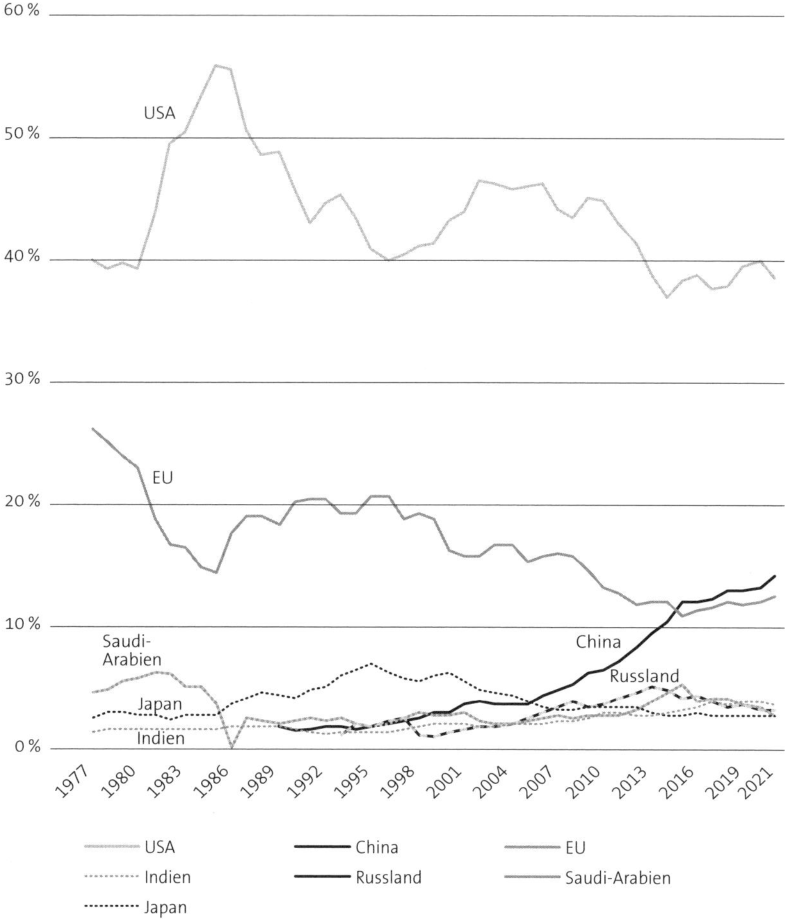

Quelle: World Development Indicators (online verfügbar), Datenverfügbarkeit ab 1977, Zugriff am 5. Januar 2023, EU-Länder zusammengefasst

Die Militärausgaben der USA stellen diejenigen aller anderen Länder bei Weitem in den Schatten. Der US-Anteil an den weltweiten Ausgaben liegt in keinem Jahr unter 36 %. Mitte der 1980er-Jahre, als die USA die Sowjetunion in einen Rüstungswettlauf zwangen, erreichte er mit 56 % einen Höhepunkt, danach schwankt er wie zuvor um 40 %. Zusammen mit der EU und Japan kam das westliche Lager im Kalten Krieg auf Anteile von bis zu 80 %; in den letzten zehn Jahren lag der gemeinsame Anteil in der Grössenordnung von 60 %. Die USA und ihre engsten Verbündeten wenden also weit mehr für das Militär auf als der gesamte Rest der Welt zusammen.

Auch hier fällt China ins Auge, das 2021 für 14,1 % der weltweiten Militärausgaben verantwortlich war. Bis Mitte der 1990er-Jahre hatte der Anteil noch unter 2 % gelegen. Die chinesischen Ambitionen, auch militärisch globales Gewicht zu zeigen, sind also erkennbar, aber auch, dass China in einem konventionellen Abnützungskrieg gegen den Westen keine Chance hätte. Dies gilt umso mehr für Russland. 1993 mit 1,1 % ein militärischer Zwerg, steigerte es seinen Anteil bis 2013 auf 5,0 %, fiel aber bis 2021 schon wieder auf 3,2 % zurück. Der in den Nato-Ländern, aber auch in der Schweiz angesichts des russischen Einmarschs in die Ukraine erklärte Aufrüstungsbedarf lässt sich mit diesen Zahlen nicht begründen. Unter der Annahme, dass die relativen Militärausgaben ein Ausdruck der relativen militärischen Machtverhältnisse sind, ist Russland bereits jetzt zehn- bis fünfzehnmal militärisch schwächer als das westliche Lager.

Zudem stellt sich die Frage nach dem Nutzen neuer Militärausgaben, wenn bereits die bisherige gewaltige Überlegenheit die militärische Aggression Russlands nicht verhindert hat und eine direkte militärische Konfrontation mit der Atommacht aufgrund ihres unkalkulierbaren Risikos weiterhin ausgeschlossen bleiben muss.

Die geopolitische Lage im Januar 2023

Die aktuelle geopolitische Lage ist geprägt vom relativen wirtschaftlichen Bedeutungsverlust des Hegemons des 20. Jahrhunderts und seiner Verbündeten und vom Aufstieg des neuen Rivalen China. Der neue Rivale ist aber anders als zuvor kein ideologischer Antagonist, sondern eine wirtschaftliche Grossmacht, die mit dem Westen global um Einfluss ringt – den Zugriff auf menschliche Arbeitskraft, Ressourcen und Märkte. Chinas geopolitische Unabhängigkeit und das exportgetriebene Wachstum mag für viele Länder der Peripherie Vorbildcharakter haben. Der «Sozialismus chinesischer Prägung» hat aber sicher nichts «Missionarisches», sondern versucht, die Koexistenz einer entfesselten Privatwirtschaft mit einem nach wie vor bedeutenden Staatssektor, einem Einparteiensystem mit einer sich «kommunistisch» nennenden Partei und «chinesischen Traditionen» zu rationalisieren. Das ist keine Ideologie, die auf Weltgeltung zielt. Die hegemonialen Ambitionen Chinas sind geopolitisch und wie die aller übrigen Grossmächte ohne besonderes Sendungsbewusstsein (seit dem Ersten Weltkrieg besassen beziehungsweise besitzen ein solches wohl nur die Sowjetunion und die USA) Ausdruck gewöhnlicher imperialistischer Konkurrenz.

Von den im Laufe des 20. Jahrhunderts gefallenen Imperien und Kolonialmächten – Ottomanisches Reich, Österreich-Ungarn, Deutsches Reich, Japan, Frankreich, Grossbritannien und Russland – versuchen die beiden letztgenannten eine Renaissance. Der Brexit sollte Grossbritanniens wirtschaftliche Weltgeltung wiederherstellen; dies erweist sich aber zumindest bislang als völlig illusorisch. Der zaristische Imperialismus hatte ein Vielvölkerreich geschafften, das nach 1917 als Union von Sowjetrepubliken praktisch innerhalb der alten Grenzen weiterbestand. Nach dem Ende der Sowjetunion erklärten alle fünfzehn Sowjetrepubliken ihre Unabhängigkeit. Die meisten ehemaligen Sowjetrepubliken und Gefolgsstaaten im Kalten Krieg wandten sich wirtschaftlich und militärisch dem westlichen Lager zu. Bis 2004 waren die ehemalige DDR, Polen, Tschechien, Ungarn, Bulgarien, Estland, Lettland, Litauen und Rumänien der Nato beigetreten. Die russische Enklave Kaliningrad ist damit von Nato-Ländern umgeben, und Estland und Lettland grenzen im Norden an Russland. Zwischen der langen russischen Grenze bis zum Schwarzen Meer im Süden und der Nato liegen aber Belarus und die Ukraine. Letztere sind neben Russland die einzigen slawischsprachigen der ehemaligen Sowjetrepubliken, und die letzte geopolitische «rote Linie» Russlands verläuft erkennbar an deren Westgrenze.

Seit 1992 und verstärkt seit 2014 gab es andauernde innerukrainische Auseinandersetzungen um den Status der Krim, der östlichen Gebiete, die Rolle der russischen Sprache sowie um die wirtschaftliche und militärische Ausrichtung der Ukraine, wobei eine baldige Nato-Mitgliedschaft eine immer realistischere Option wurde, und das mit aktiver Parteinahme des Westens. Russlands neuer Imperialismus zielt dagegen auf eine ostslawisch-orthodoxe Einheit, die auf ethnisch/sprachlichen, religiösen und historischen Gemeinsamkeiten beruht und nicht zuletzt auf der traditionellen Integration der russischen, weissrussischen und ukrainischen Wirtschaftsräume.

Geopolitik auf völkischer und religiöser Basis folgt auch eingebildeten Realitäten. Das macht sie potenziell irrational und unberechenbar, wie der Angriff Russlands auf die Ukraine vom Februar 2022 zeigt, der offensichtlich von einer völlig unrealistischen Einschätzung der Erfolgsaussichten ausgegangen war. Der Versuch, Kiew im Handstreich zu nehmen, mit dem Ziel, eine prorussische Regierung zu installieren, misslang. Danach setzte sich die russische Armee im Osten der Ukraine fest. Seitdem wird ein Abnutzungskrieg mittlerer Intensität geführt.

Die zweite Fehleinschätzung war die wohl nicht erwartete Bereitschaft des Westens, die Ukraine massiv zu unterstützen, logistisch und mit militärischem Material einschliesslich Artillerie und Panzern. Angesichts der massiven Überlegenheit des Westens bei der konventionellen Rüstung ist ein russischer Sieg im Abnützungskrieg unmöglich, solange die Unterstützung des Westens anhält und noch ukrainische Truppen am Leben und gewillt sind, weiterzukämpfen. Ein ukrainischer Sieg mit vollständigem Rückzug Russlands aus der Ostukraine und der Krim ist vielleicht militärisch planbar, politisch aber kaum vorstellbar, weil damit eine Atommacht zur Aufgabe von de facto bereits seit 2014 zu Russland gehörender Gebiete gezwungen würde.

Wann und auf welcher Basis es zu einem Waffenstillstand und Friedensverhandlungen kommen kann, ist momentan nicht absehbar. Auf westlicher Seite ist es explizite Absicht, Russlands wirtschaftliches und militärisches Potenzial möglichst massiv zu schädigen und das Land damit dauerhaft zu schwächen. Da dies aber einen bereits weit abgestiegenen Hegemon trifft, dürfte das geopolitische Kalkül vor allem darin liegen, ein Exempel zu statuieren, dass Expansion und militärische Intervention gegen den Willen der westlichen Führungsmacht nicht geduldet werden. Dies ist auch ein Signal an China, sich im südchinesischen Meer zurückzuhalten und von einer Intervention in Taiwan abzusehen.

Die bislang absehbaren Folgen des Ukraine-Kriegs sind katastrophal. Verluste an Menschenleben, Verletzte, Gewaltexzesse gegenüber Zivilpersonen im Schatten der Kämpfe und vor allem in der Ukraine massive Schäden an Gebäuden und Infrastruktur. Das Verhältnis zwischen sich als russisch und ukrainisch verstehenden Menschen wird auf lange Zeit vergiftet bleiben.

Die von Russland beabsichtigte ostslawische Vereinigung wird es nicht geben, und die Nato erfährt einen unverhofften Bedeutungsgewinn. Finnland und Schweden haben bereits Beitrittsgesuche gestellt, die Loyalität im westlichen Lager gegenüber der Führungsmacht USA ist erheblich gestärkt worden (Nesmashnyi 2023). Die jetzt weltweit steigenden Rüstungsausgaben vergrössern die wirtschaftliche und politische Bedeutung des militärisch-industriellen Komplexes. Mittel, die dringend im Kampf gegen Klimawandel und Artensterben gebraucht würden, werden jetzt in eine unproduktive Tötungsmaschinerie investiert, mit der Folge massiver CO_2-Emmissionen und ebensolchen Ressourcenverbrauchs.

Können die USA der Thukydides-Falle entkommen?

Ein Krieg zwischen den USA und China ist nicht unausweichlich. Geschichte ist nicht determiniert, sondern wird von Menschen gemacht, unter den herrschenden Verhältnissen also von den herrschenden Eliten. Es könnte aber genau darum zu einer Tragödie kommen. Wie die «Schlafwandler» von

1914, die die Welt durch eine Kombination aus Militarismus, Grossspurigkeit, und Inkompetenz in die völlig sinnlose Katastrophe des Ersten Weltkriegs geführt haben (Clark 2012), behaupten PolitikerInnen und MeinungsmacherInnen im Westen immer häufiger, dass eine Konfrontation mit China unvermeidlich sei (Behrens 2021). Das Risiko, dass sich aus lokalen Sticheleien um unbewohnte Inseln, maritime Hoheitszonen und Durchfahrtsrechte im Südchinesischen Meer oder aus Chinas Nichtanerkennung der Souveränität Taiwans eine direkte Konfrontation von chinesischem mit US-Militär ergeben könnte, steigt mit dem Ausmass der bellizistischen Rhetorik und der Tiefe der Überzeugung, die Rivalität mit China sei nicht gewöhnliche geopolitische Konkurrenz, sondern Ausdruck eines Wettstreits von «Werten». Das Kriegsrisiko sinkt dagegen in dem Masse, in dem «Werte» bei imperialistischen Konflikten mit Verweis auf die Geschichte als hohle Phrasen entlarvt werden.

Den relativen Bedeutungsverlust der USA ohne Groll zu betrachten, hiesse auch, sich von der Vorstellung des auserwählten Landes zu verabschieden, die ohnehin (immer und überall) ein Hirngespinst ist. Schliesslich gilt es zu verstehen, dass die globale Wirtschaft kein Nullsummenspiel ist. Es geht einem nicht dadurch besser, dass man andere klein hält.

Eine linke Perspektive

Nachdem wir die globale Wirtschaft und Politik auf Länderebene betrachtet haben, wird zum Schluss der Entwurf einer marxistischen Sicht auf die aktuelle Geopolitik versucht. Dem liegt der Befund zugrunde, dass es in allen historischen Gesellschaften eine Klasse von Privilegierten gibt, die sich den Zugriff auf die Produktionsmittel sichert und so über die Entstehung und Verteilung der gesellschaftlichen Produktion entscheidet, wobei Staat und kultureller Überbau für stabile Verhältnisse sorgen. Zweitens folgt der Entwurf dem «kategorischen Imperativ, alle Verhältnisse umzuwerfen, in denen der Mensch ein erniedrigtes, ein geknechtetes, ein verlassenes, ein verächtliches Wesen ist.» (Marx, 1844, MEW, 1976, 385) Schliesslich ist diese Perspektive internationalistisch. Erniedrigung, Knechtschaft, Verlassenheit und Verächtlichkeit manifestieren sich vor allem innerhalb von Staaten. Mit Bezug auf Hegemonie und Geopolitik hat sich dieser Blick darauf zu richten, inwieweit emanzipatorische Potenziale innerhalb eines Landes durch hegemoniale Verhältnisse gefördert oder beeinträchtigt werden.

Ausgehend davon, ist Hegemonie in dem Masse ein Problem, in dem sie Machtverhältnisse rassifiziert, mit kultureller Überlegenheit hegemonialer

Länder begründet oder Menschen religiösen Zwängen unterwirft, welche repressiver sind als jene, die herrschen würden, wenn das eigene Land nicht von einem anderen dominiert wäre. Antihegemonialer Widerstand ist in diesen Fällen als emanzipatorisch zu beurteilen. Beispiele hierfür sind der Krieg gegen das nationalsozialistische Deutschland und der Widerstand in den besetzten Gebieten, wo es gegen Knechtschaft und Genozid ging, sowie der Sklavenaufstand in Haiti gegen die französische Sklavenhalter-Kolonialmacht (1791). Auch die kolonialen Befreiungskriege des 20. Jahrhunderts dürften in diese Kategorie fallen, da der Kolonialismus die Beherrschten zumeist rassifizierte oder als «kulturell minderwertig» Verachtung, Misshandlung und (Über-)Ausbeutung preisgab. Auch religiös begründeter Widerstand gegen unerbetene Missionierung gehört dazu, zumindest wenn die lokale Religion weniger erniedrigend ist als die der MissionarInnen.

Nicht in diese Kategorie fallen dagegen die modernen imperialistischen Kriege um geopolitische Vorherrschaft. Für die Lage der unteren Klassen macht es keinen Unterschied, welche Fahne auf dem Rathaus weht, solange sie das Privileg behalten, als formal Freie ihre Arbeitskraft verkaufen zu dürfen, also der gewöhnlichen Ausbeutung unterliegen (Fraser 2022). Das war die Position von Rosa Luxemburg und Karl Liebknecht im Ersten Weltkrieg.

Schwierig wird es bei Kämpfen um nationale, ethnische und kulturelle Unabhängigkeit. Linke tendieren dazu, mit Unabhängigkeitsbewegungen zu sympathisieren. Die analytische Blindheit übersieht, dass sich hierbei Nation oder Volk als vermeintlich klassenlose Subjekte konstituieren, deren gemeinsame Identität (Sprache, Religion, Sitten, Kultur, «Werte») als Unterscheidungsmerkmal gegenüber den Fremden die inneren Gegensätze aufhebt. Nation und Tradition sind aber Konstrukte (Hobsbawm/Ranger 2012), sie leugnen die Bruchlinien im Inneren und nehmen Repression als etwas von aussen Kommendes wahr.

Der russische Einmarsch in die Ukraine hat im Westen zum überparteilichen Schulterschluss geführt. Die massive und bedingungslose militärische Unterstützung der Ukraine bei gleichzeitigem Ausschluss des Einsatzes eigener Truppen gilt als alternativlos, begleitet von der in Kriegszeiten üblichen Dämonisierung des Gegners, wogegen die eigene Seite für «Werte» einstehe – Völkerrecht, Demokratie sowie nationale und kulturelle Selbstbestimmung. Die staatstragende Linke im westlichen Lager hat sich dem vorbehaltlos angeschlossen. Russland ist der Aggressor, die Angegriffenen haben das Recht, sich zu verteidigen, und der Westen die Pflicht, dies zu ermöglichen. Eine innerhalb der europäischen Linken marginale Minderheit widerspricht dem und rechtfertigt den Angriff als Reaktion auf die Osterweiterung der Nato und Präventivschlag gegen eine weitere Einkreisung Russlands. Weder die eine noch die andere Position beruht aber auf einer Analyse anhand der hier zugrunde gelegten Kriterien. Akteure sind «Russland» und die «Ukraine», Länder also, deren EinwohnerInnen als «Nationen» vermeintlich gemeinsame Interessen verfolgen. Argumentiert wird ethnonationalistisch, die Widersprüche im Inneren sind zweitrangig.

Das wohl grösste Versagen der Linken im 20. Jahrhundert war der Burgfriedensschluss im August 1914. Die organisierte ArbeiterInnenklasse, die in den Vorkriegsjahren feierlich geschworen hatte, das absehbare Gemetzel durch einen Generalstreik und die Weigerung, Waffen aufeinander zu richten, zu verhindern, erlebte im Sommer 1914 einen ihrer dunkelsten Momente, als – von wenigen Ausnahmen abgesehen – die linken Parteien und Gewerkschaften ihre internationale Antikriegskoalition zugunsten eines aggressiven Patriotismus aufgaben und Nation vor Klasse stellten. Proletarischer Internationalismus hätte den Krieg verhindern können. Nachdem der Krieg begonnen hatte und die Arbeiterparteien ihre AnhängerInnen gegen den «russischen Despotismus» oder den «preussischen Militarismus» mobilisierten, vertraten Luxemburg, Liebknecht und Lenin unbeirrt einen «revolutionären Defätismus», demzufolge die ArbeiterInnen durch den Krieg nichts zu gewinnen hatten. Die Einnahme von Paris oder St. Petersburg durch die Reichswehr oder die Besetzung Deutschlands durch die französische oder zaristische Armee hätten der defätistischen Position zufolge für die ArbeiterInnenklasse nicht entfernt so verheerende Folgen gehabt wie das Sterben in den Schützengräben und die Entbehrungen hinter der Front, wo die Produktion radikal auf Kriegswirtschaft umgestellt wurde. Dies ist als linke Position auch hundert Jahre später überzeugend; vor einer Parteinahme im Ukraine-Krieg und Blankoschecks für Waffenlieferungen sollte also abgewogen werden, welche Konsequenzen eine defätistische anstelle der bellizistischen Politik für die unteren Klassen in der Ukraine gehabt hätte oder haben würde. Linke sollten auch Skepsis walten lassen angesichts der Beschwörungen, in der Ukraine würden Demokratie, Freiheit und «Werte» verteidigt. Die Ukraine ist wie Russland ein halbdemokratischer Staat mit mächtigen OligarchInnen und verbreiteter Korruption. In beiden wird mit fragwürdigen Bezügen zur Geschichte die Nation zum Subjekt erhoben. Freiheit der Meinungsäusserung und Schutz vor willkürlichen Verhaftungen sind in Russland offensichtlich nicht gegeben. Die Ausreise aus der Ukraine ist männlichen Staatsangehörigen im Alter von 18 bis 60 Jahren verboten, und anders als in Russland herrscht Wehrpflicht. Nachrichten, die das Bild einer geeint hinter der Führung stehenden Nation beschädigen könnten, lässt die Kriegszensur nicht durch, aber von Ausbürgerungen sich auf die Seite Russlands Stellender wird berichtet.[5]

Wer eine der Kriegsparteien mit Logistik und Rüstungsgütern unterstützt und die andere mit Sanktionen belegt, ist selbst Kriegspartei, auch wenn das eigene Militär nicht direkt in die Kämpfe eingreift und an den Fronten nur russische und ukrainische Truppen und im Hinterland die ukrainische Bevölkerung den Blutzoll zahlen.[6]

Eine durchdachte linke Positionsbestimmung zum Ukraine-Krieg müsste die Aufmerksamkeit auf die Lebensbedingungen der unteren Klassen unter Berücksichtigung der Opfer und des Leids durch den Krieg richten und kritisch hinterfragen, welche Bedeutung nationale Identität dabei objektiv hat. Weiter wäre zu klären, ob man sich wirklich der im Westen herrschenden Meinung anschliessen kann, in der Ukraine werde die «freie» Welt gegen russischen Despotismus verteidigt, und wenn ja, mit welchem Recht man der ukrainischen Bevölkerung Tod und Leid zumutet, während man sich selbst die Hände nicht blutig macht, blau-gelbe Fahnen wehen lässt und mit Wohlgefallen die letzten Nachrichten über westliche Waffenlieferungen liest. Eine solche Positionsbestimmung könnte auch die Grundlage für die anstehende Klärung der Haltung zur hegemonialen Rivalität zwischen den USA und China bilden.

(Stand: 19. Januar 2023)

Anmerkungen

1 Der ökonomistische Jargon ist typisch für die aktuelle Politikwissenschaft.

2 Thukydides argumentierte, dass der Aufstieg Spartas aus Sicht Athens einen Krieg unausweichlich machte (Gilpin 1988).

3 Zur Geschichte ab 1820, vgl. Graff/Kenwood/Lougheed (2013) und die Langfassung dieses Artikels, die auf der Webseite des *Widerspruchs* zu finden ist.

4 Blairs «New Labour» und Schröders «Agenda 2000» waren dafür typisch.

5 Entsprechende Meldungen finden sich seit Sommer 2022 in der ukrainischen und westlichen Presse, vgl. unter anderem Kjiv Post vom 8.9.2022, Kjiv Independent vom 7.1.2023 und Tagesspiegel vom 11.1.2023.

6 Historische Referenzen hierfür liefern die beiden Weltkriege, in denen die USA bis 1917 die Entente materiell massiv unterstützten, ohne selbst Kombattanten zu stellen, und von 1939 bis Ende 1941 Grossbritannien und die Sowjetunion.

Literatur

Behrens, Uwe, 2021: Feindbild China. Was wir alles nicht über die Volksrepublik wissen. Berlin

Bernstein, William, 2009: A Splendid Exchange. How Trade Shaped the World. London

Clark, Christopher, 2012: The Sleepwalkers. How Europe Went to War in 1914. London

Fraser, Nancy, 2022: Cannibal Capitalism. London and New York

Gilpin, Robert, 1988: The Theory of Hegemonic War. In: The Journal of Interdisciplinary History, 18 (4), 591–613

Graff, Michael / Kenwood, A. G. / Lougheed, A. L., 2013: Growth of the International Economy, 1820–2015. London

Hobsbawm, Eric / Ranger, Terence, 2012: The Invention of Tradition. Cambridge

Lachmann, Richard, 2023: Trump and the Politics of Imperial Decline. In: Political Power and Social Theory, 38, 179–201

Losurdo, Domenico, 2022: Eine Welt ohne Krieg. Die Friedensidee von den Verheissungen der Vergangenheit bis zu den Tragödien der Gegenwart. Köln

Marx, Karl, 1844: Zur Kritik der Hegelschen Rechtsphilosophie, MEW, Band 1. Berlin 1976

Nesmashnyi, Alexander D., 2023: European Security Crisis and U.S. Hegemony. Reversing the Decline? In: Russia in Global Affairs, 21 (1), 132–152

Schröder, Hans-Jürgen, 2022: The Decline of the American Empire. In: Gehler, Michael u. a. (Hg.): The End of Empires. Wiesbaden, 697–744

Buchhandlung im Volkshaus

Stauffacherstrasse 60

8004 Zürich

Telefon 044 241 42 32

www.volkshausbuch.ch

info@volkshausbuch.ch

Literatur, Politik Psychoanalyse

Jelinek, Marx Freud

Lesungen, Buchvernissagen und Gespräche in der Katakombe

Renate Hürtgen

Pro und contra Waffenlieferung an die Ukraine

Was steckt hinter diesem linken Lagerstreit?

Die von Linken geführte Diskussion um den Krieg in der Ukraine durchlief seit seinem Beginn am 24. Februar 2022 verschiedene Phasen. Der Schwerpunkt der Debatte verschob sich, und selbst jene Themen, um die erbittert gestritten wurde und bei denen sich die Fronten schnell verhärteten, hatten ihre Konjunkturen. Unmittelbar nach dem Einmarsch Putins in die Ukraine war die alles beherrschende Frage die nach den Ursachen des Krieges; sie wurde für einige Wochen zum zentralen Streitpunkt innerhalb der Linken. Während es wohl keine ernst zu nehmende Position gegeben hat, die Putins Angriff nicht als völkerrechtswidrig verurteilt hätte, gingen die Antworten darauf, was ihn veranlasst haben könnte, einen Krieg zu führen, weit auseinander.

Neue Weltlage und «alte Feindbilder»

Die einen führten die globalen Konstellationen ins Feld, wie sie sich nach dem Zerfall des sowjetischen Imperiums seit 1991 entwickelt hatten. Sie verwiesen namentlich auf den Beitritt ehemaliger Sowjetrepubliken und ehemaliger Ostblockstaaten zur Nato respektive zur Europäischen Union und die Demütigungen, die für Putin mit der militärischen, wirtschaftlichen und ideologischen Ausdehnung des Einflussgebietes des Westens einhergingen und -gehen. Die Autor*innen solcher globalen politischen Analysen nennen es «die Vorgeschichte» und beschreiben eine Dynamik, in deren Ergebnis Putin als der Bedrohte und Eingekesselte zu einer Art «Befreiungsschlag» hatte greifen müssen. Der Angriffskrieg Putins war demnach die notwendige Folge des Verhaltens der USA und der Nato gegenüber Russland. In der

Rückschau erscheint es dann so, als wären alle Ereignisse auf dieser globalen Ebene ein weiterer Schritt hin zu einer erwartbaren Gegenreaktion von Putin gewesen.

Während also die meisten Linken sich und uns mit der Beschreibung dieser globalen Vorgänge die Folgerichtigkeit des Krieges zu erklären versuchten, konzentrierten sich andere auf die politische, soziale und ökonomische Entwicklung seit Putins Amtsübernahme im Jahr 2000 (Gehrke 2022). Sie setzten darauf, hier eine Antwort auf die Frage zu finden, was Putin veranlasst haben könnte, einen solchen aggressiven Angriffskrieg vom Zaun zu brechen. Nun ist es kein neuer und auch kein besonders origineller Gedanke, einen direkten Zusammenhang zwischen der Innen- und der Aussenpolitik herzustellen und den innenpolitischen Zuständen eine besondere Bedeutung beizumessen; und dennoch vernachlässigte die Mehrzahl der deutschen Linken diesen Konnex und beschäftigte sich bevorzugt mit der geostrategischen Lage Russlands zum Westen (Hürtgen 2022).

Es würde zu kurz greifen, diese Lagerbildung für einen West-Ost-Konflikt zu halten. Dennoch bleibt festzustellen, dass vor allem jene Linke, die ihre politische Sozialisation im Kampf gegen den USA-Imperialismus erfahren hat, zu denen gehört, die den letztendlich Verantwortlichen für diesen Krieg in den USA und dem von ihm abhängigen Westen sieht. Ihre politische Biografie lässt sich als Kampf gegen den Aggressor USA beschreiben, der völkerrechtswidrige Kriege führt und der Atomsprengköpfe in der Bundesrepublik Deutschland stationiert. «Ami, it's time to go!», heisst das jüngste Buch von Oskar Lafontaine, in Abwandlung des «Ami go home!», das ganze Generationen westdeutscher Linker begleitet hat (Lafontaine 2022).

Die ostdeutsche Linke – zu der ich mich zähle – hat wie ihre westdeutschen Genoss*innen gegen die USA und für den Befreiungskampf des vietnamesischen Volkes gestanden und die Rolle der USA beim Sturz von Allende verflucht. Sie hatte aber, so wie andere Linke in Osteuropa, immer auch einen zweiten politischen Feind, die Sowjetunion und ihre Handlanger im eigenen Land. «Besatzer, haut ab! Wir haben euch nicht gerufen!», steht auf einem handgeschriebenen Plakat in einem Prager Schaufenster, nachdem die sowjetische Armee und ihre «Bruderarmeen» 1968 in die Tschechoslowakei einmarschiert waren, um dort den «Prager Frühling» zu zerschlagen.

Dieser imperiale Charakter der Sowjetunion ist von vielen Linken im Westen in seiner ganzen Bedeutung für die osteuropäischen Staaten kaum begriffen worden. Und so scheint mir die ungebrochene Fokussierung ihres Kampfes auf den USA-Imperialismus eine Ursache dafür zu sein, dass die ausserordentliche Bedrohung, die vom russischen Imperialismus derzeit ausgeht, auf diese Weise nicht erfasst werden kann. Obwohl für alle sichtbar geworden ist, dass ein ökonomisch derart schwacher Autokrat besonders aggressiv seine Macht verteidigt und zu «ausserökonomischen» Mitteln und Methoden greift, wenn die ökonomischen nicht zum Ziel führen, halten viele Linke an ihren bisherigen Bewertungen der Weltlage fest. Der überraschende Einmarsch Russlands in die Ukraine hat sie wohl sehr erschreckt, doch zu einer Überprüfung alter «Feindbilder» und politischer Einschätzungen hat dies nicht geführt. Die Unfähigkeit vieler Linker, ihre bisherigen politischen Annahmen angesichts der russischen Aggression infrage zu stellen oder doch wenigstens einmal zu überprüfen, hat sich als grosses Hindernis für eine produktive linke Diskussion erwiesen. Das wirkliche Drama aber ist, dass eine Linke, die nicht in der Lage ist, sich ein reales Bild von der differenzierten, neuen Situation zu verschaffen, und alte Muster reproduziert, auch keinen Einfluss auf die Perspektive nach dem Krieg wird haben und kaum Akzente für eine linke neue Friedensordnung in Europa wird setzen können.

Warum sich an der Waffenlieferung die Geister scheiden

Je länger der Krieg dauert, umso stärker rückt seine militärische Seite in den Mittelpunkt der Diskussion, namentlich die Frage, ob Deutschland Waffen für den militärischen Kampf der Ukrainer*innen liefern soll oder nicht. Es ist der Verlauf des Krieges selbst, der alle, auch die zersplitterte Linke, zu einer Entscheidung zwingt. Denn sehr schnell zeigte sich, dass Russland nicht, wie erwartet, die Ukraine überrollen und dass nach fast einem Jahr Angriffskrieg die ukrainische Armee sogar von Russland bereits besetzte Gebiete zurückerobern konnte. Damit ist die militärische Unterstützung nicht mehr allein eine moralische Frage, sie wurde zu einer, die tatsächlich darüber entscheiden kann, wie der Krieg ausgehen wird. Das macht es für all diejenigen, die sich dieser realen Konstellation bewusst sind, nicht einfacher, eine unmissverständliche Haltung in der Frage «Waffenlieferung pro oder contra» zu finden. Wer sich *gegen* Waffenlieferungen ausspricht, muss hinnehmen, dass Russland seine erklärten Ziele der Besetzung und quasi Kolonialisierung der Ukraine ganz oder wenigstens zu grossen Teilen erreichen und damit alles Fortschrittliche, die unabhängigen Gewerkschaften und auch die im Entstehen begriffene linke Zivilgesellschaft in der Ukraine, vernichten würde. Und er muss einkalkulieren, dass mit einem wenn auch nur Teilsieg Russlands keine wirkliche Sicherheitsordnung in Europa wird entstehen können. Wer sich *für* Waffenlieferungen ausspricht, weiss, dass er oder sie damit einer Verlängerung des Krieges in der Ukraine das Wort redet, einer Verlängerung mit ungewissem Ausgang und mit vielen Toten auf beiden Seiten. Ein Befürworter von Waffenlieferungen weiss auch, dass mit einer solchen Unterstützungspolitik die Interessen der Rüstungsindustrie gestärkt werden, ein namentlich für Linke besonderes Dilemma.

In den Auseinandersetzungen über die Frage der Waffenlieferung ist dieses Dilemma, in jedem Fall mit einer fatalen Konsequenz leben zu müssen, nur ungenügend thematisiert worden; eine gemeinsame linke Debatte über die Konsequenzen der jeweiligen Haltung fand nicht statt. Dagegen wurden die Befürworter*innen sehr schnell als «Militaristen» und «Bellizisten», die in die Schützengräben der Nato übergewechselt seien, politisch verunglimpft. Diese wiederum bezeichneten jene, die mit pazifistischen Forderungen wie «Die Waffen nieder!» auftraten, als Heuchler*innen und ihre Haltung als «Lumpenpazifismus» (Leistner 2022a, 598). Damit aber wird man der Tatsache nicht gerecht, dass auch in dieser Gruppe Menschen aus sehr verschiedenen Gründen ihr «Dilemma» zugunsten eines totalen Gewaltverzichts lösen wollten. Bei vielen hat sicher die Angst vor einer Ausweitung des Krieges auf Europa und damit die Gefahr, in einen Krieg hineingezogen zu werden, dazu geführt, dass sie den einzigen Ausweg darin sahen, ihre Interessen über die der Ukraine zu stellen (Leistner 2022b, 643).

Das Lager der Gegner*innen und jenes der Befürworter*innen von Waffenlieferungen in die Ukraine – so viel scheint mir festzustehen – ist nicht jenes der «Pazifisten» und «Militaristen». Am Beispiel der Haltung der EKD-Synodenpräses, Anna-Nicole Heinrich, wird dies besonders sinnfällig. In einem Interview wurde sie im April des letzten Jahres danach gefragt, wie die Evangelische Kirche es mit der Waffenlieferung an die Ukraine halten würde, und ihre Antwort fällt unzweideutig aus: Da für die Kirche das Selbstverteidigungsrecht unbestritten ist, seien Waffenlieferungen gerechtfertigt. Als der Moderator nachhakt und sie nach ihrer Meinung zu den sogenannten schweren Waffen fragt, entgegnet die Christin: «Das zu beurteilen, welche Waffen dienlich für die Ukrainer*innen zur Verteidigung ihres Landes sind, das liegt nicht in meinem Kompetenzrahmen.» Und sie setzt nach: Wir sollten darauf hören, was die Ukrainer*innen brauchen, um ihr Land zu verteidigen. (Heinrich 2022)

Mit alten Gewissheiten ins historische Abseits

Der Krieg Russlands in der Ukraine zwingt nicht nur eine pazifistische und antimilitaristische Linke, ihre bisherigen Haltungen gegenüber Kriegen auf den Prüfstand zu heben. Die Konstellation ist zu neu, als dass sie mit den alten Gewissheiten erklärt werden könnte. Der Knackpunkt einer solchen Neubetrachtung besteht in der Fähigkeit, das eigene Dilemma zu benennen und die Folgen der Entscheidung zur Diskussion zu stellen. Selbst Linke, die den Angriffskrieg unzweideutig verurteilen, umschiffen eine Antwort auf die Frage, was ein Pro oder contra Waffenlieferung für die Ukraine bedeuten würde (Klein 2022). Am schwersten scheint dies denjenigen zu fallen, die ihre Tradition in der bundesdeutschen Friedensbewegung sehen und die nach dem Angriff Russlands auf die Ukraine mit besonderer Vehemenz für einen «Frieden ohne Waffen» eintraten. Auch wenn sie in der deutschen Bevölkerung, von der lange Zeit über fünfzig Prozent für eine Waffenlieferung an die Ukraine stimmte,[1] kaum Anklang fanden, ihre Resonanz in einem Teil der deutschen Linken scheint mir jedoch beachtlich. Dies führte bislang nicht dazu, dass die Friedensbewegung von der nach Kriegsbeginn vorherrschenden allgemeinen Empörung über Russlands Aggression profitiert hätte. Nach einem Jahr Krieg hat sich die Stimmung in der Mehrheitsgesellschaft verändert, die Friedensbewegung befindet sich aber weiter in der Isolation. Warum ist das so?

Eine Gruppe von Leipziger Soziolog*innen hat eine Befragung von Teilnehmer*innen am Ostermarsch 2022 in Bielefeld durchgeführt, um auf diese Frage eine Antwort zu finden (Meier/Daphi 2022). Die «Ostermärsche» haben in der deutschen Friedensbewegung eine lange Geschichte; 1960 zum ersten Mal organisiert, bildeten sie den Kern der bundesdeutschen Bewegungsgesellschaft, nach 1989 liess ihre Bedeutung nach. Warum aber konnte die Ostermarschbewegung aus der allgemeinen Ablehnung dieses Krieges keinen Zulauf gewinnen? Die Bielefelder Befragung ergab zum einen, «dass die übergrosse Mehrheit der Teilnehmer*innen bereits seit langem in die Ostermarschbewegung eingebunden ist» (Meier/Daphi 2022, 582). Zum anderen habe sich gezeigt, dass das sogenannte Deutungsangebot (framing) der Ostermärsche nicht mit dem allgemeinen gesellschaftlichen Verständnis von diesem Krieg übereinstimmt. So seien in vielen Ostermarschaufrufen die Schuld Russlands an diesem Krieg relativiert, den westlichen Regierungen, insbesondere der Nato, eine Mitschuld am Krieg zugeschrieben und eine militärische Unterstützung abgelehnt worden. Nur dreizehn Prozent habe die Aussagen «Solidarität mit der Ukraine» und/oder «Verurteilung des russischen Angriffskrieges» zur Teilnahme motiviert (Meier/Daphi

2022, 590). Und drittens ergab die Bielefelder Befragung, dass die Teilnehmer*innen sich angesichts des Krieges in ihrer bisherigen Kritik an der Nato bestärkt und bestätigt fühlten. Die Soziolog*innen resümieren, dass sich die friedensbewegten Teilnehmer*innen mit ihren tief verwurzelten Überzeugungen schwertun, ihre Forderungen und Weltbilder zu überprüfen und an aktuelle Ereignisse anzupassen (Meier/Daphi 2022, 594). Im Gegenteil: Es lasse sich ein Beharren dieses linken Milieus feststellen, mit ihrer Kritik an den USA und der Nato immer schon Recht gehabt zu haben (Leistner 2022a, 606). Das Schicksal der Ukrainer*innen interessiere dagegen kaum, was von diesen sehr beklagt wird. «Und was ich mir wünschen würde», sagt Zhanna Mylogorodska, Mitglied der Allianz Ukrainischer Organisationen, «dass die Friedensbewegung und die Zivilgesellschaft in Deutschland mehr mit den Ukrainern redet, mit den Betroffenen redet. Und ich würde der klassischen Friedensbewegung ein bisschen mehr Selbstkritik wünschen und eine klare Positionierung und mehr Mut, den Frieden tatsächlich zu verteidigen» (Leistner 2022b, 649).

Die Mitglieder dieses linken Milieus, von dem hier die Rede ist, sind eben jene, die – wie oben beschrieben – ihre alten Feindbilder selbstgewiss und unberührt von der «Dramatik des Krieges und all seiner Implikationen für die europäische Sicherheitsordnung» auf die neue Weltlage übertragen (Leistner 2022a, 607). Die Ablehnung von Waffenlieferungen oder ihr Eintreten für sofortige Friedensverhandlungen werden von ihnen nicht auf Folgen und reale Machbarkeit hin überprüft. Ihre Aufrufe zum Frieden blieben Dogmen, so die Soziolog*innen aus Leipzig, abstrakte Forderungen, mit denen diese Linke sich den komplizierten globalen Fragen, die der russische Angriffskrieg aufwirft, schlicht verweigere (Leistner 2022a, 607).

Das Dilemma pro Waffenlieferung

Sich für eine Waffenlieferung an die Ukraine zu entscheiden, fällt nicht leicht. Es braucht gute Gründe, namentlich für eine antimilitaristische Linke, am Recht der Ukraine auf militärische Selbstverteidigung festzuhalten und ungeachtet eines nicht nur deutschen Aufrüstungswahnsinns die Frage von Waffenlieferungen an die Ukraine weiterhin positiv zu beantworten. Auch wenn wir wissen, dass der Krieg der deutschen Regierung einen guten Vorwand für die Erhöhung des Militäretats geboten hat, das Wettrüsten also nicht allein Ergebnis dieses Krieges ist, so verlieh er ihm jedoch eine eigene Dynamik; diese Aufrüstungsspirale ist nicht mehr von der Frage einer militärischen Unterstützung der Ukraine zu trennen (van Aken 2023, 1).

Die deutsche Linke, die sich dennoch für Waffenlieferungen entschieden hat, und der ich mich zugehörig fühle, führt ins Feld, dass sich eine übergrosse Mehrheit der ukrainischen Bevölkerung auch noch Monate nach Kriegsbeginn für eine militärische Verteidigung ausspricht (Popovych/Bondar 2022)[2] und dass sich – für Linke massgeblich – auch die meisten Aktivist*innen linker, emanzipatorischer, sozialer Bewegungen und Gewerkschaften in der Ukraine diesem Kampf in der einen oder anderen Weise angeschlossen haben. Sie hat Kontakt zu diesen Aktivist*innen aufgebaut, ihre Situation begreifen gelernt und in Diskussionen eine gemeinsame Haltung entwickelt (Budraitzkis u.a. 2022). Sie nimmt es sehr ernst, wenn ein Gewerkschafter sagt: «Wir können uns keinen Pazifismus leisten» (Arps 2022).[3] Anders als viele andere Linke würde sie ihre Meinung zu Waffenlieferungen immer auch von der Haltung der Ukrainer*innen und namentlich ihrer Kolleg*innen und Genoss*innen dort abhängig machen.

Eine Linke, die sich für Waffenlieferungen ausspricht, weiss aber auch, dass ein Frieden mit militärischen Mitteln allein nicht herzustellen ist und dass es Verhandlungen brauchen wird, um den Krieg zu beenden. Ob und wann es zu diesem diplomatischen Ende kommt und welchen Charakter dieser Frieden haben wird, das wiederum hängt massgeblich von der militärischen Unterstützung der Ukraine ab. Es ist ein Teufelskreis, dem sich jedoch jeder stellen muss, der begriffen hat, dass ein von Russland diktierter Frieden, der die völkerrechtswidrige Aneignung ukrainischen Landes einschliesst, keinen Frieden bringen wird und dass auf der Grundlage eines russischen «Diktatfriedens» keine neue Sicherheitspolitik in Europa aufgebaut werden kann. Die Schwäche der russischen und die Stärke der ukrainischen Armee bestimmen den Zeitpunkt, an dem verhandelt werden kann. Es ist namentlich diese Erkenntnis, die Linke dazu bringt, sich für Waffenlieferungen an die Ukraine auszusprechen.

(Stand: 17. Januar 2023)

Anmerkungen

1 Zum Zeitpunkt der Ostermärsche stimmten noch 67 Prozent für eine Lieferung von Waffen an die Ukraine. de.statista.com/statistik/daten/studie/1295816/umfrage/waffenlieferung-an-die-ukraine/

2 Vgl. auch The left view on the prospects of peace negotiations Соціальний рух (rev.org.ua) Darin ein Link zu diversen Rating-Daten über die Stimmung in der ukrainischen Bevölkerung.

3 Da es derzeit keine belastbaren Umfragen zur Haltung dieser ukrainischen Akteure geben kann, sind wir auf die übereinstimmenden Berichte der Emigrant*innen und der in der Ukraine Verbliebenen angewiesen. Reiseberichte sind dabei eine unschätzbar wertvolle Quelle.

Literatur

Arps, Jan Ole u. a., 2022: «Im Mahlwerk der Geopolitik. Ein Besuch bei Anarchist*innen, Gewerkschafter*innen und Feminist*innen in Lwiw. Ein Reisebericht». In: ak analyse & kritik, Nr. 682, 17.5., 12 sowie derselbe: «Neun Monate Krieg. Zerstörte Stromversorgung, wachsender Nationalismus und eine zerrüttete Wirtschaft – was macht die ukrainische Linke? Ein Besuch in Kiew», in: ak analyse & kritik, Nr. 688, 13.12., 19

Budraitskis, Ilya u. a., 2022: Ukrainischen Widerstand unterstützen und fossiles Kapital entmachten. emanzipation.org/2022/08/ukrainischen-widerstand-unterstuetzen-und-fossiles-kapital-entmachten/ (Abfrage 21.2.2023)

Gehrke, Bernd, 2022: About Russian Neo-Imperialism. In: Against The Current, 221, November/December, againstthecurrent.org/atc221/about-russian-neo-imperialism/ (Abfrage 10.1.2023)

Heinrich, Anna-Nicole, 2022: Interview mit EKD-Synodenpräses Anna-Nicole Heinrich, 17.4.2022, www.deutschlandfunk.de/anna-nicole-heinrich-praeses-evangelische-kirche-deutschland-100.html (Abfrage 3.1.2023)

Hürtgen, Renate, 2022: Welchen Charakter hat der Krieg in der Ukraine? Ein politischer Essay. emanzipation.org/11/was-hat-der-krieg-in-der-ukraine-fuer-einen-charakter-ein-politischer-essay/ (Abfrage 21.2.2023)

Klein, Thomas, 2022: Die Stunde der Bellizisten. Führt die Ukraine-Solidarität zu einer Idenfikation mit Nato-Politik oder einer neuen Friedensbewegung? www.rosalux.de/news/id/46167 (Abfrage 16.1.2023)

Meier, Larissa / Daphi, Priska, 2022: Friedensbewegung und Krieg. Warum konnte die Ostermarschbewegung kaum von der öffentlichen Empörung über den russischen Angriffskrieg auf die Ukraine profitieren? In: Forschungsjournal Soziale Bewegungen, 35 (4), 580–595

Lafontaine, Oskar, 2022: AMI, IT'S TIME TO GO! Plädoyer für die Selbstbehauptung Europas. Frankfurt a. M.

Leistner, Andreas, 2022a: Wo steht die Friedensbewegung und was steht an? In: Forschungsjournal Soziale Bewegungen, 35 (4), 596–612

Leistner, Alexander, 2022b: Die Friedensbewegung ist eine sehr deutsche, sehr weisse, eine sehr alte Bewegung. Perspektiven aus der Friedensbewegung im Gespräch mit Alexander Leistner: In: Forschungsjournal Soziale Bewegungen, 35 (4), 639–652

Popovych, Zakhar / Bondar, Denys, 2022: Die linke Sicht auf die Aussichten auf Friedensverhandlungen. The left view on the prospects of peace negotiations Соціальний рух (rev.org.ua)

van Aken, Jan, 2022: Gefährliches Spiel. Der russische Angriffskrieg dient als Rechtfertigung für Aufrüstung. In: ak analyse & kritik, Nr. 688, 13.12., 1

Politik
Fussball
Prüfungen
Allgemein

Klamauk
Buchhandlung

Postgasse 38
3011 Bern

T: 031 376 12 12
F: 031 376 12 14

www.klamauk.be
info@klamauk.be

Mo geschlossen
Di–Fr 11.30–19.00
Sa 11.30–16.00

Franco Cavalli

Zeitenwende oder «gewöhnlicher» inter-imperialistischer Krieg?

Der 24. Februar 2022 soll mit dem Beginn des russischen Angriffskrieges gegen die Ukraine eine Zeitenwende eingeleitet haben. Mit diesem Schlagwort und einem damit verbundenen fast hysterischen Propagandanebel systemkonformer Leitmedien wurden in praktisch allen wichtigen kapitalistischen Ländern, inklusive der Schweiz, alsbald enorme Erhöhungen der Militärausgaben gerechtfertigt. Beispielhaft, was in der BRD geschehen ist. Nach kurzem Widerstand knickte Bundeskanzler Scholz bald unter dem gewaltigen Druck der national und international entfesselten Propaganda zusammen und beschloss eine Erhöhung des Militäretats um satte 100 Milliarden Euro. Dieses Vorgehen erinnert natürlich an den fundamentalen Verrat der SPD im Jahre 1914, als sie plötzlich den Kriegsausgaben zustimmte. Aber auch geopolitisch ist eine gewisse Ähnlichkeit mit dem Ersten Weltkrieg nicht ganz abzustreiten. Damals löste zwar Deutschland den Krieg aus und verübte sofort furchtbare Massaker, vor allem in Belgien. Nichtsdestotrotz erklärten führende linke Politiker:innen, darunter Liebknecht, Luxemburg und Lenin: «Dies ist nicht unser Krieg.» Eine Stellungnahme, die jetzt von einem beträchtlichen Teil der Linken, vorwiegend in der südlichen Hemisphäre, aber auch im lateinischen Teil Europas, mit dem Schlagwort «weder mit Putin noch mit der Nato» wieder übernommen wurde. Denn der Konflikt in der Ukraine kann als Zuspitzung der Krise der neoliberalen Weltordnung und als Zusammenstoss konkurrierender geopolitischer imperialer Interessen gedeutet werden – unbeachtet des Rechtes der dortigen Bevölkerung, sich gegen den Angreifer zu verteidigen.

Die Mainstream-Medien der kapitalistischen Länder wollen uns hingegen glauben machen, dass der Kampf zwischen Auto- und Demokratien den Hauptwiderspruch der jetzigen Epoche darstelle. Dieser Legende ist ein grosser Teil der Linken, vor allem in Nordeuropa, auf den Leim gegangen. Diese Position wurde auch offiziell von der Führung der Sozialdemokratischen Partei der Schweiz (SPS) übernommen (Pult 2022). Darin widerspiegelt sich die weitgehende Orientierungslosigkeit der westlichen Linken (Klein 2022), aber in erster Linie die Tatsache, dass seit langem in der SPS kaum eine seriöse Debatte über das heutige Wesen des Imperialismus geführt wurde. Natürlich sind seit Lenins Grundwerk *Der Imperialismus als höchstes Stadium des Kapitalismus* (Lenin 1917) neue Aspekte hinzugekommen (Sit Tsui 2022; Spéth 2022). Trotzdem bleiben die dominierenden Grundlagen des Imperialismus ökonomischer Natur, was heutzutage im linken Lager oft vergessen wird.

Russland und Ukraine im postsowjetischen Zeitalter

Nach der Auflösung der Sowjetunion führte die von der Weltbank und vom IMF verordnete forcierte kapitalistische Umstrukturierung zur Verelendung Russlands und der meisten postsowjetischen Republiken, wo noch heute ein grosser Teil der Bevölkerung der Sowjetunion nachtrauert (Ischtschenko 2023), wovon ich mich persönlich mehrmals überzeugen konnte. Das soziale Desaster führte in Russland zu einer tragischen demografischen Krise: Zeitweise wurden jährlich rund eine Million Tote mehr verzeichnet als noch vor 1990. Kommt hinzu, dass Jelzin den demokratischen Weg zerstörte, den Gorbatschow eingeleitet hatte (zum Beispiel, als Jelzin während der Verfassungskrise von 1993 das Parlament durch Panzer beschiessen liess) und schamlos alle Verordnungen der westlichen Instanzen in Kraft setzte. Alsbald herrschte deswegen in Russland eine Atmosphäre («die Sieger haben uns zerstört»), die derjenigen ähnelte, die in Deutschland nach der Verwirklichung der Versailler Verträge die Machtergreifung Hitlers entscheidend erleichtert hatte. Die Basis für das revanchistische Regime Putins war somit gelegt. Hinter dem Vorwand, dem russischen Volk wieder seinen Stolz zurückzugeben, baute Putin nach und nach ein oligarchisch-kapitalistisches System auf, das je länger, desto mehr mit kleinbürgerlichen, faschistoiden, religiös-esoterischen Inhalten gefüllt wurde. Dazu gehört auch das neo-zaristische Versprechen, mindestens diejenigen Teile der früheren Sowjetunion, wo die russofone Bevölkerung die Mehrheit darstellt, zurückzuerobern. In Tat und Wahrheit ist aber Russland heutzutage eine imperiale

Macht zweiten Ranges. Es lebt weitgehend vom Verkauf der Rohstoffe seines Bodens, im Vergleich zur sowjetischen Zeit sind zum Beispiel Forschung und Innovation praktisch verschwunden und das BIP bewegt sich in der Grössenordnung desjenigen von Spanien. Seine Armee ist veraltet: Wäre Russland nicht die zweitwichtigste Nuklearmacht, wäre es militärisch höchstwahrscheinlich schwächer als etwa die Türkei. Das Gerede, Russland hätte nach der Einnahme der Ukraine (die es wahrscheinlich niemals geplant hatte) bis nach Westeuropa durchmarschieren können, ist ein Hirngespinst einfältiger Propagandist:innen.

Die Ukraine ihrerseits hat sich, wie die meisten postsowjetischen Staaten ohne grosse Rohstoffvorkommen, als ökonomisch kaum überlebensfähig erwiesen. Eine Folge des Kollapses des Staatssozialismus war auch die wirtschaftliche Ost-West-Spaltung des Landes. Der Osten, weitgehend russofon, hatte ein materielles Interesse an einer Integration mit Russland, der Westen hingegen wollte westliche Investitionen und die Öffnung zum EU-Arbeitsmarkt (Konicz 2022).

Der korrupte Staatsapparat wurde von verschiedenen (fast ausschliesslich männlichen) Oligarchen dominiert, die jahrelang zwischen Ost und West lavierten. Nach den Maidan-Demonstrationen 2014 (viele der damaligen Vorkommnisse wurden nie richtig geklärt) wurde die Ukraine zum Schauplatz eines neo-imperialistischen Machtkampfes zwischen dem Westen und Russland. Selbst wenn in den westlichen Medien kaum etwas darüber berichtet wurde, wütete seit 2014 im Donbass in der Tat ein Zivilkrieg, dem etwa 15 000 Personen zum Opfer fielen. Keine der beiden Seiten kann dabei als schuldlos angesehen werden. Kiew hat, unter Anleitung Washingtons, die Minsker Verträge, die unter anderem mit der Autonomie der Donbass-Regionen den Frieden hätten wiederherstellen sollen, nie respektiert. Die Verträge waren unter anderem das Werk Angela Merkels, die sich für eine multipolare Welt eingesetzt hatte, was der Nato und Washington stets missfiel. Bezeichnenderweise ist sie zurzeit in den Mainstream-Medien fast zur Unperson geworden. Ihr wird unterschwellig vorgeworfen, Putin zu viele Zugeständnisse gemacht zu haben, wie es etwa der britische Premier Chamberlain damals mit Hitler getan hatte.

Ein «provozierter» Krieg?

Für den russischen Angriffskrieg gibt es keine Entschuldigung und dieses Verbrechen kann nicht deutlich genug verurteilt werden. Gleichzeitig muss man sich die Frage stellen, ob dieser Krieg hätte vermieden werden können.

Dabei kann sogar spekuliert werden, dass es, falls Corbyn, Mélenchon und Merkel in Bretannien beziehungsweise Frankreich und Deutschland an der Macht gewesen wären (was durchaus hätte sein können), wahrscheinlich nie zu diesem Krieg gekommen wäre. Die Frage muss aber realpolitisch diskutiert werden, wozu wir allerdings mindestens drei Jahrzehnte zurückblicken müssen. Damals versprach Washington Gorbatschow, um sein Einverständnis zur Wiedervereinigung Deutschlands zu erlangen, dass «die Nato keinen Zentimeter nach Osten vorrücken werde». Über dieses Versprechen wurde viel spekuliert, da es nie vertraglich festgehalten wurde. Gorbatschow selbst bestätigte mir das aber, als ich ihn als interimistische Führung der SP Schweiz im Dezember 2000 in Bern empfing. Die Beunruhigung Moskaus darüber, dass sich heute entgegen diesem Versprechen eine militärisch übermächtige Nato vor der eigenen Haustüre befindet, ist deswegen nachvollziehbar. In einer ähnlichen Situation hatte Kennedy wegen der Stationierung einiger sowjetischer Raketen auf Kuba damals mit dem Nuklearkrieg gedroht. Genauso wichtig ist wahrscheinlich das «Great Game» um Eurasien, das faktisch seit dem Verschwinden der Sowjetunion in Gang gekommen ist (Konicz 2022). Es gilt als Binsenwahrheit, dass «wer Eurasien kontrolliert, die Welt kontrolliert». Der Kreml hat lange versucht, eine «eurasische Union» als Wirtschaftsblock zwischen dem «Westen» und China zu etablieren, wobei die Ukraine eine zentrale Rolle hätte spielen sollen.

Der US-Geopolitiker Brzezinski, der lange die US-Aussenpolitik inspiriert hat, stellte seinerzeit fest, dass Russland ohne die Ukraine «kein eurasisches Reich mehr» sei (Brzezinski 1997). Anderseits versuchte die EU, die Ukraine mittels eines Assoziierungsabkommens auf ihre Seite zu ziehen, in dem auch die nötigen neoliberalen Umgestaltungen vorgesehen waren, damit die Ukraine später zu einer Wirtschaftskolonie der EU hätte werden können. Die Eskalationsstrategie der USA in der Ukraine, die das Land seit 2014 mit Militärhilfe geradezu überfluteten, kann im Rahmen eines globalen Hegemonialkampfes mit China wie auch als Bemühung, die deutsch dominierte EU wieder fest in der eigenen Einflusssphäre zu verankern begriffen werden. Die nationalistische Regierung unter Präsident Selenskyj, die immer auf den Zuspruch rechtsextremer, militarisierter Kräfte zählen musste, signalisierte, dass sie sich endgültig der russischen Einflusssphäre durch Verstärkung der Repression gegen russophile politische Kräfte entziehen wolle, worauf der Kreml drastisch reagierte (Ischtschenko 2021). Gleichzeitig wurde vom Westen eine mögliche Aufnahme der Ukraine in die Nato signalisiert, und während der monatelangen Verhandlungen zwischen den USA und Russland im Vorfeld des Krieges wollte Washington diese Mitgliedschaft in der Nato nicht ausschliessen – was hingegen Angela Merkel immer getan hatte. Der kriminelle imperialistische russische Angriffskrieg kann deswegen zumindest teilweise auch als «provozierter» Angriffskrieg definiert werden (Konicz 2022).

Krieg als keynesianischer Rettungsanker in der Krise

Es ist zurzeit äusserst schwierig vorauszusehen, wie es mit dem Krieg in der Ukraine weitergehen wird. Schliesst man die Möglichkeit eines Einsatzes von taktischen Nuklearwaffen aus, der meines Erachtens nur bei einem ukrainischen Angriff auf die Krim denkbar ist, scheint eine Pattsituation am wahrscheinlichsten. Auf der einen Seite steht die Nuklearmacht Russlands, auf der anderen verfügt die ukrainische Armee inzwischen über modernere konventionelle Waffen und, dank der Nato und sogar Elon Musk (Vincent u. a. 2022), über eine effiziente, elektronisch gesteuerte militärische Führung.

Der ukrainische Staat ist bankrott und muss dauernd vom Westen mit Zuschüssen in Milliardenhöhe am Leben erhalten werden. Die Begeisterung dafür hat in der europäischen Öffentlichkeit bereits deutlich abgenommen, was auch die intensiver gewordene diplomatische Aktivität von zum Beispiel Präsident Macron erklärt. Etwas Ähnliches dürfte auch in den USA beim Beginn der Präsidentschaftswahlkampagne passieren. Die USA stehen bereits jetzt als die einzigen Gewinner dieses Krieges da. Wirtschaftspolitisch haben sie die EU und vor allem Deutschland wieder unter Kontrolle bringen können. Ein spektakuläres Ereignis steht plakativ für diese Situation: Die von Washington zwar dementierte, aber höchstwahrscheinlich verordnete Sprengung der Nord-Stream-Gasröhren, die früher eine der Hauptwaffen in den Händen von Angela Merkel in ihrer Ost- und multipolaren Politik waren (Hersh 2023; Wentzke 2022). Finanziell sind die amerikanischen Energie- und Waffenproduzenten mit ihren gigantischen Profiten die grossen Gewinner dieses Krieges. Ob ihnen und den Nato-Hardlinern, die den Sieg gegen Russland befürworten, die Verlängerung des Krieges gelingt, ist noch unklar. Anzunehmen ist eher, dass selbst Putin, der sich in einer sehr misslichen Lage befindet, zu einer Einschränkung seiner neo-imperialen Vision bereit sein wird.

Abschliessend drängen sich einige fundamentale Betrachtungen bezüglich der Rolle des Krieges im Krisenkapitalismus auf. Nach 1990 und dem «Ende der Geschichte mit dem Sieg des Kapitalismus» war für amerikanische Geopolitiker:innen klar, dass die Welt nun unipolar war und von Washington aus geführt werden müsse. Denjenigen, die dies vor allem in der Peripherie nicht akzeptieren sollten, wurde das Schlimmste angedroht; das über ihnen hängende Damoklesschwert sind die Präventivkriege. Auch deswegen wurde die Nato nicht aufgelöst, obwohl sie im Kalten Krieg «nur» als Verteidigungsbündnis gegen den Warschauer Pakt gegründet worden war, der nach dem Fall der Berliner Mauer zerfiel. Stattdessen zeichnet der Nato-Block direkt oder indirekt seit 1990 für eine Vielzahl völkerrechtswidriger kriegerischer Interventionen mit Millionen von Todesopfern und daraus entstandenen Massenfluchten verantwortlich. Heutzutage sind die USA und der Nato-Block ihren Antagonisten militärisch mindestens fünfzehnfach überlegen und die Profite ihrer Rüstungsindustrie sind grösser als das Einkommen der Hälfte der Weltbevölkerung (Klein 2022). Zählt man die etwa 800 auf der ganzen Welt verstreuten amerikanischen Militärbasen, von denen ein Grossteil China umzingelt, wird klar, dass wir uns erneut in einer Thukydides-Falle befinden. Aber wie immer sind imperialistische Visionen in erster Linie wirtschaftspolitisch determiniert. Laut Harvey (Harvey 2020) sind die immer schlechter werdenden Verwertungsmöglichkeiten des enormen weltweiten Finanzkapitals (das bald etwa 160 000 Milliarden jährlich betragen soll) der Hauptgrund der Dauerkrise des Spätkapitalismus. Es dürfte deswegen klar sein, dass die astronomischen Militärausgaben Washingtons, aber zusehends auch aller anderer kapitalistischer Länder, eine entscheidende keynesianische Rolle in der Bekämpfung dieser verlängerten, hinausgeschobenen Wirtschaftskrise spielen. Die Zusammenführung dieser Argumente führt unweigerlich zum Schluss, dass Kriege auch für den Spätkapitalismus immer noch unentbehrlich sind.

(Stand: Januar 2023)

Anmerkungen

1 Ich war damals SP-Fraktionschef im Bundesparlament. Zwischen dem plötzlichen und unerwarteten Rücktritt von SP-Präsidentin Ursula Koch und bis zur Wahl der nächsten SP-Präsidentin Christiane Brunner musste ich de facto über Monate für die Führung der SP sorgen.

2 Zur Thukydidesfalle vgl. den Beitrag von Michael Graff im vorliegenden Band.

Literatur

Brzezinski, Zbigniew, 1997: The Grand Chessboard. American Primacy And Its Geostrategic Imperatives. New York

Harvey, David, 2020: The Anti-Capitalist Chronicles. Pluto Press, London.

Hersh, Seymour, 2023: How America Took Out The Nord Stream Pipeline. seymourhersh.substack.com/p/how-america-took-out-the-nord-stream (Abfrage 13.2.2023)

Ischtschenko, Volodymyr, 2021: Why did Ukraine suspend 11 ‹pro Russia› parties? www.aljazeera.com/opinions/2022/3/21/why-did-ukraine-suspend-11-pro-russia-parties (Abfrage 5.3.2023)

Ischtschenko, Wolodymyr, 2023: «Es geht der herrschenden Klasse in Russland ums Überleben», Widerspruch 80, S. 35–44

Klein, Thomas, 2022: Linke Politik, Russland und die Ukraine. Widerspruch 79, 153–161

Konicz, Tomasz, 2022: Ukraine zerrissen zwischen Ost und West. Widerspruch, 79, 143–151

Lenin, Wladimir I., 2016 [1917]: Der Imperialismus als höchstes Stadium des Kapitalismus. Berlin

Vincent, Elise / Piquard, Alexandre / Pietralunga, Cédric, 2022: Comment Starlink et les constellations de satellites d'Elon Musk changent la guerre. In: Le Monde, 15.12. (online verfügbar)

Pult, Jon, 2022: «Der Gegner sitzt rechts». Interview mit SP-Vize-Präsident Jon Pult. In: Neue Zürcher Zeitung, 19.12. (online verfügbar)

Sit Tsui / Erebus Wong / Lau Kin Chi / Wen Tiejun, 2022: Unterwerfen oder entkoppeln. In: Junge Welt, 21.12.

Spéth, Arman, 2022: Globale Warenketten, Arbeitsarbitrage und die Schweiz. In: Widerspruch, 79, 163–174

Wentzke, Theo, 2022: Wir halten Lügen Fakten entgegen. In: Junge Welt 20.12. (online verfügbar)

Streifzüge

wertlos · unsachlich · jenseits

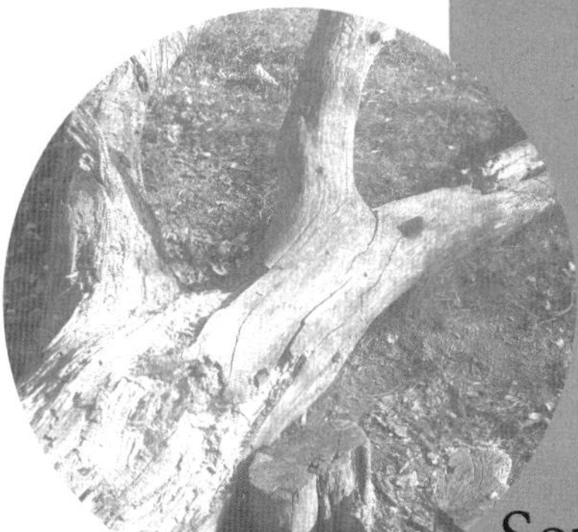

Sorgen

KENNENLERNPAKET

5 Ausgaben um € 20

www.streifzuege.org

Wir würden vor die Hunde gehen, wenn sich niemand um uns kümmert.

PROKLA. Seit 1971

ZEITSCHRIFT FÜR KRITISCHE SOZIALWISSENSCHAFT

53. JAHRGANG | Nr. 1 | März 2023

PROKLA. ZEITSCHRIFT FÜR KRITISCHE SOZIALWISSENSCHAFT

PROKLA 210

SOZIAL-ÖKOLOGISCHE TRANSFORMATIONSKONFLIKTE UND LINKE STRATEGIEN

Kim Lucht • Steffen Liebig | **Sozial-ökologische Bündnisse als Antwort auf Transformationskonflikte?** Die Kampagne von ver.di und Fridays for Future im ÖPNV

Julia Kaiser | **Rückkehr der Konversionsbewegung?** Potenziale und Grenzen der Konversionsbestrebungen sozial-ökologischer Bündnisse rund um Autozuliefererwerke

Lennart Michaelis • Thomas Rehfeldt • Genevieve Schreiber • Johanna Sittel | **Konfliktlinien in der Thüringer Auto(zuliefer)industrie.** Qualifizierung als Lösungsansatz für die sozial-ökologische Transformation?

Anne Tittor | **Postfossiler Extraktivismus?** Die Vervielfältigung sozial-ökologischer Konflikte im Globalen Süden durch Dekarbonisierung

Tobias Kalt | **Zwischen Konfrontation und Kooperation.** Der Transformationskonflikt Arbeit versus Klima in der südafrikanischen Energiewende

Rosalie Arendt • Tobias Gralke • Lisa Vollmer | **Bezahlbar und klimagerecht wohnen?** Antworten sozial-ökologischer Bewegungsakteur*innen auf Zielkonflikte in der Wohnraumversorgung

Dennis Eversberg | **Anpassung, Verteilung, Externalisierung** Drei Dimensionen des sozial-ökologischen Transformationskonflikts

Einspruch

Christiane Gerstetter | **Gerichtsverfahren und die Kämpfe um eine sozial-ökologische Transformation**

Jenseits des Schwerpunkts

Michael Heine • Hansjörg Herr | **Nullwachstum.** Ökonomische Regulierung in der sozial-ökologischen Transformation

BERTZ + FISCHER

Jetzt auch im **Digital- und Sozial-Abo*** ab 29,- Euro im Jahr

* und im Förder-Abo!

Einzelheft:
ca. 176-204 Seiten
€ 15,- [D] / € 15,40 [A]
ISSN 0342-8176

SCHWERPUNKTTHEMEN

- Nr. 206: Corona und die Folgen (1/2022)
- Nr. 207: Gesellschaftskritik und sozialistische Strategie (2/2022)
- Nr. 208: StaatsKapitalismus (3/2022)
- Nr. 209: Die Linke zwischen Krise und Bewegung (4/2022)
- **Nr. 210: Sozial-ökologische Transformationskonflikte und linke Strategien (1/2023)**

Probeheft anfordern!
PROKLA | redaktion@prokla.de | www.prokla.de
Bertz + Fischer | prokla@bertz-fischer.de | www.bertz-fischer.de/prokla

BERTZ + FISCHER

Renate Dillmann

USA und China: Kampf um die Hegemonie in der Welt

Bereits seit Längerem ist von einem neuen Kalten Krieg zwischen den Vereinigten Staaten und der Volksrepublik China die Rede. Im laufenden Ukraine-Krieg ist immer häufiger zu hören, dass die eigentliche weltpolitische Auseinandersetzung noch anstehe, die zwischen den USA und der von ihnen angeführten westlichen Welt und dem erneut zur Grossmacht aufgestiegenen «Reich der Mitte».

Zur Begründung erheben die USA heftige Anklagen gegen den chinesischen Staat. Demzufolge verstösst die Volksrepublik systematisch gegen den «regelbasierten» Handel und hat ihren Aufstieg auf unfaire Geschäftspraktiken gegründet; mittels ihrer Hightech-Angebote spähe sie fremde Industrien und Staaten aus; sie lasse protestierende Bürger:innen in Hongkong niederprügeln, baue gegenüber Taiwan eine Drohkulisse auf, agiere neokolonialistisch gegenüber afrikanischen und asiatischen Staaten und wolle überhaupt eine neue, autoritäre Weltordnung errichten.

Nun ist autoritäres Regieren für die USA per se kein Grund für Feindseligkeiten. Das Mutterland von Demokratie und Menschenrechten hat schon Herrscher von ganz anderem Kaliber zu Freunden erklärt – wie den Saudi-König Salman und den ägyptischen Putsch-General Al Sisi – oder selbst an die Macht gebracht – wie den Schah im Iran oder Pinochet in Chile. Und auch bei Menschenrechtsverletzungen gegen Minderheiten sind US-Präsidenten nicht gerade zimperlich, wenn es ihnen geopolitisch gelegen kommt. So hat der türkische Nato-Partner Erdogan mit Panzern und Bomben gegen die Kurd:innen freie Hand.

Womit also hat sich China, an dem US-amerikanisches Kapital in den letzten Jahren enorm viel profitiert hat, diese unerbittliche Feindschaft der USA verdient, die sogar einen dritten Weltkrieg wert sein soll?

Vom sozialistischen Entwicklungsland zur kapitalistischen Grossmacht

Die Antwort lautet: China zieht diese Feindschaft auf sich, weil es sich so überaus erfolgreich in die US-amerikanische Weltgeschäftsordnung integriert hat. Das hört sich paradox an und ist erklärenswert.

Die sozialistische Volksrepublik hat sich nach 1978, zwei Jahre nach Maos Tod, für westliches Kapital geöffnet und in der Folge sukzessive ihre vorherige Art der Planwirtschaft aufgegeben; ausländische und zunehmend auch chinesische Firmen verdienen seitdem mit Waren aller Art, die chinesische Lohnarbeiter:innen fertigen, viel Geld am Weltmarkt.

Dass der Zufluss von Kapital aus den erfolgreichen kapitalistischen Ländern nicht zur üblichen Karriere eines Entwicklungslandes geführt hat (Ausverkauf des nationalen Reichtums, zunehmende Verschuldung, IWF-Diktate, failing state), ist ein welthistorischer Ausnahmefall. Dessen Gründe liegen in der Grösse des Landes wie der Öffnungsstrategie der Kommunistischen Partei (KPCh).

Die KPCh hat zunächst nur spezielle Teile ihres Landes für auswärtige Kapitalanlagen zur Verfügung gestellt. Für das anlagesuchende ausländische Kapital, das einerseits mit Sonderkonditionen gelockt wurde (billige chinesische Arbeitskräfte, schlechte Arbeitsbedingungen, wenig Unternehmenssteuern), gab es andererseits strikte Auflagen: Es musste chinesische Partner suchen (joint ventures), Technologietransfer zulassen und lokale Zulieferer einbeziehen; damit sorgte Chinas Führung für die Entwicklung eigener weltmarkttauglicher Unternehmen.

Die chinesische Währung wurde an den Dollar gebunden, ausländisches Finanzkapital nicht zugelassen. Dass die internationalen Kapitale (und ihre Staaten) im Falle Chinas solche Restriktionen hingenommen haben, lag an der Attraktivität, welche die Aussicht auf diesen letzten grossen weissen Fleck in der kapitalistischen Weltkarte für sie darstellte: Ein Land dieser Grössenordnung, das nicht nur über ein riesiges Angebot an Billigarbeiter:innen, sondern auch über 1,3 Milliarden potenzielle Konsument:innen verfügte – das war schlicht so perspektivreich, dass keiner sich leisten wollte und konnte, bei diesem neuen Goldrush nicht dabei zu sein.

Gegen die populäre Behauptung von der Nützlichkeit zufliessenden Auslandskapitals ist also festzuhalten: Es müssen schon eine ganze Reihe von Bedingungen zusammenkommen, damit dieses für ein «zu spät» in den Weltmarkt eintretendes Land zum Mittel *seiner* Entwicklung wird und nicht nur den Kapitalgebern dient (mehr zu diesem Ausnahmefall bei Dillmann 2021, 208).

China ist auf diese Art und Weise nach und nach (einige Friktionen inbegriffen) selbst zu einem relevanten Teil des Weltmarkts geworden. Westliche Firmen finden heute dort einen wesentlichen Teil ihrer lohnenden Anlagemöglichkeiten und einen sich immer noch stark erweiternden Markt für ihre Produkte.

Gleichzeitig machen es die von dort importierten billigen Konsumgüter möglich, die lohnabhängig Beschäftigten in den westlichen Ländern mit geringen Löhnen und Sozialtransferleistungen abzuspeisen. Weder die deutschen Dumpinglöhne noch das Überleben der Hartz-4-Empfänger:innen wären möglich ohne chinesische Klamotten, Schuhe, Spielzeug, und die Extra-Profite deutscher Pharmaunternehmen beruhen nicht unwesentlich auf den in China produzierten Arzneiwirkstoffen (Geipel-Kern 2020). Daneben verkaufen chinesische Firmen inzwischen High-Tech-Produkte, für die es in den westlichen Ländern keine (jedenfalls so kostengünstigen) Alternativen gibt.[1]

Mit dem über Jahrzehnte anhaltenden Wachstum seines Standorts hat sich auch der chinesische Staat erhebliche Mittel verschafft. Steuern und ein stetiger Zufluss an harten Devisen durch Warenexport und Kapitalzufluss erlauben ihm eine Ausweitung seiner Haushaltspolitik – und damit eine beschleunigte Förderung von Wachstum, unter anderem in seinen bisher noch nicht kapitalistisch entwickelten Provinzen, die ziemlich planmässig in Wert gesetzt werden.

Gleichzeitig verwendet China viel Geld aus seinem Devisenschatz, der zeitweise auf über drei Billionen US-Dollar angewachsen war, für ausgreifende Infrastrukturmassnahmen (Projekt Neue Seidenstrasse), um seinen Unternehmen zuverlässigen Zugriff auf Rohstoffe und Absatzmärkte zu sichern – in Asien, Europa, Afrika und Südamerika. Damit hat das Land auch seinen politischen Einfluss weltweit massiv gesteigert.

Die ehemals sozialistische Volksrepublik hat also erreicht, was die Vereinigten Staaten den entkolonialisierten Ländern der Dritten Welt nach 1945 so generös versprochen hatten: sich zu entwickeln, selbst reich und mächtig zu werden, auf Augenhöhe zu den etablierten Nutzniessern dieser Welt aufzuschliessen.

Und eben das halten vor allem die USA nicht aus – denn das hatten sie weder vorhergesehen noch gewollt, als sie Chinas Öffnungspolitik 1978 so freudig begrüssten. Das zeigt rückwärts noch einmal, wie die damals kursierende Vorstellung von den «Entwicklungsländern» nicht gemeint war: Das einzige Land, das «es geschafft hat» und jetzt sogar zum Mond fliegt, wird jedenfalls nicht gerade mit Beifall begrüsst und gilt auch nicht als Modell für andere. Das macht gleichzeitig unmissverständlich deutlich, welchen Anspruch die USA an «ihre» Welt haben: Sie verlangen, dass der Nutzen aus der Weltordnung nach 1945 zuallererst und eindeutig *ihnen* zufällt.

Die «regelbasierte Weltordnung»

Nachdem Deutschland mit zwei Versuchen gescheitert war, sich wesentliche Teile der Welt territorial unterzuordnen, hatten die siegreichen USA nach dem Zweiten Weltkrieg ein neues Prinzip eingeführt: Globale Freiheit für Handel und Kapitalverkehr in einer Welt konkurrierender souveräner Staaten – eine Ordnung, deren Spielregeln ihnen als *modernster* und *produktivster* kapitalistischer Macht nach allen Gesetzen der Konkurrenz den ökonomischen Nutzen garantieren sollte.

Das richtete sich – nachdem die Konkurrenten Deutschland und Japan mit ihren Eroberungsplänen fürs Erste erledigt waren – einerseits gegen den kolonialen Exklusivbesitz ihrer westlichen Alliierten, Grossbritannien und Frankreich. Und andererseits vor allem gegen den sozialistischen Staatenblock, der die westlichen Unternehmen einfach aussperrte und auf seine Art wirtschaftete. Gegen dessen Führungsmacht haben die USA mit ihren Alliierten am Atlantik und Pazifik den Kalten Krieg auf die Tagesordnung gesetzt – mit «heissen» Stellvertreterkriegen (in Korea, Vietnam und so weiter).

Diese Auseinandersetzung haben die USA 1990 dank ihrer überlegenen Aufrüstung gewonnen: Ihre kapitalistische Ökonomie konnte die Kosten des «Wett»- beziehungsweise «Totrüstens» besser verkraften als die Planwirtschaft. Die Sowjetunion hat in der Folge abgedankt und die Freiheit des Geschäftemachens gilt seither wirklich «global». Die USA sind seitdem die unbestrittene und alleinige Weltmacht.

Allerdings gibt es innerhalb der schönen, «postsowjetischen» Weltordnung inzwischen einige Problemfälle. Die deutsch dominierte EU ist zu einem potenten Konkurrenten aufgestiegen; Russland hat sich im Innern rekonstituiert und bringt sich seit dem Syrien-Krieg auch weltpolitisch wieder in Erscheinung.

Vor allem aber macht China den USA den Nutzen aus «ihrem» Weltgeschäft mehr und mehr streitig und ist zudem politisch souverän genug, um sich nicht unterordnen zu müssen. So hat sich für die USA ein Widerspruch ganz besonderer Art herausgebildet: Sie brauchen China für das Wachstum ihrer Unternehmen – und sie leiden gleichzeitig an dieser Abhängigkeit und den Konsequenzen, die das für ihren Standort hat. Sie brauchen Chinas Weltmarkterfolge und den chinesischen Staat, der mit den erwirtschafteten Devisen die amerikanischen Staatsschulden kauft, mit denen sie die Kriege der letzten Jahre finanziert haben – und finden genau das zugleich unerträglich. Sie profitieren sogar von den Aufbauleistungen, die China den ärmeren (und vom Westen nach 1990 mit Desinteresse behandelten) Ländern in Asien, Afrika und Südamerika zukommen lässt (unter anderem mit seinen Impfstoffen) – und wollen genau das nicht haben, weil es ihre unangefochtene Stellung als Weltmacht untergräbt.

Die Waffen der Konkurrenz …

Deshalb versuchen die USA, sich mit allen ihnen zur Verfügung stehenden Mitteln aus dieser Zwickmühle zu befreien. Schon vor Trump gab es diverse Anläufe der US-Präsidenten mit diesem Ziel: bei den Beitrittsverhandlungen Chinas zur WTO und danach mit einer Reihe von Dumpingklagen innerhalb derselben; indem die USA im Zuge der Finanzkrise ein verstärktes Gewicht Chinas im IWF blockiert haben; mit der Konstruktion diverser Freihandelsabkommen, die sich gegen China richteten (TPP und TTIP).

Dass einige aussenpolitische US-Aktivitäten Staaten aufs Korn genommen und schwer geschädigt haben, die gute Handelsbeziehungen zu China unterhielten (Iran, Sudan, Libyen), ist sicher auch kein Zufall, sondern zumindest gewollter Kollateralschaden. Donald Trump hat die Palette der US-Bemühungen dann erweitert: massive Schutzzölle; ein Gesetz, das chinesische Firmenkäufe in den USA unter Aufsicht stellt; Nötigung amerikanischer Unternehmen, ihre Investitionen in die US-Heimat (zurück) zu verlagern; eine Neuauflage der Cocom-Liste, die im Kalten Krieg den Export militärisch nutzbarer Technologie verhindert hatte. Trump hat eine Strategie des «Decoupling» ausarbeiten lassen, um notfalls alle ökonomischen Beziehungen zum chinesischen Feindstaat zu unterbrechen. Und er hat begonnen, den Technologiekonzern Huawei zu bekämpfen – das modernste chinesische Kapital, das sich angeschickt hatte, viele westliche Staaten mit seiner 5G-Technik auszurüsten, die für viele künftige Schritte bei der Digitalisierung von Produktion, Transport und Kommunikation gebraucht wird und als Schlüsselindustrie wie Herrschaftsinstrument in der künftigen Konkurrenz der Unternehmen wie Nationen deshalb unverzichtbar ist.

Joe Biden machte von Anfang an deutlich, dass er die China-Politik seines Vorgängers konsequent weiterverfolgt. Das Motto seiner China-Politik heisst «extremer Wettbewerb» und startete mit einer Verordnung, derzufolge US-Regierungsbehörden nur im eigenen Land erstellte Waren und

Dienstleistungen kaufen dürfen (es handelt sich um etwa 600 Milliarden Dollar). Der zulässige Anteil im Ausland hergestellter Bauteile wird gesenkt, Ausnahmegenehmigungen werden erschwert. Neue Sanktionen sollen die Entwicklung der chinesischen Halbleiterindustrie verhindern – dafür wird US-Firmen «und solchen, die US-Technik verwenden» jegliche Zusammenarbeit mit Chinas Chip- und Speicherherstellern untersagt und US-Amerikaner:innen mit Entzug ihrer Staatsangehörigkeit gedroht, wenn sie in chinesische Dienste treten (Mantel 2022).

Bemerkenswert an diesen Kämpfen der Weltmacht: Sie offenbaren, dass den USA ihr bisheriges Konkurrenzmittel abhandenkommt. Bisher waren sie die Macht, die auf Freiheit im Welthandel und dem Abbau aller (Zoll-) Schranken beharrt hat – weil sie als kapitalistisch produktivste Ökonomie auf diese Art und Weise überall in der Welt Geschäfte machen oder finanzieren konnten, damit also sicher den meisten Profit erzielten. Bisher waren sie die Macht, die allen anderen Staaten modernste Technik verkaufen konnte – nun nötigen oder bestechen sie andere Nationen wie eigene Unternehmen, nicht bei China zu kaufen.

Die Vereinigten Staaten sind dabei durchaus in der Lage, einiges für diese Politik in die Waagschale zu werfen: Die Drohung mit ökonomischen Nachteilen ist für jedes Land dieser Welt eine heikle Frage angesichts dessen, was seine Kapitale und Banken in den USA erwirtschaften beziehungsweise angesichts dessen, was ein eventueller Ausschluss vom internationalen Finanzmarkt bedeuten kann, auch wenn man gar nicht unmittelbar mit oder in den USA handelt.

Mit dieser Politik untergraben die amerikanischen Politiker:innen allerdings die Prinzipien der Weltordnung, die sie selbst nach dem Zweiten Weltkrieg eingerichtet haben: Souveräne Staaten, die in freier kapitalistischer Konkurrenz nach ihrem Vorteil streben. Für dieses Prinzip steht seit seinem Auftritt beim Weltwirtschaftsforum in Davos 2017 inzwischen der chinesische Präsident Xi Jingping ein – ein deutlicher Ausdruck dessen, welche Nation im Augenblick den Nutzen aus dieser von den USA geschaffenen Weltordnung zieht.

… und die Konkurrenz der Waffen

Insofern steht aus US-Sicht ein Übergang zu härteren Bandagen an. Ein Bestandteil US-amerikanischer Aussenpolitik besteht zurzeit im Schmieden antichinesischer Bündnisse. Bei der Münchner Sicherheitskonferenz 2020 hat der amerikanische Verteidigungsminister Mark Esper die europäischen

Länder zu einer klaren antichinesischen Allianz gedrängt. Der laufende Ukraine-Krieg sorgt auch in diesem Fall für Fortschritte: Im Sommer 2022 wurde China beim Nato-Gipfel zum «strategischen Gegner» ernannt. Mit dem Militärbündnis Quad haben die USA eine Allianz der Staaten Australien, Japan und Indien ins Leben gerufen.

Gleichzeitig wird Russland, mit dem China in den letzten Jahren eine militärische Kooperation eingegangen war, durch die US-Strategie eines Stellvertreterkriegs in der Ukraine geschwächt.

Die Unterstützung separatistischer Bewegungen ist schon immer ein probates Mittel gegen lästige konkurrierende Staaten gewesen. Allgemein gesprochen, handelt es sich bei separatistischen Bewegungen um die politische Deutung der unbefriedigenden Lebensverhältnisse als Resultat einer «falschen», weil nicht dem eigenen Volk, der jeweiligen Ethnie «entsprechenden Herrschaft» – eine Deutung also, in der die soziale Frage ethnisiert, in einigen Fällen auch religiös überhöht wird. Diese Art von Kritik ist in der modernen Welt der «Nationalstaaten», in denen fast überall nationale/ethnische Minderheiten existieren, weit verbreitet; sie stellt eine Form von staatlichem Idealismus dar, weil darauf gesetzt wird, dass eine «eigene» (souveräne) Herrschaft gleichzusetzen sei mit einer Verbesserung der Lebensverhältnisse. Das hat sich zwar bereits in unzähligen Fällen als Illusion herausgestellt (genannt seien nur die afrikanischen Nationalstaaten nach ihrer Entkolonialisierung oder die ehemaligen Sowjetrepubliken), ändert allerdings nichts daran, dass die – angesichts von Kapitalismus und Staatenkonkurrenz geradezu notwendig aufkommende – Unzufriedenheit mit den Lebensverhältnissen immer wieder diese Form annimmt. Daran setzen staatliche Konkurrenten berechnend an – auch das ist nichts Neues (man denke etwa an den von der EU und insbesondere Deutschland geförderten «Zerfallsprozess» in Jugoslawien). Sie treffen damit ihren Gegner an einem «empfindlichen Punkt» – der staatlichen Hoheit – und verwickeln ihn in unproduktive Auseinandersetzungen bis hin zu Bürgerkriegen.

In Chinas westlicher Provinz Xinjiang spricht Einiges dafür, dass die USA zurzeit den islamistischen Teil der muslimischen Uigur:innen unterstützen.[2] Hier tritt der Separatismus in dschihadistischer Form auf: Juli 2009 Pogrom in Urumqui gegen Han-Chines:innen mit 134 Toten (viele von ihnen brutal erschlagen); 2013 Selbstmordattentat auf dem Tiananmen-Platz in Beijing mit einem SUV (drei Tote); 2014 Massaker am Bahnhof von Kunming, bei dem acht Attentäter 31 Passant:innen umbringen; Überfall auf ein Regierungs- und Polizeigebäude in Kashgar, bei dem 37 Zivilist:innen sterben; Überfall auf eine Kohlemine in Aksu mit fünfzig toten hanchinesischen

Arbeitern (Kronauer 2022, 111 f.). Am 6. November 2020 entfernten die USA ETIM, die Organisation der uigurischen Dschihadist:innen, aus ihrer «Terrorliste», auf die sie sie 2001 im Rahmen ihres «Kriegs gegen den Terrorismus» gesetzt hatten; «gegen die Volksrepublik gerichteter Dschihadismus ist laut Auffassung Washingtons seitdem wieder legal» (Kronauer 2022, 113).[3]

China gibt nicht nach

Die Führung der Volksrepublik nimmt die Kampfansage der USA zur Kenntnis und hält mit ihren Mitteln dagegen. Sie setzt dabei auf das Gesetz der Konkurrenz und versucht, grössere Wachstumspotenzen zu mobilisieren; insofern sind zurzeit tatsächlich «Frieden und Entwicklung» (so nennt die chinesische Regierung ihre Ziele in ihren «Weissbüchern» zur Sicherheitspolitik) für sie die Erfolgsmittel auf dem Weg zur erneuten Weltmachtstellung: Die USA sollen es wie eine Art Naturereignis hinnehmen, dass die chinesische Wirtschaft immer mehr wächst und der chinesische Staat immer mächtiger wird.

Zu diesem Programm gehört auch eine nachholende Aufrüstung.[4] Vor allem will die chinesische Führung Sicherheit für ihre Import- und Exportrouten als ihr entscheidendes ökonomisches Mittel. Die will sie nicht durch eventuelle Boykottmassnahmen der USA stören lassen, wie sie aus vielen Fällen der jüngeren Geschichte bekannt sind und wie Chinas Strateg:innen sie angesichts der zunehmenden Konkurrenz der beiden Mächte vorhersehen. Der Ausbau kontinentaler Verbindungswege im Zuge der Neuen Seidenstrasse ist ein Teil des chinesischen Umgangs mit diesem Problem (Dillmann 2019). Der andere liegt in der Aufrüstung der Marine und dem Versuch, mit einer vorgelagerten Stützpunktpolitik zumindest einige Verteidigungslinien in relativer Nähe zu ziehen, gegen die US-Stützpunkte in Japan (hier sind 54 000 US-Soldat:innen stationiert – mehr als in jedem anderen Land, über die Hälfte davon in Okinawa, auf halber Strecke zu Taiwan), den Philippinen und Guam (eins von weltweit siebzehn Territorien, die die UN als «Hoheitsgebiete ohne Selbstregierung» listet und das die USA seit dem zweiten Weltkrieg als «Aussengebiet» für ihre Truppen nutzen, Kronauer 2022, 155 f.). Das ist der Kern des vor etwa zehn Jahren neu eröffneten «Inselstreits», bei dem China einige völkerrechtlich umstrittene Inseln in Besitz genommen und militärisch ausgerüstet hat.

Die Volksrepublik war und ist nicht gewillt, im Konflikt um die Inseln einzulenken – auch nicht um den Preis der angedrohten Verschlechterung der Beziehungen und einer eventuellen militärischen Konfrontation mit der

Weltmacht USA, die in diesem Fall sehr prinzipiell agiert und das Recht der «Freiheit der Meere» geltend macht.

Die chinesische Führung machte zwar gewisse diplomatische Angebote, indem sie den militärischen Charakter des Inselausbaus kleinredete und umweltpolitische Zielsetzungen betonte, um die Situation von sich aus nicht zu verschärfen. In der Sache aber bleibt sie hart. China lässt sich keine Eindämmung von Ansprüchen bezüglich dieser Inseln bieten – nicht von seinen Nachbarn und auch nicht von der existierenden Weltmacht. Auch die Volksrepublik agiert in diesem Streitfall sehr prinzipiell. Sie exerziert daran exemplarisch ihr ungehindertes Recht auf ihren weiteren weltpolitischen Aufstieg und dessen militärische Absicherung und will dieses Vorgehen international anerkannt bekommen.

Das gilt umso mehr für den Fall Taiwan, das die Volksrepublik als «abtrünnige Provinz» betrachtet – ein Standpunkt, der ihr im «Ein-China-Prinzip» durch die USA auch vertraglich anerkannt wurde. Allerdings war das in Zeiten, in denen Washington China noch aus dem «sozialistischen Block» loseisen wollte. Heute ist das diplomatische Spiel mit einem «souveränen Taiwan» und dessen militärische Aufrüstung als «unsinkbarer Flugzeugträger» vor Chinas Küste für die US-Strateg:innen viel zu verlockend, um sich um die völkerrechtlichen Zusagen von gestern zu kümmern – so wird «die Welt» um einen weiteren «Brennpunkt» bereichert (Dillmann 2022).

Die Perspektive heisst Krieg

Gegen alles Geschwätz von «Chimerica» und einem globalisierten Welthandel «zum Nutzen aller» wird an der Auseinandersetzung zwischen den USA und China ein weiteres Mal deutlich, dass die Konkurrenz um den Nutzen aus dem kapitalistischen Welthandel ihrer Natur nach ausschliessend und deshalb in der letzten Instanz feindlich, ja kriegsträchtig ist. Der neue «kalte» und vielleicht demnächst auch «heisse» Krieg ist für die USA als Weltmacht, die ihre einzigartige Stellung durch den Aufstieg Chinas essenziell bedroht sieht, die unvermeidliche Konsequenz – über alle Parteigrenzen hinweg.

Anmerkungen

1 Bemerkenswert: All diese ökonomischen Vorteile aus dem Chinahandel werden inzwischen – unter den Vorzeichen der kommenden harten Auseinandersetzung – als «Abhängigkeiten» wahrgenommen und angeprangert.

2 «Der Sprecher des chinesischen Aussenministeriums, Hua Chunying, hat am Samstagnachmittag in einer Pressekonferenz ein Video des ehemaligen Stabschefs des ehemaligen Aussenministers, Colin Powell, vorgeführt, der im August 2018 am Ron Paul Institute sprach. In dem Video erörterte Powell drei Zwecke der US-Präsenz in Afghanistan [...] und fügte hinzu, dass einer von ihnen China enthielt. Der dritte Grund, warum wir dort [in Afghanistan] waren, ist, weil es 20 Millionen Uiguren [in Xinjiang] gibt. Die CIA würde China destabilisieren wollen, und das wäre der beste Weg, um Unruhen zu schüren und sich mit diesen Uiguren zusammenzutun, um die Han-Chinesen in Peking eher von innen als von aussen zu bedrängen.» www.afghanistantimes.af/u-s-blamed-for-destabilizing-china/ (Abfrage 13.3.2023)

3 Näheres zum Separatismus in Hongkong in: Dillmann 2021, LXIVf.

4 Zum Kräfteverhältnis: Alleine im Jahr 2020 haben die USA nach Informationen von SIPRI mit 778 Milliarden US-Dollar etwa 39 Prozent der weltweiten Rüstungskosten ausgegeben, China kommt auf 252 Milliarden und damit 13 Prozent.

Literatur

Dillmann, Renate, 2019: Schwer zu stoppen. In: der Freitag, 11.6. (online verfügbar)

Dillmann, Renate, 2021: China – ein Lehrstück über alten und neuen Imperialismus, einen sozialistischen Gegenentwurf und seine Fehler, die Geburt einer kapitalistischen Gesellschaft und den Aufstieg einer neuen Grossmacht. Hamburg

Dillmann, Renate, 2022: Zankapfel Taiwan – Die USA schüren den nächsten Konflikt mit Weltkriegspotential. overton magazin (online verfügbar)

Geipel-Kern, Anke, 2020: Diese Chancen bietet die chinesische Pharmaindustrie deutschen Zulieferern. www.process.vogel.de

Kronauer, Jörg, 2022: Der Aufmarsch. Köln

Mantel, Mark, 2022: Neue US-Sanktionen haben das Potenzial, Chinas Halbleiterbranche abzuschlachten. Heise-online, 15.10. (online verfügbar)

EUROPA-MAGAZIN

EU-kritisch, ökologisch, sozial

Luternauweg 8, 3006 Bern

fax: 031 731 29 13

forum@europa-magazin.ch

http://www.europa-magazin.ch

Dieter Klein

Rückkehr zu Gemeinsamer Sicherheit – trotz alledem!

Jahrzehnte hindurch war im Kalten Krieg die Gefahr eines grossen Nuklearkrieges gewachsen. Präsident Reagan hatte in seiner ersten Amtsperiode den «Krieg gegen das Reich des Bösen» ausgerufen. Der Einmarsch sowjetischer Truppen in Afghanistan 1979 bot ihm willkommenen Anlass. Mit seiner Star-Wars-Rede vom 23. März 1983 startete er die Strategische Verteidigungsinitiative SDI (Strategic Defense Initiative). SDI sollte in Kombination mit weltraumgestützten Offensivwaffen zum Abwehrschirm gegen sowjetische Interkontinentalraketen werden. Aber die Verwirklichung des SDI-Programms hätte die wechselseitig gesicherte Zweitschlagfähigkeit und damit das seit Jahrzehnten existierende Gleichgewicht des Schreckens aufgehoben. Die Sowjetunion wäre in die Versuchung geraten, durch einen eigenen atomaren Erstschlag der Einsatzfähigkeit von SDI zuvorzukommen. Abschreckung galt beiden Seiten als die Doktrin letzter Instanz zur Verhinderung eines grossen Krieges. Aber sie selbst drohte zugleich, in ihn hineinzuführen.

Mitten in dieser dramatischen Gefahrenlage fanden verantwortungsvolle Politiker und Wissenschaftler die Kraft, gegen die vorherrschenden bellizistischen Anschauungen und Praxen ein «Neues Denken» hervorzubringen und ihm realen Einfluss in der internationalen Politik zu verleihen. In der zweiten Hälfte der 1980er- und in den 1990er-Jahren kam es zu wichtigen Rüstungskontroll- und Abrüstungsverträgen. Die Strategie der Abschreckung blieb weiter bedrohlich. Aber als einzig mögliche Alternative zum Denken in Kategorien der Hochrüstung, Kriegsdrohung und Kriegsführung trat daneben das Konzept Gemeinsamer Sicherheit.

Es besteht eine grosse Kluft zwischen der damaligen verantwortungsvollen Vernunft und der gegenwärtigen Unsicherheitspolitik nach dem Muster «Sieg auf dem Schlachtfeld und keine Widerworte!» Denn genau dies ist das vorherrschende Credo auf beiden Seiten des Krieges in der Ukraine. Die Strategie der Abschreckung erfährt neuerliche Aufwertung. Putin droht mit dem Einsatz von Nuklearwaffen und lässt das atomare Potenzial Russlands modernisieren. In den USA ist nukleare Modernisierung schon längst im Gange.

Uns wird erklärt, die Pazifizierung Russlands durch West-Ost-Kooperation – als ein Grundelement Gemeinsamer Sicherheit – habe versagt, so dass «wir auf die sehr viel teureren militärischen Lösungen zurückgreifen müssen – entweder auf die Abschreckung oder gar, wie gegenwärtig, auf einen heissen Krieg» (Münkler 2022, 69). Weil das kooperative Konzept Gemeinsame Sicherheit nicht aufgegangen sei, bliebe eben nur die – nicht zuletzt atomare – Abschreckung.

Aber diese Logik beruht auf einem entscheidenden Fehler: Die letzten Jahrzehnte waren keineswegs allein durch Kooperation und Partnerschaft gekennzeichnet, die nun versagt hätten, sondern immer hielten beide Seiten unverkennbar zugleich an der Doktrin der Abschreckung fest. Versagt haben zumindest beide Strategien. Keine hat den Frieden dauerhaft gesichert, und der Krieg ist kaum aus der Kooperation, er ist viel eher aus Konfrontation und Militarisierung erwachsen.

Putin will den Abstieg Russlands aus dem Club der imperialen Grossmächte, anknüpfend an die einstige Grösse des Zarenreichs, korrigieren. Die USA unterstützen die Ukraine militärisch in der Grössenordnung von heute (2022) rund zwei Dritteln des russischen Militäretats, weil ihr Ziel ist, Russland für alle absehbare Zeit als geostrategische Macht auszuschalten.

Heute lauten die Stichworte in der ideologischen Kriegsführung: Mehr Feindbilder, mehr Rüstung, mehr Waffenlieferungen, mehr diplomatische Abstinenz, mehr Verdächtigung aller, die zur Mässigung aufrufen. Befürworter*innen von Verhandlungen mit der russischen Führung und von Zurückhaltung bei Waffenlieferungen an die Ukraine werden als «Putin-Versteher», «Naivlinge» und «Lumpenpazifisten» verunglimpft und bedroht. Dagegen wird hier im Sinne eines sicherheitspolitischen Humanismus an die Strukturelemente des Konzepts Gemeinsame Sicherheit erinnert als einziger Alternative zu imperialen Machtkämpfen, Rüstungswettlauf und auch zum Krieg gegen die Ukraine.

Erstens: Gemeinsame Sicherheit als Antwort auf gemeinsame Bedrohung

Gemeinsame Sicherheit ist die Antwort auf die gemeinsame Bedrohung aller Völker und Staaten durch die Möglichkeit eines Atomkrieges und durch andere globale Gefahren, auch die Bedrohung durch die Klimakrise, die wachsende Kluft zwischen Arm und Reich, den Staatenzerfall und Bürger- wie Stellvertreterkriege, Pandemien und die Erosion der Demokratie im Gefolge von Autokratie und Rechtsextremismus (Müller/Brandt/Braun 2022, 148–153).

Zweitens: Gegner von heute – Partner von morgen

Aus der Unvermeidbarkeit gemeinsamer Anstrengungen zur Bewältigung der globalen Probleme folgt logisch als ein zentrales Strukturelement Gemeinsamer Sicherheit: «Die Gegner von heute sind die Partner von morgen» (Bahr 1986, 17) und «Sicherheit ist nicht mehr gegen- sondern nur noch miteinander zu haben» (Lutz 1986, 32).

Kann das noch gelten mitten im Krieg Russlands gegen die Ukraine, angesichts von Tod, Kriegsverbrechen und Zerstörung von alltäglichen Lebensbedingungen der Zivilbevölkerung? Eine ähnliche Frage wurde schon in den 1980er-Jahren am Hamburger Institut für Friedensforschung und Sicherheitspolitik aufgeworfen. Die Jahre unter Stalins Terror waren nicht vergessen, nicht die sowjetischen Panzer in Berlin 1953, in Prag 1968, in Ungarn 1986: «Wie soll – salopp formuliert – das selbst ernannte ‹Reich des Lichts› mit dem ‹Satan› eine Politik gemeinsamer Sicherheit treiben? Mit Luzifer paktiert man nicht, man sorgt für seinen Höllensturz.» (Müller 1986, 167) Heute wie damals ist genau so die Haltung der harten Fraktion in den Machteliten zu charakterisieren. Russlands Aggressionspolitik und Putins Irrationalität schliesse alles andere als massiven Einsatz von Waffen gegen ihn aus.

Die gegenwärtige Situation unterscheidet sich gravierend von den sicherheitspolitischen Bedingungen der 1980er-Jahre. Damals unterlegte Gorbatschow seine Vision von einem Gemeinsamen Haus Europa sogar mit einseitigen nuklearen Abrüstungsschritten. Heute ist Krieg mitten in Europa. Jedoch, Egon Bahr hatte seinerzeit scharfsinnig argumentiert, dass selbst das Gegenteil Gemeinsamer Sicherheit, atomare Abschreckung, auf der Annahme beruht, der Gegner werde in letzter Instanz rational handeln: «Abschreckung besagt nämlich: der Gegner, so böse er auch immer sein mag, ist vernünftig. Er lässt sich abschrecken.» (Bahr 1986, 18) Selbst noch in der Abschreckungsstrategie steckt, der Gegenseite ein gewisses Mass an Rationalität zuzubilligen. Sonst hätte sie keinen Sinn.

Wenn nun aber ein noch lange andauernder Krieg Putins Herrschaft voraussehbar ökonomisch destabilisieren wird, wenn Putin einen Atomwaffeneinsatz schliesslich doch scheuen würde, um einer noch mehr ausgeweiteten internationalen Isolierung zu entgehen, wenn der russischen Führung die von ihr geforderten und ihr seit Jahrzehnten verweigerten Sicherheitsgarantien gegeben würden, wenn in Verhandlungen um des Weltfriedens willen der russischen Seite einige Kompromisse, beispielsweise zur Krim, angeboten würden? Auch dann bliebe immer noch die Unsicherheit über das Mass von Rationalität beim Gegner eine Schwachstelle – sowohl der Gemeinsamen Sicherheit wie auch der Abschreckung. Aber diese Ungewissheit lässt eben auch offen, dass doch Momente der Rationalität auf russischer Seite mobilisiert werden könnten.

Allerdings kann die Idee Gemeinsamer Sicherheit heute weniger denn je kurzfristig in Politik umgesetzt werden. Vielmehr gilt:

Drittens: Gemeinsame Sicherheit ist als Prozess zu verstehen

Auch die neue Ost- und Entspannungspolitik Willy Brandts begann mit kleinen Schritten, etwa mit bescheidenen Passierscheinabkommen über Weihnachtsbesuche von Westberlinerinnen und Westberlinern auf der anderen Seite der Mauer. In dem programmatischen Band *Gemeinsame Sicherheit. Idee und Konzept* heisst es, «das ausgesprochen Teuflische» eines Systems der Selbsteskalation von Rüstung und Kriegsgefahren führe dringlich zu der Frage: «Wie entrinnt man einer solchen ausweglosen Lage? Die Antwort ist (wenn gefunden) trivial: indem man *zumindest* alles unterlässt, was das System aufrechterhält.» (Bahr/Lutz 1986, 168) Es gehe um «Anfangsimpulse» für eine «Umkehr der Verlaufstendenz» in dem System wechselseitiger Bedrohung und Aufrüstung. Das sei gegenwärtiger Politik ins Stammbuch geschrieben:

- Vor offiziellen Verhandlungen könnten in informellen Gesprächen das Feld sondiert und Chancen ausgelotet werden. Ein «dünnes Vertrauen» (Nicole Deitelhoff) könnte aufgebaut werden.
- Zum Beginn solcher Umkehr gehört der Abbau von Feindbildern.
- Zumindest müsste es dabei bleiben, keine schweren Offensivwaffen an die Ukraine zu liefern.
- Zu unterlassen ist das systematische Kappen aller Gesprächsfäden mit der russischen Seite; notwendig ist das Gegenteil.
- «Minderung eigener Bedrohlichkeit» gehörte zu den Prämissen Gemeinsamer Sicherheit in den 1980er-Jahren. Heute fordern die vier prominentesten deutschen Friedensforschungsinstitute: «Die Nato sollte klar Position für eine öffentliche Ächtung des Ersteinsatzes (von Atomwaffen) beziehen, unterstützt durch deutsche Politik.» (BICC u. a. 2022, 104)

Viertens: «Die ideologischen Unterschiede müssen der Sicherheit untergeordnet werden»

Den Gegner im Konfliktfall nicht als Feind, sondern als Sicherheitspartner zu betrachten, erfordert, Sicherheit den Vorrang gegenüber ideologischen Gegensätzen zu geben. Damals, zu Zeiten der Blockkonfrontation zwischen kapitalistischem und staatssozialistischem System, bedeutete dies, dass ideologische Gegensätze in der Bewertung der verschiedenen Gesellschaftssysteme nicht dazu führen dürften, die innere Verfasstheit der Ordnung eines Landes von aussen verändern zu wollen. Dieses Prinzip ist völkerrechtlich in der Charta der Vereinten Nationen verankert.

Es wurde von der russischen Führung zu Beginn des Angriffs gegen die Ukraine mit dem Versuch missachtet, durch eine militärische Aktion in Kiew die Regierung zu stürzen. Der Präsident des Kölner Instituts für Weltwirtschaft, Gabriel Felbermayer, brachte noch vor diesem Völkerrechtsbruch durch Russland die eigenen Vorstellungen zum Ausdruck: «Die Ziele, die wir gegenüber Russland haben, sind ja sehr grosse. Wir wollen nicht weniger als einen Regimewechsel in Russland.» (deutschlandfunk, 2021) In Taiwan und Hongkong erfahren die Kräfte, die für einen Regimewechsel in der Volksrepublik China wirken, kräftige Unterstützung durch die USA und andere westliche Länder.

Unübersehbar ist die Liste geheimdienstlicher Unterstützung von Militärputschen und konterrevolutionären Umstürzen, militärischer Eingriffe in Bürgerkriege und direkter Kriege der USA im Rahmen ihrer unilateralen «globalen Ordnungspolitik» (Greiner 2021).

Fünftens: Anerkennung von Friedens- und Reformfähigkeit aller Beteiligten

Ohne wechselseitige Anerkennung der Reform- und Friedensfähigkeit aller beteiligten Seiten sind keine gemeinsamen Lösungen der globalen Menschheitsprobleme, etwa die Verwirklichung der von der UN-Vollversammlung im Jahr 2000 deklarierten Global Goals, zu erwarten. Überall sind tiefgreifende Reformen erforderlich, um Aufgaben von nie gekannter Grösse zu bewältigen. Die Verträge zur Rüstungskontrolle und Abrüstung in den letzten Dekaden des vergangenen Jahrhunderts kamen nur deshalb zustande, weil die beteiligten Seiten die Fähigkeit der Gegenseite zu progressiven inneren Veränderungen als die Bedingung für die Verwirklichung der Verträge voraussetzten.

Aber ist es nicht eine Illusion, angesichts des von der Regierung Putin begonnenen leidvollen Krieges in der Ukraine und des innenpolitischen Unterdrückungsregimes noch auf Reform- und Friedensfähigkeit Russlands zu setzen? Die Hoffnung darauf ist schwach. Doch ist zu bedenken: Putin hat ein Aufrollen der Ukraine durch erzwungenen Regimewechsel in Kiew schnell aufgegeben und seine Truppen sogar aus Cherson zurückgezogen. Als die Lage der im Asow-Stahlwerk verschanzten Truppen aussichtslos wurde, ergaben sie sich. Als 5000 russischen Soldaten bei Isjum drohte, eingekesselt zu werden, wurden sie zurückgezogen. In dem von russischen Truppen besetzten Atomkraftwerk Saporischschja wurde eine Inspektion der Internationalen Atomenergiebehörde zugelassen. Als internationale Forderungen nach Freigabe von Weizenexporten aus der Ukraine zu stark wurden, kamen ein von Minen geräumter Seekorridor und die Verschiffung von Getreide zustande. Diese Erfahrungen können mit grosser Vorsicht als Indizien für ein Minimum an rationaler Beweglichkeit auf russischer Seite gedeutet werden.

Das Friedensgutachten 2022 der vier grossen deutschen Friedensforschungsinstitute hat den bemerkenswerten Titel *Friedensfähigkeit in Kriegszeiten.* Dort wird verlangt, «friedensfähig in Kriegszeiten zu sein. Nur so wird es gelingen, eine neue Friedensordnung in Europa zu schaffen.» (BICC u.a., 10) Und: «Friedensfähig ist nur, wer über die Kriegslogiken hinausdenkt und diplomatische Optionen entwickelt, Gewaltkonflikte versucht einzufrieren, um sie mittel- und langfristig zu lösen.» (ebd., 12) Diese Überlegung wird vorwiegend an westliche Akteure adressiert. Aber dann klingt doch an, dass eine gewisse Rationalität auch auf russischer Seite zu erreichen sei: «Gleichzeitig muss der Nutzen einer politischen Einigung auch für Russland so deutlich gemacht werden, dass Putin bereit ist zu verhandeln. Das heisst, auch Russland muss etwas angeboten werden, damit es sich auf Verhandlungen über ein Kriegsende einlässt. Der Westen sollte daher nicht allein auf eine militärische Lösung setzen, denn nur ein Verhandlungsfrieden (und nicht ein Siegfrieden) hat Aussicht, einigermassen dauerhaft zu sein.» (ebd., 32) Ob Annalena Baerbock davon schon einmal gehört hat?

Sechstens: Kooperation – ein universelles Prinzip Gemeinsamer Sicherheit

Wenn Frieden nicht gegeneinander, sondern nur noch miteinander erreichbar ist, wird Kooperation zum Gebot internationaler Beziehungen.

Als kooperative Elemente in der Sicherheitspolitik wurden im Diskurs über Gemeinsame Sicherheit unter anderem genannt und lange Zeit auch praktiziert: Information der Gegenseite über das eigene Militärpotenzial und seine Veränderungen, Beobachtung von Manövern durch Militärs der

Gegenseite und insgesamt kooperative Konfliktbearbeitung. Angesichts der Beteiligung von Al Kaida, Islamischem Staat (IS) und verbündeter dschihadistischer Gruppen im Jahr 2020 an 28 von 54 innerstaatlichen militärischen Konflikten fordern die vier Friedensforschungsinstitute: «Die Bundesregierung sollte sich für einen Dialog mit Dschihadist:innen einsetzen, um Gewalt zu beenden.» (BICC u.a. 2022, 46) Wenn dies für das Verhältnis zu internationalen Terrororganisationen gelten soll, sind die Forderung nach aktiver deutscher Dialogpolitik und die Suche nach Kooperationsansätzen wohl auch im Verhältnis zu Russland gerechtfertigt.

Aber die Hardliner im Westen schreiben Kooperation mit Russland auf Jahrzehnte ab. Der Ausschluss des riesigen russischen Wirtschaftsraums aus den globalen Wirtschaftsbeziehungen ist keine Perspektive für Sicherheit in Europa und in der Welt. Sanktionen gegen China sind erst recht eine gefährliche Missachtung des Kooperationsprinzips. Ein solcher Ausschlussversuch, gerichtet gegen Russland als grösstes Flächenland der Welt – auf dem zweiten Rang Erdöl produzierender Länder (2021) und in der Erzeugung von Aluminium beispielsweise, unter anderem mit besonders günstigen natürlichen Bedingungen für die Produktion von grünem Wasserstoff – würde den Kampf um geostrategische Macht noch verschärfen und zu neuen Bündnissen und Gegenbündnissen herausfordern. Russlands Neigung zur Kompensation wirtschaftlicher Schwäche durch militärische Macht könnte noch verstärkt werden.

Siebtens: Gemeinsame Sicherheit als Politik der Rüstungskontrolle und Abrüstung

Die Begründer des Konzepts Gemeinsamer Sicherheit verstanden diese perspektivisch als Überwindung der Abschreckung durch Abrüstung. Realistisch gingen sie von einer Übergangszeit des Nebeneinander beider Doktrinen bis zur Dominanz von Abrüstung als Voraussetzung für eine Neue Europäische Sicherheitsordnung aus. Heute ist angesichts der russischen Aggressivität Abschreckung weiter unverzichtbar. Aber selbst die Abschreckung sollte auf eine «vernünftige Hinlänglichkeit» reduziert werden.

Auswege aus dem Krieg in der Ukraine sollten daher in der Verbindung von Bemühungen um Waffenstillstand und Friedensverhandlungen mit der Wiederaufnahme von Rüstungskontroll- und Abrüstungsverhandlungen zwischen den USA und Russland und darüber hinaus gesucht werden. Im Friedensgutachten 2022 werden als mögliche Mindestschritte der Bundesrepublik unter anderem genannt:

- Hinwirken Deutschlands innerhalb der Nato auf nukleare Deeskalation, zum Beispiel dafür, die Zielzuweisung strategischer Trägerwaffen aufzuheben und beispielsweise für ein Einfrieren aller Kernwaffenarsenale;
- Engagement für einen gegenseitigen Austausch permanenter Beobachter in den jeweiligen Zentralen für den Kernwaffeneinsatz;
- Aktivitäten für eine kernwaffenfreie Zone in Europa;
- diplomatischer Einsatz für die Wiederaufnahme von Rüstungskontrollverhandlungen zwischen den USA und Russland und weiteren Mächten.

Als ein wesentliches Element Gemeinsamer Sicherheit galt bei ihrer Konzipierung der Übergang zu «struktureller Nichtangriffsfähigkeit». Angesichts der gegenwärtigen Hochrüstungsspirale scheint auch dieses Postulat realitätsfern zu sein. Aber immerhin haben die USA und ihre Verbündeten, nicht zuletzt Kanzler Scholz, monatelang gezögert, der Ukraine schwere Offensivwaffen zu liefern. Zumindest wäre eine naheliegende Erwägung, im Rahmen der Militärausgaben der Bundesrepublik solchen Waffensystemen zunehmendes Gewicht einzuräumen, die zu struktureller Angriffsunfähigkeit beitragen. Dies bedeutet nicht unbedingt Nulllösungen bei offensivfähigen konventionellen Waffen, aber Begrenzung unterhalb einer kritischen Masse, die für strategische und operative Angriffe notwendig wäre. Das würde einen militärischen Sieg unwahrscheinlich machen, aber eine hinreichende Verteidigungsfähigkeit sichern.

Besondere Bedeutung sollte das Konzept Gemeinsamer Sicherheit in den Beziehungen zur Volksrepublik China zukommen. Doch China gilt den USA und der Nato als bedrohlicher Rivale, dem gleiche Augenhöhe mit den Vereinigten Staaten nicht zuzugestehen sei. Amerikanische Flottenmanöver in der Nähe der chinesischen Grenzen sollen die Übermacht des Westens demonstrieren. In den 1980er-Jahren dagegen hatte ein wichtiges Prinzip Gemeinsamer Sicherheit bereits politikwirksame Anerkennung gewonnen: «Oberster Grundsatz einer Konflikteindämmungsstrategie muss darüber hinaus sein, schon im Zweifelsfalle Zurückhaltung zu üben, etwa, wenn eine Region nicht eindeutig einem Akteur zugeteilt ist, oder wenn die subjektive Bedeutung eines Objekts für die Gegenseite nicht zweifelsfrei abschätzbar ist.» (Bahr/Lutz 1986, 180) Egon Bahr hatte gemahnt: «Der Taiwan-Konflikt ist nur ein Beispiel dafür, dass Kooperation der einzig zukunftsfähige Weg ist.» (Bahr 2015, 171)

Für diesen Konflikt gilt in besonderem Masse, die Interessen und Wahrnehmungen der Gegenseite, in diesem Fall Chinas Grundprinzip der Wahrung seiner territorialen Einheit unter Führung der Kommunistischen Partei, und Warnungen der chinesischen Führung vor dem Überschreiten dieser «roten Linie» überaus ernst zu nehmen. Wird dies nicht respektiert, der andere nicht als anderer akzeptiert, droht die Gefahr eines Krieges, der weit umfassender und schrecklicher sein könnte als der Krieg in der Ukraine. Im Verhältnis zu China sollten das Projekt Great Area Bay (Hirn 2020) und das Seidenstrassenprojekt eher als Chance für globale Kooperation denn als Anlass zum Ausbau von Gegenblöcken aufgenommen werden.

Allein eine Rückkehr zu Gemeinsamer Sicherheit kann den Weg zu einer künftigen Neuen Europäischen Sicherheitsordnung eröffnen. Wenn der imperiale Machtkrieg, der von beiden Seiten in der Ukraine auf Kosten der Bevölkerung ausgefochten wird, nicht in Jahrzehnte der Unsicherheit, der Rückfälle in Gewalt und Nationalismus, des Terrorismus und Chaos münden soll, muss das heute unmöglich Scheinende ermöglicht werden. Erst wenn die Waffen schweigen, können die tieferliegenden Probleme angegangen werden.

Folgerungen

Korrektur des öffentlichen Moraldiskurses: Nicht was den militärischen Sieg fördert, ist das Mass der Moral. Moralisch ist, was das Ende des Krieges, einen Waffenstillstand und Friedensverhandlungen näherbringt.

Gerechte Umverteilung zugunsten eines starken Gemeinwohlsektors, sozialer Leistungen, des Klimas und der Umwelt. Ausstieg aus der Rüstungseskalation als Bedingung dafür: Muss es denn wirklich das Achtzehnfache von Nato-Militärausgaben im Vergleich zu den russischen Rüstungsaufwendungen sein, um westlicher Verteidigungsfähigkeit zu genügen?

Arbeit an einem solidarischen Mitte-Unten-Bündnis, an Brückenschlägen zwischen den vielen Selbstermächtigungsprojekten von unten und sozialen Bewegungen anstelle von spaltenden Entgegensetzungen.

Das Verbindende suchen in einer erneuerten politischen Kultur der Toleranz, Empathie und Mitmenschlichkeit anstelle von Hass, Diffamierung und Irrationalität.

Was wären die unmittelbaren Folgerungen aus einer Neuauflage des Konzepts Gemeinsamer Sicherheit in Zeiten des Ukraine-Krieges?

1. Jetzt Gespräche zur Vorbereitung von Verhandlungslösungen suchen! Jede Verzögerung von Waffenstillstands- und Friedensverhandlungen, Spekulationen auf einen Sturz Putins und jede Verlängerung des Krieges steigern die Risiken und kommen einem russischen Roulette gleich. Selbst ein Atomkrieg wäre dann nicht mehr auszuschliessen.

2. Intensiver Einsatz in der deutschen Aussen- und Sicherheitspolitik für einen Status der Ukraine als souveräner neutraler Staat – gesichert durch internationale Garantiemächte. Keine Stationierung ausländischer Streitkräfte auf ihrem Territorium. Volle kurz- und langfristige internationale Unterstützung des Wiederaufbaus in der Ukraine – sozial und ökologisch statt an erweitertem Einfluss des westlichen Kapitals orientiert.
2. Aufhebung der Sanktionen gegenüber Russland im Energiesektor, da sie kaum Wirkung zur Beendung des Krieges, aber auf die soziale Lage vieler Millionen Menschen weltweit und in der EU haben.
4. Angebot an Russland, im Rahmen eines Waffenstillstands bei Aufnahme von Friedensverhandlungen einen wesentlichen Teil anderer Sanktionen aufzuheben.
5. Angebot an Russland, im Rahmen von Friedensverhandlungen gemeinsam mit anderen Staaten Osteuropas, Zentralasiens und des Kaukasus an einem Konzept Gemeinsamer Sicherheit und Entwicklung zu arbeiten.

Literatur

Bahr, Egon, 1986: Gemeinsame Sicherheit. Einführende Überlegungen. In: Bahr, Egon / Lutz, Dieter S. (Hg.): Gemeinsame Sicherheit. Idee und Konzept. Bd. 1: Zu den Ausgangsbedingungen, Grundlagen und Strukturelementen Gemeinsamer Sicherheit. Baden-Baden, 15–27

Bahr, Egon, 2015: Ostwärts und nichts vergessen. Politik zwischen Krieg und Verständigung. Hamburg

BICC Bonn International Centre for Conflict Studies / HFSK Leibniz-Institut Hessische Stiftung Friedens- und Konfliktforschung / IFSH Institut für Friedens- und Sicherheitspolitik an der Universität Hamburg / INEF Institut für Entwicklung und Frieden, Universität Duisburg-Essen, 2022: Friedensgutachten 2022. Friedensfähig in Kriegszeiten. Hamburg

deutschlandfunk, 2021: Neue EU-Sanktionen gegen Russland. «Europa allein kann nicht so viel ausrichten. Gabriel Felbermayr im Gespräch mit Katharina Peetz, 11.2. (online verfügbar)

Greiner, Bernd, 2021: Was die USA seit 1945 in der Welt angerichtet haben. München

Lutz, Dieter S., 1986: Sicherheitspartnerschaft und / oder Gemeinsame Sicherheit? Zur Entstehung und Entwicklung der Begriffe und ihrer Inhalte. In: Bahr, Egon / Lutz, Dieter S. (Hg.): Gemeinsame Sicherheit. Idee und Konzept. Bd. 1. Baden-Baden, 29–54

Müller, Erwin, 1986: Gemeinsame Sicherheit. Profil eines Konzepts alternativer Sicherheitspolitik. In: Bahr, Egon / Lutz, Dieter S. (Hg.): Gemeinsame Sicherheit. Idee und Konzept. Bd. 1. Baden-Baden, 159–196

Müller, Michael / Brandt, Peter / Braun, Reiner, 2022: Selbstvernichtung oder Gemeinsame Sicherheit? Unser Jahrzehnt der Extreme. Ukraine-Krieg und Klimakrise. Frankfurt/Main

Münkler, Herfried, 2022: Von Putin bis Erdogan. Wie pazifiziert man die Revisionisten? Die Rückkehr der Geopolitik nach Europa. In: Blätter für deutsche und internationale Politik. Berlin (online verfügbar)

Palme-Kommission / Unabhängige Kommission für Abrüstung und Sicherheit, 1982: Palme-Bericht. Berlin

Beat Ringger

Gretchenfrage Ukraine-Krieg

Am russischen Aggressionskrieg in der Ukraine kristallisieren sich die geopolitischen Auseinandersetzungen und scheiden sich die Geister. Entsprechend kommt dem folgenden Satz hohe Bedeutung zu, der im redaktionellen Aufrisspapier zum vorliegenden *Widerspruch*-Heft steht: «Immer grössere Kreise der Linken lassen sich unter dem Druck der Ereignisse auf eine Kriegslogik ein, die sich mit einer klaren antimilitaristischen Position nicht mehr vereinbaren lässt.»[1] Das würde dann bedeuten, dass wer sich auf die Seite der Ukraine stellt und deshalb Sanktionen und Waffenlieferungen befürwortet, in den Augen der Widerspruch-Redaktion nicht mehr als Antimilitarist:in gelten kann. Genau das aber nehme ich für mich mit Nachdruck in Anspruch. Als Mitglied des Widerspruch-Beirats lege ich deshalb Widerspruch zu diesem Satz ein.

Antimilitarismus mit Putin?

Das Putin-Regime führt seit dem 24. Februar einen brutalen Aggressionskrieg, der die gesamte ukrainische Bevölkerung ins Visier nimmt. Nicht nur der Krieg als solcher, sondern auch die Art der Kriegsführung verletzen das Völkerrecht in praktisch jeder erdenklichen Weise. Das Putin-Regime scheut sich auch nicht, Zehntausende von unerfahrenen russischen Soldaten auf den Schlachtfeldern zu opfern. Begleitet wird dieser Krieg durch eine Welle der Repression: Ein autoritäres Regime wandelt sich gerade zur Diktatur, die sogar den alltäglichen Sprachgebrauch unter Strafe stellt. Wer in Russland den russischen Angriff auf die Ukraine als Krieg bezeichnet, muss mit jahrelangen Gefängnisstrafen rechnen. Ein solcher Angriff auf das alltägliche Denken und Sprechen der Menschen trägt totalitäre Züge.

Im Ukraine-Krieg steht ein fundamentales, universelles Freiheitsrecht auf dem Spiel, nämlich die Freiheit einer jeden Bevölkerung, selbst zu bestimmen, in welchem gesellschaftlichen und politischen Regime sie leben will. Dieses Selbstbestimmungsrecht ist meines Erachtens nicht verhandelbar. Wer es preisgibt, wer also dieser oder jener Bevölkerung zumutet, sich einer fremden Macht zu beugen, endet in einem machiavellistischen Macht- und Blockdenken. Selbstverständlich muss dabei in Rechnung gestellt werden, dass es keine homogenen Bevölkerungen gibt. Unterschiedliche Klassen haben unterschiedliche Interessen. Konflikte entlang von ethnischen, genderbezogenen, politischen oder kulturellen Bruchlinien durchziehen jede Bevölkerung. Doch im Fall der Ukraine ist die Lage klar: Die überwältigende Mehrheit widersetzt sich dem russischen Angriff und will dies auch mit militärischen Mitteln tun.[2] Dies gilt auch für die russischsprachigen Bevölkerungsteile, und es gilt auch für die ukrainische Linke, die weiss, dass ihre Tage unter einer Putin-Herrschaft gezählt wären. Dieser Wille zum Widerstand in der Bevölkerung ist übrigens auch ausschlaggebend dafür, dass das Land militärisch nicht überrannt werden konnte.

Würde sich das Putin-Regime im Ukraine-Krieg durchsetzen, wäre das ein Sieg für all jene Kräfte, die weltweit gegen demokratische Rechte, gegen die LGBTQ-Communities, gegen Gleichberechtigung, gegen Gewerkschaften und gegen emanzipatorische Bewegungen vorgehen und einen radikalen Nationalismus befeuern. Es wäre ein schlimmer Sieg für die Trumps, Melonis, Erdogans, Orbans, Xi Jinpings und Bolsonaros, die sich nicht zufällig immer wieder als Putin-Bewunderer inszenieren. Es wäre der Sieg für einen aggressiven, gefährlichen Militarismus. Jede und jeder, der dem Antimilitarismus verpflichtet ist, sollte sich unmissverständlich auf die Seite der ukrainischen Bevölkerung stellen. Dabei reicht es nicht, den Angriffskrieg Putins verbal zu verurteilen, ansonsten aber die ukrainische Gesellschaft und Armee alleine zu lassen. Es braucht Sanktionen, es braucht Waffenlieferungen (wenn auch aus Neutralitätsgründen nicht aus der Schweiz), es braucht humanitäre und logistische Unterstützung. Das ist meines Erachtens die einzige glaubwürdige antimilitaristische Position. Alles andere bedeutet, eine Stärkung der militaristischen Kräfte in Russland und in der ganzen Welt hinzunehmen.

Der Feind meines Feindes

Mit dieser Positionsnahme befinde ich mich nun allerdings vordergründig auf der Seite der «westlichen Wertegemeinschaft», der Nato und den USA – von Kräften also, die sich oft genug frontal gegen fortschrittliche Bewegungen und Regierungen stellen und ihrerseits nicht vor Lug, Betrug, brutalem Vorgehen und Missachtung des Völkerrechts zurückschrecken. Doch ist Russland nur deshalb schon unterstützenswert, weil es sich im Konflikt mit diesem Westen befindet und die USA die wichtigste Waffenlieferantin der Ukraine ist?

Ist der Feind meines Feindes automatisch mein Freund?

Das Putin-Regime hat sich spätestens seit dem Tschetschenien-Krieg immer wieder als besonders brutal erwiesen. Das erinnert an Deutschland, das vor und während der beiden Weltkriege mit England und den USA um globale Macht- und Marktanteile konkurrierte und sich dabei ebenfalls in einer Position der Schwäche befand – wie das Putin-Regime heute. Doch wäre dies damals ein valabler Grund gewesen, sich auf die Seite Hitlers zu stellen? Tatsächlich hat dies Stalin getan, als er mit Hitler am 24. August 1939 einen Nichtangriffspakt schloss – sieben Tage, bevor Nazideutschland mit dem Überfall auf Polen den Zweiten Weltkrieg auslöste. Diese Politik Stalins war weit mehr als nur ein taktisches Manöver, um Hitler von einem Angriff auf Russland abzuhalten: In den geheimen Zusatzabkommen zum Pakt vereinbarte Stalin mit Hitler die Aufteilung der polnischen Beute. Das Ganze gipfelte darin, dass Stalin auch dann noch an Hitlers Pakttreue glaubte, als alle Berichte und Signale zwanzig Monate später auf einen bevorstehenden deutschen Angriff auf die Sowjetunion hinwiesen, der dann am 22. Juni 1941 auch tatsächlich erfolgte. Die sowjetische Armee und Bevölkerung wurden vom deutschen Angriff wegen der Passivität Stalins vollkommen überrumpelt, was Millionen von Menschen mit dem Leben bezahlen mussten.

Die Absage an das Feind-Feind-Freund-Denken ist auch dann von Belang, wenn der eine Block einen anderen Block in Bedrängnis bringt, wie dies etwa durch die Nato-Osterweiterung zweifellos geschehen ist. Diese Osterweiterung entspricht zwar dem Willen der zentraleuropäischen Regierungen und Bevölkerungen. Dennoch handelt es sich eben auch um eine imperiale Machtdemonstration, was auch in den Augen mancher bürgerlicher Westpolitiker:innen ein Fehler war. Auch der Versailler Vertrag von 1919 wird im Nachhinein wegen seiner harten Sanktionen gegenüber Deutschland als Fehlleistung taxiert. Ein solcher Fehler kann aber keinen Aggressionskrieg rechtfertigen – weder denjenigen der Nazis 1939 noch denjenigen Putins 2022.

Nein, nein und nochmals nein: Der Feind meines Feindes ist nicht zwangsläufig mein Freund. Genauso gilt aber auch: Wer sich dem Feind des Freundes entgegenstellt, muss dadurch noch lange nicht selbst zum Freund werden. Diejenigen Linken, die sich aufgrund des Ukraine-Konfliktes nun neu zur Nato bekennen, bewegen sich im gleichen Feind-Feind-Freund-Schema. Damit landet die Linke in einem Blockdenken, dem im Konfliktfall die Freiheitsrechte geopfert werden.

Wenn zwei Feinde sich streiten

Eine andere Position nehmen jene Linken ein, die den Ukraine-Krieg als Auseinandersetzung zweier oligarchisch-kapitalistischer Länder werten und daraus ableiten, dass sich eine Positionsnahme für die eine oder andere Seite verbiete. Die Arbeiter:innenklasse habe in diesem Krieg nichts zu gewinnen und alles zu verlieren, heisst es. Zweifellos ist die Ukraine ein kapitalistisches, oligarchisch geprägtes Land. Zweifellos verfolgen die westlichen Länder mit ihrer Ukraine-Politik die Interessen des westlichen Kapitals. In der Ukraine sind die Löhne sehr tief, und das Land dient deshalb als Reservoir an besonders billigen Arbeitskräften. Demokratische und gewerkschaftliche Rechte sind auch in der Ukraine unter Druck und müssen verteidigt werden, auch in einer Kriegssituation. Dennoch steht es um die demokratischen Freiheiten immer noch um Welten besser als in Russland. Und das ist alles andere als eine Marginalie. Die Linke hat in ihrer Geschichte immer wieder – und zu Recht – aufopferungsvoll für freie Meinungsäusserung, Koalitionsfreiheit, Streikrecht und Rechtsgleichheit gekämpft. Eine platte Charakterisierung von verschiedenen Regimes nach dem Motto «kapitalistisch ist kapitalistisch» reicht bei Weitem nicht aus, um fortschrittliche Positionen zu ermitteln.

Frieden um jeden Preis

In Kriegen verrohen Menschen und werden Frauen unerträglicher sexualisierter Gewalt ausgesetzt. Kriege dienen der Verherrlichung von Gewalt und von machistischem Heroentum. Kein Zweifel: Kriege müssen, wenn immer möglich, vermieden werden. Doch gilt dies ohne jeden Vorbehalt und um jeden Preis? Müssen sich unterdrückte Völker, Klassen und Geschlechter unterwerfen, sobald sie mit kriegerischer Gewalt niedergehalten werden?

Hätten sich etwa die haitianischen Sklav:innen der französischen Kolonialmacht, die Russ:innen den anstürmenden Nazis und die Vietnames:innen dem US-Imperium ergeben sollen?

Oft wird in dieser Frage auf den gewaltlosen Kampf Mahatma Gandhis gegen die englische Kolonialmacht Bezug genommen. Doch war dieser Kampf nur erfolgreich, weil er in England und der ganzen Welt auf enorme Resonanz gestossen ist, und das wusste auch Gandhi selbst. In vielen anderen Fällen sind die Voraussetzungen für gewaltlosen Widerstand leider sehr viel schlechter. In vielen Fällen ist eine gewalttätige, kriegerische Niederwerfung leider «erfolgreich». Gerade die ukrainische Bevölkerung hat dies im letzten Jahrhundert in schlimmster Weise erfahren müssen. Zwischen 1930 und 1945 sind in der Ukraine zwischen 12 und 14 Millionen Menschen durch forcierte Hungersnöte, Pogrome, Terror und Krieg ums Leben gekommen – mehr als ein Viertel der Gesamtbevölkerung.

Die Frage nach einem bewaffneten Widerstand lässt sich dennoch nicht leichtfertig beantworten. Guerillastrategien zum Beispiel führen oft zur Militarisierung und zur Verrohung in den eigenen Reihen, bis hin zu Drogen- und Waffenhandel für die Mittelbeschaffung und zu einer weitgehenden Entfremdung von der Bevölkerung, die ursprünglich hätte befreit werden sollen. In der Ukraine allerdings stehen die widerständige ukrainische Armee und Bevölkerung einer Militärmacht gegenüber, die von einem weitgehend entmenschlichten diktatorischen Regime geführt wird. Die Unterstützung dieses Widerstandes auch mit Waffenlieferungen halte ich für unerlässlich. Und auch die Frage nach einem allfälligen Waffenstillstand oder einem Friedensabkommen kann nicht über die Köpfe der ukrainischen Bevölkerung hinweg gefällt werden.

Die Drohungen Russlands mit einem allfälligen Einsatz von Atomwaffen wiegen schwer. Militärisch macht ihr Einsatz allerdings keinen Sinn. Dadurch würden Gebiete verseucht, die erobert werden sollen. Manche Leute sind dennoch der Ansicht, ein Atomkrieg müsse um jeden Preis verhindert werden – und sei dieser Preis auch die Kapitulation. Damit würde aber die atomare Kriegsgefahr leider keineswegs gebannt. Der Besitz von Atomwaffen würde vielmehr zusätzlich aufgewertet, nur schon, um mit ihrem Einsatz drohen zu können. Solche Drohungen könnten sich in der Folge häufen – bis hin zu dem Punkt, an dem ein Atomwaffeneinsatz dann als unausweichlich erscheint, um die Wirkung der Drohungen aufrechtzuerhalten.

Emanzipatorischer Antimilitarismus

Eine antimilitaristische Haltung, wie ich sie verstehe, untersucht von Fall zu Fall, welcher Konfliktverlauf dem Militarismus stärkeren Auftrieb gibt. Sie nimmt entsprechend Stellung und widersetzt sich mit Bedacht einem simplen Feind-Feind-Freund-Denken.

Es steht viel auf dem Spiel. Verteidigt eine emanzipatorische Linke die Selbstbestimmungs- und Freiheitsrechte jeder Bevölkerung, oder verfällt sie einem neuen Blockdenken? Angesichts der erhöhten globalen Konkurrenz- und Konfliktlage (Stichwort Taiwan) ist das eine Schicksalsfrage unserer Zeit.

(Stand: 30. Januar 2023)

Anmerkungen

1 Die Widerspruch-Redaktion verfasst zu jeder Nummer ein Aufrisspapier, das die Thematik umreisst und als Grundlage für den Call for Papers dient. Das Aufrisspapier zur Nummer 80 findet sich unter widerspruch.ch/media/694 (Abfrage 14.12.2022)

2 Zwar sind Umfragen in Kriegszeiten keine sonderlich verlässlichen Quellen. Dennoch können sie grundlegende Indizien geben, und deshalb führe ich hier zwei Links zu Umfragen an: www.telepolis.de/features/Umfrage-in-der-Ukraine-86-Prozent-fuer-Weiterkaempfen-7322321.html, sowie overton-magazin.de/krass-konkret//umfrage-in-der-ukraine-94-glauben-an-einen-sieg-begeisterung-fuer-die-nato-laesst-nach/. Viel wichtiger aber scheint mir die Entschlossenheit des ukrainischen Widerstandes gegen die russische Invasion, von der nicht nur das russische Regime, sondern die gesamte Weltöffentlichkeit von Beginn an überrascht worden sind. Eine solche Entschlossenheit kann nur aus der Basis einer unmissverständlichen Haltung der überwiegenden Mehrheit einer Bevölkerung erwachsen.

David Salomon

Zwischen Menschenrechtsbellizismus und neuem Nationalismus

Ein «neues Stadium» der Imperialismusdiskussion

1. Drei Wellen der Imperialismustheorie

Der Politikwissenschaftler Jan Otto Andersson (2001) unterscheidet drei Wellen imperialismustheoretischer Debatte. Sie alle reagierten auf Krisen des Kapitalismus und ihnen entsprechende Veränderungen in den Aussenbeziehungen kapitalistischer Zentrumsstaaten untereinander sowie ihrem Verhältnis zur (teilweise noch nicht kapitalistischen) Peripherie. Die imperialismustheoretischen Wellen entsprachen somit unterschiedlichen Stadien des Imperialismus.[1]

Die *erste* – oder auch *klassische* – Welle beginnt um die Wende zum 20. Jahrhundert und erlebt einen Höhepunkt während des Ersten Weltkriegs. Zum einen wird die Kolonialfrage intensiv diskutiert. Zum anderen der Zusammenhang zwischen einem sich zum «Monopolkapitalismus» entwickelnden Kapitalismusmodell,[2] das von einem starken Druck zu Zentralisierung und Konzentration gekennzeichnet ist, und der wachsenden Konkurrenz zwischen den Hauptländern der kapitalistischen Entwicklung. Angesichts des Weltkriegs hoben sozialistische Autor:innen wie Lenin, Luxemburg, Bucharin und andere den Zusammenhang zwischen kapitalistischer Krise und zwischenimperialistischem Krieg hervor. Im Kontext der Kriegsfrage erfuhr – schon vor 1917 – auch die ebenfalls seit der Jahrhundertwende (spätestens seit der Russischen Revolution von 1905) in der sozialistischen Arbeiter:innenbewegung Europas *kontrovers* diskutierte Revolutionsfrage eine neue Zuspitzung: «Der Hauptfeind steht im eigenen Land», lautete die von Karl Liebknecht ausgegebene Losung, der zufolge der Krieg nur durch eine revolutionäre Erhebung im Inneren der kriegführenden Staaten beendet werden könne (Liebknecht 1972, 225).

Eine *zweite* Welle reagierte auf die neue ökonomische und politische Konstellation, die sich nach dem Ende des Zweiten Weltkriegs herausgebildet hatte. Zwar war auch in dieser Periode die Weltordnung durch einen tiefgreifenden internationalen Konflikt geprägt, der neben dem grossen «kalten Krieg» auch viele kleinere «heisse» Auseinandersetzungen hervorbrachte. Gleichwohl konnte dieser Grosskonflikt zwischen alternativen Gesellschaftssystemen nicht mehr auf die Formel einer «zwischenimperialistischen Konkurrenz» gebracht werden. Vor allem fiel auf, dass sich im Horizont der Systemkonkurrenz das Verhältnis der kapitalistischen Zentren *zueinander* wesentlich verändert hatte. An die Stelle der vormaligen Konkurrenz traten Formen der Kooperation, die nicht zuletzt dadurch ermöglicht wurden, dass die Vereinigten Staaten von Amerika den Platz einer den kapitalistischen Weltmarkt hegemonial strukturierenden Kraft eingenommen hatten, den im 19. Jahrhundert zeitweise England besetzt gehalten hatte. Die meisten Kriege dieser Zeit fanden nicht nur an der Peripherie des «kapitalistischen Weltsystems» statt, sondern standen auch im Zeichen einer sukzessiven Auflösung des alten, imperialistischen Kolonialismus, der im 19. Jahrhundert noch einmal einen expansiven Schub erlebt hatte.[3] An die Stelle einer förmlichen, politischen Unterwerfung und offenen ökonomischen Ausplünderung kolonialer Gebiete traten zunehmend (wieder) informelle politische und ökonomische Abhängigkeiten. Dass sich gerade diese Konflikte oft als Stellvertreterkriege zwischen West- und Ostblock darstellten, lag auch daran, dass die Sowjetunion vielfach die Rolle einer Schutzmacht für sich dem Einfluss ehemaliger kapitalistischer Mutterländer entziehende Befreiungsbewegungen übernahm.[4] Zugleich wuchs auch jene Bewegung der «Blockfreien», die zunehmend als «Dritte Welt» bezeichnet wurde.[5] Die imperialismustheoretischen Debatten in dieser Periode zerfielen in zwei bedeutende Stränge: Der erste Strang übernahm den zeitdiagnostischen Fokus der ersten Welle und fragte nach den formationsspezifischen Veränderungen des Kapitalismus im Zentrum selbst.[6] Der zweite Strang legte seinen Schwerpunkt auf die Analyse des Nord-Süd-Verhältnisses, der darin zum Ausdruck kommenden neuen globalen Ungleichheit und den Traditionslinien, die diese mit der Kolonialgeschichte verbanden.[7]

Die *dritte* Welle schliesslich reagierte auf das Ende der Systemkonkurrenz und die seit den 1980er-Jahren in den Gesellschaftswissenschaften breit diskutierte Tendenz zur «Globalisierung». Die imperialismustheoretische Problematisierung dieser Ereignisse und Prozesse formulierte insbesondere seit den frühen 2000er-Jahren – nicht zuletzt befeuert durch den 11. September 2001 und den auf ihn folgenden «Krieg gegen den Terror» – eine alternative Zeitdiagnose zu Globalisierungsdiskursen, die nach dem Ende des Kalten Kriegs auf eine «Friedensdividende» hofften und den Liberalismus als weltgeschichtlich triumphierendes Modell feierten (exemplarisch: Fukuyama 1992). Neben die – nach wie vor zentrale – Frage der Nord-Süd-Verhältnisse trat eine breit geführte Debatte um den Funktionswandel (oder Bedeutungsverlust) des Nationalstaats, neoliberale Visionen von Freihandel, der globalen Absicherung kapitalistischen Eigentums und der Rolle der USA in Weltwirtschaft und Weltpolitik. Dass der Prozess einer neoliberalen Globalisierung alles andere als krisenresistent war, hatten bereits die Finanzkrisen in den 1990er-Jahren gezeigt. Autoren wie David Harvey (2003) hoben auch deshalb die zentrale Bedeutung einer strukturellen Überakkumulation von Kapital für die Weltwirtschaft hervor und untersuchten den Zusammenhang zwischen Finanzialisierung und kriegerisch-disziplinierender Gewaltpolitik. Die Frage, ob sich die USA in einem Prozess des Niedergangs befinden, wie ihn Paul Kennedy (2002) bereits in den 1980er-Jahren diagnostiziert hatte, oder im Rahmen des neuartigen Finanzmarktkapitalismus eine Renaissance ihrer Rolle als Garantiemacht des globalisierten Kapitalismus erlebten, wurde kontrovers diskutiert, wobei Fragen einer zwischenimperialistischen Konkurrenz eine eher untergeordnete Rolle spielten. Im Rückgriff auf ein zum Zeitpunkt seiner Abfassung 1915 eher visionäres denn zeitdiagnostisch treffendes Gedankenspiel Karl Kautskys liess sich die vorherrschende Tendenz imperialistischer Weltordnungspolitik in dieser Periode als «Ultraimperialismus» fassen: als ein «Ultraimperialismus»[8] freilich, der keineswegs symmetrisch war, sondern durch die fortwirkende Dominanz des US-Kapitalismus gekennzeichnet blieb.[9]

2. Interimperiale Konkurrenz

Schon bevor sich in den 2010er-Jahren – insbesondere im Kontext der Westorientierung der Ukraine, der Annexion der Krim durch Russland und der russischen Unterstützung separatistischer Bewegungen im Donbass – die Konturen eines vertieften zwischenimperialistischen Konflikts zwischen «dem Westen» und Russland schärfer abzeichneten, war die Dimension eines kommenden Zeitalters *interimperialer* Konkurrenz (bis hin zur Kriegsgefahr) wenigstens als Gedankenspiel präsent (Salomon 2015). Insbesondere dort, wo die Suprematie der USA nach dem Kalten Krieg eher als Strohfeuer interpretiert wurde, wandten sich Analysen verstärkt dem Aufstieg Chinas (und anderer «Schwellenländer») zu (Arrighi 2008). Die Rede von einer *inter-imperialen* Konkurrenz soll dabei nicht einfach einen modischen Neologismus einführen. Tatsächlich hat sich – mit einer langen, teilweise bereits hinter den Kalten Krieg zurückreichenden Vorgeschichte – die Erscheinungsweise der zwischenimperialistischen Konkurrenz deutlich verändert. Der Erste Weltkrieg war insofern noch eine weitgehend europäische Angelegenheit, als die kriegführenden Parteien (bis zum späten Kriegseintritt der USA) allesamt *europäische Mächte* waren. Erst im Horizont des Kalten Krieges traten grössere, teilweise in ihren ökonomischen Kreisläufen entkoppelte Einheiten an ihre Stelle. Die These, die «Globalisierung» führe, indem sie die Welt ökonomisch zusammenwachsen lasse, nach dem Ende der Blockkonfrontation durch eine ökonomische Integration in die eine Zukunft der «One World», in der wechselseitige ökonomische Abhängigkeit künftige grosse Kriege unwahrscheinlich mache, erscheint im Rückblick als das illusionäre Selbstbild einer Übergangsepoche. Schon die seit 2007/2008 schwelende grosse Krise liess kommende Umbrüche wahrscheinlich erscheinen. Spätestens mit dem russischen Angriff auf die Ukraine im Februar 1922 wurde es manifest: Der Imperialismus ist abermals in ein «neues Stadium» eingetreten. Lange Zeit schien beinahe allen Interpret:innen der «Globalisierungsprozess» (unter US-amerikanischer Hegemonie) unaufhaltsam und unumkehrbar. Mittlerweile wird offen über die Möglichkeit, ja sogar die Notwendigkeit einer «Deglobalisierung» gesprochen und gestritten. Wie schon einmal zu Beginn des 20. Jahrhunderts bestimmt nun eine zunehmend offene Konkurrenz – einschliesslich der Gefahr «grosser Kriege» – den Diskurs über die internationalen Beziehungen. Bereits im Jahr 2021 stellte Ingar Solty die Frage, ob angesichts der wachsenden Spannungen zwischen «dem Westen» und China «eine vierte Welle» (marxistischer) Imperialismustheorie nötig sei (Solty 2021). Kaum zwei Jahre später kann kein vernünftiger Zweifel mehr bestehen, dass dem tatsächlich so ist. Auch wenn noch kaum seriöse Aussagen darüber möglich sind, welche politische und ökonomische Weltordnung aus den derzeitigen Konflikten hervorgehen wird – wenn von Ordnung in diesem Kontext überhaupt gesprochen werden soll –, so lassen sich doch zumindest einige Tendenzen identifizieren, die eine düstere nahe und mittlere Zukunft wahrscheinlich machen.

Im vergangenen Jahr vollzog sich im Zeitraffer ein Triumphzug militärischer Logiken über eine auf Entspannung gerichtete Aussen- und spezifisch Aussenwirtschaftspolitik. Die – auf beiden Seiten bestehende – Bereitschaft, den *politischen* Grosskonflikt um die Ukraine *unmittelbar* auch als

Wirtschaftskrieg auszutragen (Vollmer 2022), zeigt, dass eine «selektive Deglobalisierung» (Solty 2020, 6) mit der Tendenz zur ökonomischen Blockbildung längst kein blosses Gedankenspiel mehr ist. Die ökonomische Entflechtung vollzieht sich als Element einer zunehmend aggressiven Konkurrenzkonstellation. Potenzielle Schauplätze solcher Eskalationen sind nicht nur der postsowjetische Raum, namentlich die ehemaligen westlichen Sowjetrepubliken, sondern auch der Pazifik, insbesondere die (informell unabhängige) Inselrepublik Taiwan.

Im Horizont dieser Konfliktdynamiken hat sich die Vorstellung, der westliche «asymmetrische Ultraimperialismus» könne auf Dauer als Garant und Motor ökonomischer und politischer «Weltordnung» fungieren, als Illusion erwiesen. Dies bedeutet jedoch keineswegs sein Ende. Trotz wachsender ökonomischer Interessenunterschiede zwischen Westeuropa und den USA gibt es derzeit kein Indiz für eine politische Orientierung in diesen Ländern, die – im Sinne einer eigenständigen aussenpolitischen Orientierung – das transatlantische Bündnis in seiner bisherigen Form infrage stellen würden. Selbst Joe Bidens – bereits vor dem Überfall auf die Ukraine formulierte – Erklärung, die Pipeline Nord Stream 2 werde nicht in Betrieb genommen, führte nicht zu einer offensiven Protestnote vonseiten der deutschen Regierung gegen solche Einmischungsversuche in die wirtschaftspolitische Souveränität der Bundesrepublik. Nach wie vor mag die konkrete Ausgestaltung des ultraimperialistischen Bündnisses umstritten sein, in Auflösung begriffen ist es nicht. Im Gegenteil: *Militärisch* steht die kürzlich von Macron noch als «hirntot» und von Trump als «obsolet» bezeichnete Nato durch den Krieg vermittelt gestärkt und einig wie selten da. Trotz einzelner Initiativen wie dem Draghi-Plan und regelmässiger Telefongespräche von Scholz und Macron mit Putin gelang es zudem *politisch* nicht, ähnliche Interessen in Deutschland, Frankreich und Italien zu einer eigenständigen *west-* oder *«kerneuropäischen»* Position im Ukrainekonflikt zu bündeln. Und auch ökonomisch dürften sich angesichts der zunehmenden Politisierung von Lieferketten die Abhängigkeiten Europas von den USA und ihrem Einflussbereich künftig noch deutlich verstärken.

3. Menschenrechtsbellizismus und neuer Nationalismus. Zur Ideologie des Imperialismus heute

Die zunehmende Eskalation führt auch auf ideologischem Terrain zu Verschiebungen. Nicht zuletzt die zum geflügelten Wort avancierte Rede von der «Zeitenwende» erfüllt dabei eine strategische Funktion: Sie ermöglicht es, abweichende Positionen etwa zur Frage von Waffenlieferungen oder der Unmöglichkeit eines «Siegfriedens» als hinter den Geboten der Stunde zurückgeblieben zu denunzieren. Auch der Imperialismusbegriff wird im derzeitigen Diskurs wieder verstärkt bemüht. Wie schon einmal im Umfeld des 11. September 2001 hat er seine angestammte Nische in marxistischen Analysen zum Zusammenhang von Krieg und kapitalistischen Krisenprozessen verlassen und bekam prominente Plätze in Feuilletons und politischer Rhetorik. Während allerdings seinerzeit das Erstaunliche darin lag, dass er teilweise zu einer *affirmativ* gebrauchten Selbstbeschreibung US-amerikanischer Interventionspolitik avancierte,[10] dient er im herrschenden Diskurs heute ausschliesslich pejorativ zur Kennzeichnung russischer (und chinesischer) Ambitionen. «Imperialismus», so der Tenor, ist der Rückfall in eine eigentlich längst überwundene, revanchistische Politik der Grossmächte, wie sie im 19. und 20. Jahrhundert üblich war.

Fraglos trifft diese Kennzeichnung einen grossrussischen Chauvinismus, der seine Gebietsansprüche mit irrationalistischen Rückgriffen auf Mythen und eine ferne, mittelalterliche Vergangenheit legitimiert und es dabei auch nicht versäumt, sich der Weihen eines willfährigen Patriarchen der russisch-orthodoxen Kirche zu versichern[11] – von der inneren Repression gegen Kriegsgegner:innen und einer «Teilmobilmachung», die sich zur Katastrophe einer ganzen Generation junger Männer auswachsen könnte, ganz zu schweigen. Demgegenüber verstricken sich die ideologischen Selbstbilder in den alten kapitalistischen Zentren – der ungeklärten Weltlage entsprechend – zunehmend in Widersprüche. Einerseits zeichnet man in Europa und den USA nach wie vor das Selbstbild «attraktiver Demokratien», deren «Werten» und Lebensweisen globale Strahlkraft zukomme. Andererseits reagiert man auf die zunehmende Unglaubwürdigkeit dieser Zeichnung im Inneren («Postdemokratie», Aufstieg rechtspopulistischer Bewegungen) durch eine schroffe Externalisierung der Probleme: Wenn die Welt, so die Behauptung, vor einem Showdown zwischen Demokratie und «Autokratie» steht, dann erscheinen auch die «Populisten» (zunehmend jedoch auch Gegner:innen einer auf Eskalation setzenden Politik) in den eigenen Gesellschaften letztlich bloss als «Agent:innen» einer letztlich von aussen kommenden «autokratischen» Gefahr. Ein symptomatisches Beispiel für dieses – letztlich die Logik der «Agententheorien» aus der Hochzeit des Kalten Kriegs (Hofmann 1967) restaurierenden – Argumentationsmuster bot etwa der künftige Botschafter der Bundesrepublik Deutschland in Moskau, als er anlässlich der friedensbewegten Ostermärsche im Frühling 2022 in der Wochenzeitung *Die Zeit* seinen Kommentar mit der Losung überschrieb: «Die

Ostermarschierer sind die fünfte Kolonne Putins.» (Lambsdorff 2022) Ebenfalls in der *Zeit* liess jüngst die US-amerikanische Politikwissenschaftlerin Barbara Walter (2023) – in einem Interview anlässlich des zweiten Jahrestags des Kapitolsturms von 2021 mit der Frage konfrontiert, worauf die Tendenz zur wachsenden Demokratiegegnerschaft in den USA zurückzuführen sei – verlauten: «Ich sehe da einen direkten Zusammenhang mit der aggressiven Strategie, die Wladimir Putin seit 2010 verfolgt. Er versucht, die Legitimität der westlichen Demokratien zu untergraben. Er will verhindern, dass die Menschen in Russland eine liberale Demokratie attraktiv finden. Und das Internet bietet ihm, zumindest in den USA, eine völlig unregulierte Möglichkeit, Misstrauen, Hass und Desinformation zu säen.»

In solchen «Narrativen» ist freilich als Tendenz angelegt, autoritäre Verschiebungen der Kräfteverhältnisse (Medienzensur, Einschränkung der Versammlungsfreiheit und so weiter) im Innern zu befördern. Die grossen Worte einer «werteorientierten» oder «regelbasierten» Aussenpolitik werden so zur aparten Legitimationsideologie, hinter der eigene und gegnerische *Interessen* verschwinden: Moralischer Affekt ersetzt politische Argumentation.[12] Wie brüchig solche Narrative letztlich bleiben, wird nicht allein in der eigentümlichen Rehabilitierung kenntlich, die traditionelle nationalistische Programmatiken in ihrem Windschatten erfahren: Nicht nur in Russland, auch in anderen osteuropäischen Staaten (nicht zuletzt auch der Ukraine) konnten nationalidentitistische Politikbegründungen auf den Trümmern der realsozialistischen Staatenwelt spriessen. Ein scheinbar universalistischer «Menschenrechtsbellizismus» verbindet sich so mit nationalidentitären Reminiszenzen.

Der Interventionswert imperialismustheoretischer Analysen besteht nicht zuletzt darin, die Oberflächlichkeit einer sich in ideologischen Scheinalternativen verfangenden Argumentation zu durchstossen und die gefährliche Eskalationsdynamik durch eine Erneuerung entspannungspolitischer Krisenbewältigungsstrategien zu konterkarieren. Hierbei gilt nach wie vor, was eine Autorengruppe um Frank Deppe, der auch der Verfasser dieses Essays angehörte, am Ende eines 2004 vorgelegten Bandes über neuere Imperialismustheorien schrieb: «Intelligenter Antiimperialismus muss stark genug sein, den wirklichen Anspruch der Emanzipation auch zwischen den Fronten zu vertreten.» (Deppe u. a. 2004, 147)

Anmerkungen

1 Bekanntlich sprach Wladimir Iljitsch Lenin vom Imperialismus selbst als dem «höchsten Stadium des Kapitalismus» (Lenin 1960). Die hier vertretene Perspektive geht jedoch eher davon aus, dass Imperialismus – zumindest ab einem bestimmten Entwicklungsstadium des Kapitalismus – ein Aspekt kapitalistischer Weltökonomie ist und sich mit dem Kapitalismus selbst verändert. (Deppe/Salomon/Solty 2011)

2 Eine solche zeitdiagnostische Kapitalismusanalyse wurde insbesondere von Rudolf Hilferding (1910) vorgelegt, dessen viel beachtetes Werk *Das Finanzkapital* die folgenden Diskussionen um Imperialismus und Kapitalismus nachhaltig prägte.

3 Zu erwähnen wären hier insbesondere der Algerienkrieg und der lange Krieg in Indochina/Vietnam, der, bevor er zu einem US-amerikanischen Krieg wurde, als Krieg gegen die französische Kolonialmacht geführt wurde. Die Dekolonisation hatte schon vor dem Zweiten Weltkrieg begonnen und die politischen Umwälzungen etwa in China und Indien massgeblich geprägt.

4 Der Westen scheute nicht vor militärischer Intervention und politischem Mord (Lumumba) zurück, wenn er fürchtete, eine ehemalige Kolonie oder ein formell unabhängiger peripherer Staat aus der eigenen Einflusssphäre könnte abtrünnig werden und sich dem «Ostblock» anschliessen.

5 Eine bedeutende Rolle im Kontext der blockfreien Staaten spielte auch Jugoslawien, das nicht zur «Dritten Welt» im Sinn von «Entwicklungsland» gehörte.

6 Zu erwähnen wären in diesem Kontext etwa die Theorie des «Staatsmonopolistischen Kapitalismus» (SMK oder Stamokap) und die Monopolkapitalismustheorie von Baran / Sweezy (1973).

7 Zu nennen wären hier etwa dependenztheoretische Analysen oder auch der Ansatz der «Weltsystemtheorie».

8 Kautsky klassifizierte so die prinzipielle Möglichkeit eines kooperativen Zusammenschlusses der imperialistischen Hauptländer zum Zweck einer gemeinsamen Ausplünderung der Welt.

9 In dieser Weise argumentierten damals insbesondere Leo Panitch und Sam Gindin (2004, S. 29 f.) und in ihrer Folge eine Autorengruppe um Frank Deppe, der auch der Autor dieses Aufsatzes angehörte (vgl. Deppe u. a. 2004; auch Deppe/Salomon/Solty 2011).

10 So sprach Michael Ignatieff (2003) davon, dass Amerika ein «Empire lite» verkörpere, dessen Zielsetzung die Durchsetzung der Menschenrechte sei, und Michael Walzer von einem «guten Imperialismus» (Walzer 2003). Zu diesem Komplex der humanitären Imperialismusverteidigung vgl. auch Deppe/Salomon/Solty 2011, S. 103 f.

11 Zu dieser russischen Ideologie vgl. die Rede Putins vom 21. Februar 2022. Kritisch zum russischen Chauvinismus auch Dörre 2022 und jüngst Gerns 2023.

12 Festzuhalten ist zudem die Selektivität der postulierten «Werteorientierung», die sich darin zeigt, dass eine politische und wirtschaftliche Zusammenarbeit mit anderen repressiv autoritären Regimen nach wie vor stattfindet oder sogar noch intensiviert wird.

Literatur

Andersson, Jan Otto, 2001: Imperialismus. Eintrag im Historisch-kritischen Wörterbuch des Marximus. www.marx-seura.kaapeli.fi/archive/imperialism.htm (Abfrage 12.1.2023)

Arrighi, Giovanni, 2008: Adam Smith in Bejing. Die Genealogie des 21. Jahrhunderts. Hamburg

Baran, Paul A. / Sweezy, Paul M., 1973: Monopolkapital. Ein Essay über die amerikanische Wirtschafts- und Gesellschaftsordnung. Frankfurt am Main

Deppe, Frank / Heidbrink, Stephan / Salomon, David / Schmalz, Stefan / Schoppengerd, Stefan / Solty, Ingar, 2004: Der neue Imperialismus. Heilbronn

Deppe, Frank / Salomon, David / Solty, Ingar, 2011: Imperialismus. Köln

Dörre, Klaus, 2022: Das Zeitfenster schliesst sich! Krieg, Exterminismus und die Utopie des Sozialismus. In: Sozialismus, 4, 16–23

Fukuyama, Francis, 1992: The End of History And The Last Man. New York

Gerns, Ditte, 2023: Eine Klassenfrage. Die Bolschewiki und das Selbstbestimmungsrecht der Nationen. In: junge Welt, 6.1., 12–13

Harvey, David, 2003: The New Imperialism. Oxford

Hilferding, Rudolf, 1910: Das Finanzkapital. Eine Studie zur jüngsten Entwicklung des Kapitalismus. Wien

Hofmann, Werner, 1967: Stalinismus und Antikommunismus. Zur Soziologie des Ost-West-Konflikts. Frankfurt am Main

Ignatieff, Michael, 2003: Empire lite. Die amerikanische Mission und die Grenzen der Macht. Hamburg

Kennedy, Paul, 2002: Aufstieg und Fall der grossen Mächte. Ökonomischer Wandel und militärischer Konflikt von 1500–2000. Frankfurt am Main

Lambsdorff, Alexander Graf, 2022: «Die Ostermarschierer sind die fünfte Kolonne Putins». In: Zeit online, 12.4. (online verfügbar) (Abfrage 12.1.2023)

Lenin, Wladimir Ilijitsch, 1960: Der Imperialismus als höchstes Stadium des Kapitalismus. Gemeinverständlicher Abriss. In: Ders.: Werke Bd. 22. Berlin, 189–309

Liebknecht, Karl, 1972: Der Hauptfeind steht im eigenen Land! Flugblatt, Mai 2015. In: Ders.: Gesammelte Reden und Schriften Bd. XVIII. Berlin, 225–230

Panitch, Leo / Gindin, Sam, 2004: Globaler Kapitalismus und amerikanisches Imperium. Hamburg

Putin, Wladimir, 2022: Adress by the President of the Russian Federation, 21.2. en.kremlin.ru/events/president/news/67828 (Abfrage 12.1.2023)

Salomon, David, 2015: Ultraimperialismus oder interimperialistische Konkurrenz? Fragen an eine aus den Fugen geratene Zeit. In: PROKLA 181 (04), 501–511

Solty, Ingar, 2020: Brauchen wir eine vierte Welle der marxistischen Imperialismustheorie? In: Sablowski, Thomas u. a.: Auf den Schultern von Karl Marx. Münster, 485–504

Solty, Ingar, 2021: Der kommende Krieg. Der USA-China-Konflikt und seine industrie- und klimapolitischen Konsequenzen. Berlin

Vollmer, Antje, 2022: Zweifel an der Sanktionspolitik gegen Russland. Wo sind die Realos geblieben? In: Berliner Zeitung, 14.7. (online verfügbar) (Abfrage 12.1.2023)

Walter, Barbara, 2023: Sturm auf das Kapitol. «Dieser Aufstand war ein Geschenk». In: Zeit online, 4.1. (online verfügbar) (Abfrage 12.1.2023)

Walzer, Michael, 2003: «Die europäische Aussenpolitik kann sich nicht sehen lassen». Interview. In: Böhnel, Max / Lehmann, Volker: American Empire – No Thank You. Andere Stimmen aus Amerika. Berlin, 47–55

iz3w ◀

Zum Kopfzerbrechen – Wohnen weltweit

Außerdem: Proteste in Peru | Geteiltes Zypern | Linke und Multipolarität

52 Seiten, € 6,–

www.iz3w.org

iz3w ▸ Zeitschrift zwischen Nord und Süd

JETZT DEN
LINKEN
THINK-TANK
UNTER-
STÜTZEN.
DENKNETZ-
MITGLIED
WERDEN.
Denk
netz
réseau de réflexion
pensieri in rete
think network
WWW.DENKNETZ.CH

Hanna Perekhoda

Mit wem sind wir solidarisch?

Der russische Krieg und die blinden Flecken der Linken

Warum hat Russland die Invasion in der Ukraine gestartet? Auf der Suche nach fundierten Erklärungen für eine sich stark verändernde Welt haben viele linke Intellektuelle im Laufe des Jahres 2022 in ihrer Argumentation eine überraschende Nähe zu ihren Kolleg:innen aus dem gegnerischen politischen Lager gezeigt (Scahill 2022; Paul 2022; Bella 2022). Sie verurteilen – mal stärker, mal weniger stark – die Brutalität der russischen Invasion. Hingegen stimmen sie überein, dass es letztendlich der Westen sei, verkörpert in der NATO und den Vereinigten Staaten, der für das Geschehen verantwortlich ist.

Diejenigen, die eine solche Lesart vertreten, teilen – manchmal ohne es zu wissen – die Sichtweise der sogenannt neorealistischen Analyse internationaler Beziehungen (Vilmer 2022), die auf der Überzeugung beruht, dass Staaten rationale Akteure sind, die versuchen, ihre nationalen Interessen zu maximieren. Weil sie in einer feindlichen und unbarmherzigen Welt operieren müssen, unterwerfen die Staaten sich einer Logik des Nullsummenspiels. Auch Russland wäre somit ein *rationaler* Akteur, der von *objektiven* sicherheitspolitischen Bedenken geleitet werde (Chotiner 2022). So etwa die Einschätzung von John Mearsheimer (2015; 2014), dem bekanntesten Vertreter dieser Denkschule, wie er sie in einem Vortrag entwickelte, den er ein Jahr nach der Annexion der Krim und dem Beginn des russisch-militärisch geprägten «Bürgerkriegs» im Osten der Ukraine hielt. Für den Professor gab es keinen Zweifel: Die NATO-Erweiterung habe Russland in Gefahr gebracht, und Moskau habe keine andere Wahl gehabt, als zu reagieren. Putin, ein pragmatischer und rationaler Führer, sei allerdings «viel zu intelligent», um sich in einen gross angelegten Krieg zu stürzen. Der Professor hat sich geirrt.

Putins Armee ist in die Ukraine einmarschiert und hat damit einen Krieg lanciert, wie Europa ihn seit 1945 nicht mehr gesehen hat.

Eines der Probleme des «offensiven Realismus», auf den Mearsheimer sich beruft, ist eine Grundannahme, auf der die Vertreter:innen dieses Ansatzes ihre Argumente aufbauen, nämlich dass allen Staaten eine vermeintlich objektive Rationalität gemeinsam ist. Dagegen ist festzuhalten, dass ein Staat keine Person mit einem eigenen Willen ist, sondern eine soziale Konstruktion, in der Konflikte zwischen Klassen mit unterschiedlichen oder gar gegensätzlichen «nationalen» Interessen im Spiel sind. Zugleich werden Staaten von Menschen regiert, die die internationale Politik ihrer Länder bestimmen, und um deren Verhalten zu verstehen, muss der soziale und politische Kontext untersucht werden, dem sie angehören. Das ist das Grundprinzip des konstruktivistischen Ansatzes: dass Akteure gegenüber Objekten, einschliesslich anderen Akteuren, auf der Grundlage der Bedeutungen handeln, die diese Objekte für sie haben (Wendt 1992). Die «nationalen» Interessen werden von den politischen Eliten auf der Grundlage der *Wahrnehmungen* geformt, *die sie sich von sich selbst und von der Welt machen* (Hopf/Bentley 2016). Diese Wahrnehmungen werden historisch geformt und unterliegen Veränderungen als Reaktion sowohl auf internationale als auch auf nationale politische Herausforderungen *der jeweiligen Gegenwart.*

Von der Kooptation korrupter Eliten zur direkten Kontrolle

Es ist schon fast vergessen gegangen, aber als Putin im Jahr 2000 an die Macht kam, zeigte er sich offen für eine Zusammenarbeit mit dem Westen. Manche Beobachter:innen haben dies als aufrichtige Bestrebungen der russischen Eliten gewertet, sich in die internationale Gemeinschaft zu integrieren. Diese Ambitionen seien daraufhin jedoch von einem hochmütigen und feindseligen Westen verraten worden. Nun sollte man aber nicht den Fehler machen, eine «universalistische» Vorstellung von Rationalität auf politische Akteure zu übertragen, deren Identität, Normen und Werte man nicht kennt. Die Gedankengänge der russischen politischen Eliten kann man nur verstehen, wenn man berücksichtigt, dass das derzeitige russische Regime zu grossen Teilen aus dem organisierten Verbrechen hervorgegangen ist, und dass seine Akteure nach der einzigen Logik handeln, die sie kennen, nämlich der Logik einer kriminellen Welt (Bonnet 2022). Laut dem Historiker Jaroslaw Schimow (Šimov 2022) ist die von 2000 bis 2007 von Putin demonstrierte Bereitschaft zur Kooperation mit dem Westen der «Kooperation» vergleichbar, die eine mafiöse Gruppe mit einer korrupten Polizei anstrebt. Putin wollte seine Handlungsfreiheit im postsowjetischen Raum, im «natürlichen» Einflussbereich des «historischen Russlands» (Olejnikov 2022) sichern. Im Gegenzug war er bereit, mit den westlichen «Flics», deren Hegemonie er noch nicht infrage stellte, einen schmutzigen Deal zu machen: Verkauf fossiler Brennstoffe zu Vorzugspreisen, Öffnung des russischen Marktes für Investitionen, Platzierung russischen Kapitals auf den amerikanischen und europäischen Aktienmärkten, Investition beträchtlicher Gelder russischer Oligarchen, die oftmals zweifelhafter Herkunft sind, in westliche Unternehmen (Maness/Valeriano 2015; Sherr 2013, 65–78).

Bis zu einem gewissen Grad haben die europäischen «Flics» dieses Arangement akzeptiert: Russisches Geld floss durch die Adern der Finanzsysteme, ohne dass allzu sehr hinterfragt wurde, woher es kam, und Gas und Öl flossen durch die neu gebauten Pipelines. Doch selbst so konziliante «Flics» wie Schröder, Sarkozy oder Berlusconi waren nicht in der Lage, den «Mafiosi» das absolute Monopol im postsowjetischen Hinterhof zu garantieren. Zunächst einmal waren da die USA, die nicht in gleicher Weise wie die EU Teil des Deals waren und ihre eigene Agenda gegenüber den ehemaligen Republiken der UdSSR verfolgten. Moskau wiederum schaffte es nicht, seinen direkten Nachbarn ein wirklich für beide Seiten vorteilhaftes Modell der Zusammenarbeit anzubieten. Den kleinen «Mafiosi» der ehemaligen Sowjetrepubliken fiel es schwer, Vorteile darin zu erkennen, sich Russland unterzuordnen, einem weitaus grösseren und gierigeren Mafiakartell (Šimov 2022). Ausserdem rebellierten die Bevölkerungen dieser Länder regelmässig gegen die von Putin gekauften Autokraten. Kurzum, Putin war nicht in der Lage, sich mit genügend wirksamen wirtschaftlichen, politischen und diskursiven Mitteln auszustatten, um die Einflusssphäre, die er sich vorgestellt hatte, in den Griff zu bekommen.

Ab 2012, als die Russ:innen massenhaft auf die Strasse gingen, um die gefälschten Wahlen anzuprangern, war die wirtschaftliche Unterwerfung der Nachbarländer nicht mehr das vorrangige Ziel: Nun stand der Fortbestand der Kontrolle über Russland selbst auf dem Spiel. Als sich das Regime ein Jahr später, mit dem Scheitern seines Projekts der eurasischen Wirtschaftsintegration, dem Aufstand der Ukrainer:innen und der Schwächung seiner politischen Legitimität innerhalb Russlands selbst konfrontiert sah, wechselte es von einer Logik der Kooptation korrupter Eliten zu einer Logik der direkten territorialen Kontrolle über die Nachbarländer, die häufig zu Lasten der Interessen des Privatkapitals ging (Matveev 2021). Die Annexion der Krim und die Gründung der separatistischen Staaten im Osten der Ukraine (2014), die Niederschlagung der Volksrevolutionen in Weissrussland (2019) und Kasachstan (2021) sind nichts anderes als eine Antwort des Putin-Regimes auf die Bedrohung durch das «Umsichgreifen der Demokratie». Putin befindet sich also nicht im Krieg gegen die NATO und ihre angebliche Bedrohung, sondern bemüht sich in erster Linie, jeden Versuch eines Volksaufstandes innerhalb und ausserhalb der russischen Grenzen im Keim zu ersticken.

Putin hat die Invasion der Ukraine nicht gestartet, als der Westen Russland «bedrohte», im Gegenteil, er tat es, als die NATO «hirntot» (Macron 2019) war, die USA sich mit einer Krise ihrer Hegemonie konfrontiert sahen, und die grossen europäischen Länder, von der Pandemie getroffen, mit ihren inneren Problemen beschäftigt waren. Gleichzeitig kam Putin besser zurecht: Die russische Wirtschaft konnte dank der hohen Brennstoffpreise beträchtliche Ressourcen anhäufen, Weissrussland wurde völlig unterworfen, und der Erfolg der «Operation kollektive Sicherheit» in Kasachstan (Artjuch 2022) ermutigte dazu, nun auch den letzten verwegenen Vasallen in die Schranken zu weisen.

In Putins Russland, einer personengebundenen Autokratie par excellence, sind der Polizeiapparat, die Geschäftswelt, das organisierte Verbrechen und der Staatsapparat zu einem unteilbaren Ganzen verschmolzen. In einem solchen System garantiert die Stabilität des politischen Regimes seinen Nutzniesser:innen nicht nur das Recht, die natürlichen Reichtümer und die Bevölkerung auszubeuten, sie ist auch die einzige Garantie ihrer körperlichen Unversehrtheit. Das ist der Punkt, an dem der Begriff der nationalen Sicherheit durch jenen der Sicherheit des Regimes ersetzt wird (Greene 2022), dessen Überleben die Aufrechterhaltung eines komplexen Netzes persönlicher Abhängigkeiten erfordert, und damit viel Geld, um die Loyalität der «Familie» zu garantieren (Bonnet 2022). Nur auf seine Selbstreproduktion bedacht, wird Putins Regime wirtschaftlich immer ineffizienter und ungerechter, kann also nur Bestand haben, wenn es innerhalb des Landes repressiver und nach aussen aggressiver wird. Krieg ist ein logischer Ausweg für diese Art von Regime, denn er ist eines der letzten Mittel, um die Reihen innerhalb eines Landes zu schliessen, das unter der Last der inneren Widersprüche zwischen den breiten Volksschichten und denjenigen, die sich auf obszöne und praktisch unkontrollierbare Weise bereichern, zu zerfallen droht.

Ein einziges Volk?

Warum die Ukraine? Zunächst einmal ist die Ukraine eines der wenigen Länder im postsowjetischen Raum, in dem die Volksrevolution nicht niedergerungen werden konnte oder zur Rückkehr von prorussischen Kräften an die Macht geführt hatte. Eine Ukraine, in der die Revolution gelänge und den Weg zu einer demokratischen und wirtschaftlich gestärkten Entwicklung ebnete, könnte bei den Russ:innen, die in einem der ungerechtesten Staaten der Welt leben (Dorofeev 2021), gefährliche Ideen wecken. Die Ukraine, die nach Russland mächtigste ehemalige Sowjetrepublik, ist aufgrund ihrer geografischen Lage, ihrer fruchtbaren Böden, ihrer Rohstoffe, ihrer nach wie vor relativ entwickelten Industrie und ihren qualifizierten Arbeitskräften zugleich ein wertvoller Aktivposten. Die Aufnahme der Ukraine in die Allianz mit Russland und Weissrussland würde diese nach Ansicht des Kremlherrn zu einer Macht machen, die in der Weltpolitik grosses Gewicht hätte (Putin 2010; 2021). «Gemeinsam waren wir schon immer und werden auch in Zukunft um ein Vielfaches stärker und erfolgreicher sein. Denn wir sind ein einziges Volk», verkündet er in einem Essay mit historischem Anspruch «über die Einheit von Russen und Ukrainern» (Putin 2021). Glaubt Putin selbst an das, was er sagt, wenn er behauptet, Russ:innen und Ukrainer:innen seien ein einziges Volk und die ukrainische Unabhängigkeit sei eine Verschwörung westlicher Kräfte, die Russland schwächen wollten (Putin 2021)? Selbst die am besten informierten Beobachter:innen neigen zur Annahme, Putin, ein pragmatischer und skrupelloser Mafiaboss, habe keine Ideologie (Bonnet 2022). Doch politische Führer sind keine Ausserirdischen. So kriminell und räuberisch sie auch sein mögen, teilen sie dennoch mit ihrer Gesellschaft deren Gründungsmythen.

Die Vorstellungen, die die politischen und intellektuellen Eliten Russlands von ihrem Land und der Aussenwelt entwickelten, haben ihre Wurzeln im 19. Jahrhundert (Martin 2003), also zu einer Zeit, in der Europa grosse Veränderungen durchlief, die auf Russland überzugreifen drohten. Die zaristischen Eliten, die versuchten, ihre autokratische Macht in einer von Revolutionen erschütterten Welt zu bewahren, begannen, Russland als Verkörperung «traditioneller» Tugenden zu sehen, die der Westen angeblich aufgegeben hatte, als ein Land mit der *Mission*, Europa vor Unordnung zu schützen. Dieses Bild von Russland als einer belagerten Festung mit einer zivilisatorischen Mission nicht nur gegenüber dem «barbarischen» Osten, sondern auch gegenüber dem «dekadenten» Westen, prägte ihre Vorstellungswelt nachhaltig (Oskanian 2021). Die Landstriche der modernen Ukraine wurden im 18. bis 19. Jahrhundert zum wichtigsten Schlachtfeld, auf dem sich die russischen Eliten gegenüber dem signifikant Anderen, dem Westen, abgrenzten (Martin 2003).

In dem riesigen, sich ständig ausdehnenden kontinentalen russischen Imperium sah sich der Staatsapparat einem chronischen Mangel an loyaler

Bevölkerung gegenüber, fähig und bereit, sowohl die Herrschaft über die kolonisierten Völker *im Innern* des Landes auszuüben als auch seine Grenzen vor *äusseren* Bedrohungen zu sichern. Deshalb ist die Assimilierung der Ukrainer:innen und Weissruss:innen zu einem «dreifaltigen russischen Volk» für die imperiale Macht des 19. Jahrhunderts so wichtig geworden: Zum einen hatten sie als Bollwerk gegen die vom Westen ausgehenden Gefahren zu dienen, zum andern sollten sie die Reihen der russischen Siedler:innen in einem Reich auffüllen, in dem die ethnischen Russ:innen in die Minderheit geraten waren (Miller 2003). Diese doppelte Rolle für die Sicherheit des russischen Staates erklärt die Unerbittlichkeit und Brutalität der Politik der Russifizierung der Ukrainer:innen im 19. Jahrhundert. Für ein so definiertes Russland wurde der ukrainische Nationalismus zu einer existenziellen Bedrohung, sowohl was den *imperialen Staat* wie auch die *nationale Körperschaft* betrifft.

Die literarischen und historischen Texte des 19. Jahrhunderts, die in der Stalinzeit wieder aus den Schubladen hervorgeholt wurden, sind nun Teil des kulturellen Kanons in Russland und verbreiten über Bildung und Massenkultur in der gesamten russischen Bevölkerung anachronistische Vorstellungen über die Ukraine und Russland (Thompson 2000). Obwohl sie in einem spezifischen historischen Kontext hervorgebracht worden sind, werden Messianismus, eine antiwestliche Haltung, Etatismus, imperialer Imperativ und die Leugnung der ukrainischen Subjektivität als letztendlich ahistorische, absolute und unveränderliche Wahrheiten dargestellt, die der ewigen russischen Identität eigen sein sollen. Offensichtlich begeistert von dieser nationalen Mythologie, sieht Putin in der separaten Existenz der Ukrainer:innen die unvermeidliche Zerstörung nicht nur des russischen «zivilisatorischen» Raums, sondern auch der Körperschaft der russischen *Nation* als solcher angelegt. «Infolge einer so harten und künstlichen Spaltung zwischen Russen und Ukrainern könnte das russische Volk als Ganzes um Hunderttausende, wenn nicht sogar Millionen Menschen schrumpfen.» (Putin 2021) «Haben Sie das Tagebuch von Denikin gelesen? Lesen Sie es! Er führt darin Argumente über Gross- und Kleinrussland, das heisst die Ukraine, an. Er sagt, dass es niemandem erlaubt sein sollte, sich in unsere Beziehungen einzumischen, diese seien immer eine innere Angelegenheit Russlands gewesen», vertraute Putin der Presse bereits 2009 an (RIA Novosti 2009). Es ist bedauerlich, dass heute lange Texte über den russischen Krieg in der Ukraine geschrieben werden, ohne den Stellenwert zu begreifen, den das nationale Narrativ Russlands der Ukraine einräumt. Ohne Berücksichtigung des personalisierenden Charakters des Putin-Regimes und des Fehlens von «checks and balances» ist es überdies schwer zu verstehen, dass die Überzeugungen und Identitäten der Führerperson eine völlig unverhältnismässige Rolle spielen können, die jede «rationale» Analyse des «nationalen Interesses» überschattet (Kazharski 2022a).

Der Widerstand der Subalternen

Die Leugnung der Handlungsfähigkeit der Subalternen, ein Produkt der kolonialen und elitären Vorstellungswelt der russischen herrschenden Klassen, hat zu so grossen Fehlkalkulationen wie dieser Invasion geführt. Bei seinen Plänen, Kiew in drei Tagen einzunehmen, vergass Putin ein kleines Detail: Die Ukraine wird von den Ukrainer:innen bewohnt, und diese werden Widerstand leisten, um sich zu verteidigen. Der ukrainische Widerstand überraschte nicht nur Putin, sondern aus denselben Gründen auch die intellektuellen Kreise im Westen. Der Widerstand der Subalternen ist nur dann eine Überraschung, wenn es uns nicht gelingt, auch die Handlungsfähigkeit von Ländern und Völkern in unsere Analysen einzubeziehen, die auf unseren mentalen Landkarten kaum existieren (Mälksoo 2022; Kazharski, 2022b). Im Bestreben, die westliche Hegemonie anzuprangern, läuft manch eine:r Gefahr, in eine umgestülpte Form des West-Zentrismus zu verfallen, der Ungleichheiten und damit die Stimmen der Subalternen ausserhalb der binären Opposition zwischen «dem Westen und dem Resten» ignoriert (Oskanian, 2021, 21–22, 269).

Den russischen Krieg in der Ukraine ausschliesslich aus einer «geopolitischen» Perspektive zu analysieren, führt dazu, den Standpunkt der herrschenden Klassen einzunehmen. Wird die Welt als Schachspiel betrachtet, in dem die Staaten und nicht die Völker die wahren Akteure sind, dann folgt daraus logischerweise, dass mensch sich mit den herrschenden Klassen der Länder solidarisiert, die in Opposition zu den Vereinigten Staaten stehen, und die nach einer Neuverteilung exklusiver Herrschaftssphären streben. Ein solcher Ansatz macht die breiten Volksschichten, die unterdrückten Nationen und die Subalternen im Allgemeinen unsichtbar und verneint deren Handlungsfähigkeit. Das ist von Grund auf unvereinbar mit einer marxistischen Analyse und widerspricht den politischen Werten der Linken. Der Ansatz führt nicht nur zu falschen Schlussfolgerungen, sondern auch zu gefährlichen politischen Stellungnahmen. Den Aufstieg nichtwestlicher Imperialismen zu beglückwünschen, weil man sie für eine «multipolare» Herausforderung der amerikanischen Unipolarität hält, obwohl sie offen faschistische Tendenzen aufweisen und eine mörderische Politik verfolgen, wäre politisch nicht zu verantworten. Die von Putin propagierte «multipolare» Welt wird nichts anderes sein als eine Welt, in der es normal ist, Länder zu überfallen, Terror auszuüben und die Welt mit Atomwaffen, Hunger und Energieknappheit zu bedrohen. Eine Welt, in der die Grossmächte Einflusssphären unter sich aufteilen, um dort jeweils repressive Regimes zu installieren und die Natur und die Bevölkerung ungestraft auszuplündern. Der aktuelle Krieg ist wahrscheinlich einer jener entscheidenden Momente, in denen wir zu einer tiefgreifenden Reflexion über die blinden Flecken unserer Analysen aufgefordert sind. Wir müssen die politische Verantwortung für unsere Aussagen übernehmen. Mit wem sind wir solidarisch? Mit den kämpfenden Völkern oder mit den herrschenden Klassen der imperialistischen Länder, die sich den Planeten neu aufteilen wollen? Es ist an der Zeit, eine ehrliche Antwort auf diese Frage zu geben.

Literatur

Artiukh, Volodymyr, 2022 : The political logic of Russia's imperialism. www.focaalblog.com/2022/06/09/volodymyr-artiukh-the-political-logic-of-russias-imperialism/ (Abfrage 11.1.2023)

Bella, Timothy, 2022: Kissinger says Ukraine should cede territory to Russia to end war. www.washingtonpost.com/world/2022/05/24/henry-kissinger-ukraine-russia-territory-davos/ (Abfrage 11.1.2023)

Bonnet, François, 2022 : Poutine, la guerre et le crime. Derrière l'idéologie néoimpériale russe. In : Revue du Crieur, 21, 2, 4–27

Chotiner, Isaac, 2022: Why John Mearsheimer Blames the U.S. for the Crisis in Ukraine. www.newyorker.com/news/q-and-a/why-john-mearsheimer-blames-the-us-for-the-crisis-in-ukraine (Abfrage 11.1.2023)

Collins, Gabriel, 2017 : Russia's Use of the «Energy Weapon» in Europe. In: Issue Brief. hdl.handle.net/1911/98850 (Abfrage 19.1.2023)

Dorofeev, Mikhail, 2021 : Does Income Inequality Create Excessive Threats to the Sustainable Development of Russia? Evidence from Intercountry Comparisons via Analysis of Inequality Heatmaps. In: Economies, 9 (4), 1–17

Greene, Sam, 2022: Why Putin fights. Understanding the imperatives of regime security. tldrussia.substack.com/p/why-putin-fights (Abfrage 29.1.2023)

Hopf, Ted / Bentley B., Allan (Hg.), 2016: Making Identity Count. Building a National Identity Database. New York

Kazharski, Aliaksei, 2022a: The Realist Illusion About Russia and Ukraine. A Response to Stephen Walt. visegradinsight.eu/the-realist-illusion-about-russia-and-ukraine-a-response-to-stephen-walt/ (Abfrage 11.1.2023)

Kazharski, Aliaksei, 2022b: Explaining the «Westsplainers». Can a Western scholar be an authority on Central and Eastern Europe? ukrainian-studies.ca/2022/07/19/explaining-the-westsplainers-can-a-western-scholar-be-an-authority-on-central-and-eastern-europe/ (Abfrage 11.1.2023)

Kordan, Bohdan, 2022: Russia's war against Ukraine. Historical narratives, geopolitics, and peace. In: Canadian Slavonic Papers, 64 (2–3), 162–172

Macron, Emmanuel, 2019: Emmanuel Macron in his own words. www.economist.com/europe/2019/11/07/emmanuel-macron-in-his-own-words-english (Abfrage 11.1.2023)

Mälksoo, Maria, 2022: The Postcolonial Moment in Russia's War Against Ukraine. In: Journal of Genocide Research. doi.org/10.1080/14623528.2022.2074947 (Abfrage 11.1.2023)

Maness, Ryan / Valeriano, Brandon, 2015: Russia's coercive diplomacy. Energy, cyber, and maritime policy as new sources of power. Basingstoke

Martin, Alexander M., 2003: The Invention of «Russianness» in the Late 18th – Early 19th Century. In: Ab Imperio, 3, 119–134

Matveev, Ilya, 2021: Between Political and Economic Imperialism. Russia's Shifting Global Strategy. In: Journal of Labor and Society, 25 (2), 198–219

Mearsheimer, John, 2014: Why the Ukraine Crisis Is the West's Fault. The Liberal Delusions that Provoked Putin. In: Foreign Affairs, 93 (5), 77–89

Mearsheimer, John, 2015: Why is Ukraine the West's Fault? Featuring John Mearsheimer. www.youtube.com/watch?v=JrMiSQAGOS4&ab_channel=TheUniversityofChicago

Miller, Alexei, 2003: The Ukrainian question. The Russian Empire and nationalism in the nineteenth century. Central European University Press

Olejnikov, Andrej, 2022: Kto i začem izobrel «istoričeskuû Rossiû?». posle.media/kto-i-zachem-izobrel-istoricheskuyu-ros/ (Abfrage 11.1.2023)

Oskanian, Kevork, 2021: Russian Exceptionalism between East and West The Ambiguous Empire. Palgrave Macmillan

Paul, Ron, 2022: Is Washington Fighting Russia Down to the Last Ukrainian? ronpaulinstitute.org/archives/featured-articles/2022/march/14/is-washington-fighting-russia-down-to-the-last-ukrainian/ (Abfrage 11.1.2023)

Putin, Vladimir, 2010 : Razgovor s Vladimirom Putinym. Prodolženie. Polnyj tekst programmy. www.vesti.ru/article/2072038 (Abfrage 11.12023)

Putin, Vladimir, 2021 : On the Historical Unity of Russians and Ukrainians. en.kremlin.ru/events/president/news/66181 (Abfrage 11.1.2023)

RIA Novosti, 2009 : Putin sovetuet čitat' dnevniki Denikina. ria.ru/20090524/172146777.html (Abfrage 11.1.2023)

Scahill, Jeremy, 2022: Noam Chomsky and Jeremy Scahill on the Russia-Ukraine War, the Media, Propaganda, and Accountability. theintercept.com/2022/04/14/russia-ukraine-noam-chomsky-jeremy-scahill/ (Abfrage 11.1.2023)

Sherr, James, 2013: Hard diplomacy and soft coercion. Russia's influence abroad. Chatham House

Šimov, Âroslav, 2022 : K putinizmu ne nužno otnosit'sâ kak k političeskomu režimu. Èto banditizm s ideâmi. meduza.io/feature/2022/06/15/k-putinizmu-ne-nuzhno-otnositsya-kak-k-politicheskomu-rezhimu-eto-banditizm-s-ideyami/ (Abfrage 11.1.2023)

Thompson, Ewa, 2000: Imperial knowledge. Russian literature and colonialism. Greenwood Press Westport

Vilmer, Jean-Baptiste Jeangène, 2022 : Guerre en Ukraine. «Être réaliste, c'est croire au rapport de force et à la dissuasion». www.lemonde.fr/idees/article/2022/07/10/guerre-en-ukraine-etre-realiste-c-est-croire-au-rapport-de-force-et-a-la-dissuasion_6134169_3232.html (Abfrage 11.1.2023)

Wendt, Alexander, 1992: Anarchy Is What States Make of It. The Social Construction of Power Politics. In: International Organization, 46 (2), 391–425

bueroalbatros.ch
Kennen Sie Zürichs Bosheiten, Faulheiten und Mehrheiten.
Die linke Zürcher Zeitung.
p.s.

Markus Heiniger

Neutralität hin oder her – für eine friedenspolitische Aussenpolitik der Schweiz im Sinn des Völkerrechts

Die Neutralität gilt viel in der Schweiz. Aussenpolitische Entscheide begründet der Bundesrat traditionellerweise mit der Neutralität, und auch Kritik daran argumentiert mit der Neutralität («Neutralität verletzt, missbraucht für aussenwirtschaftliche Interessen» et cetera). In der aktuellen geopolitischen Situation überzeugt sie als Kompass allerdings weniger. Sie wirkt eher verwirrend. Neutral oder pro Ukraine? wird zum Beispiel gefragt, nicht nur aus der EU oder von den USA, sondern auch in der Schweiz. Ein Blick zurück auf 200 Jahre Neutralität.

Die Schweiz war nicht immer neutral. Im 17. Jahrhundert, nach der Katastrophe des Dreissigjährigen Kriegs, kam die Neutralität als Positionierung für kleine und Mittelmächte auf, unter anderem auch bei der Schweiz (Maissen 2010, 128). Die Neutralität der Schweiz im engeren Sinn wurde 1815 auf dem Wiener Kongress als «immerwährende Neutralität» festgehalten. Den damaligen Grossmächten, insbesondere Frankreich und Österreich-Ungarn, war es recht, eine Pufferzone zwischen sich zu haben. Für die Schweiz verkleinerte sie die Gefahr, in einen europäischen Krieg hineingezogen zu werden, und sie war eine aussenpolitische Orientierung, auf die sich die konservativen und die republikanischen Kantone einigen konnten.

Neutralität bedeutet rechtlich, kurz gesagt, keine Teilnahme an Kriegen zwischen anderen Staaten und keine Unterstützung einer kriegsführenden Partei mit Waffen (aus staatlicher Produktion) und Truppen. So wurde

1907 im Haager Abkommen das Neutralitätsrecht völkerrechtlich festgelegt. In der Neutralitätspolitik ist der neutrale Staat im Prinzip frei. Er muss darauf achten, dass er in der Innen- und Aussenwahrnehmung, vor allem im Urteil der jeweiligen Grossmächte glaubwürdig als (genügend) neutral eingeschätzt wird, das heisst nicht zu stark als einseitig. Weil die Schweiz zum Beispiel zu lange und zu intensiv wirtschaftlich mit den Achsenmächten kooperierte, wurde sie gegen Ende des Zweiten Weltkriegs von den Alliierten stark kritisiert, und drohte, international isoliert zu werden.

Neutralitätsauslegung ändert sich mit jedem globalen Umbruch

Bei den grossen Umbrüchen des globalen Kontextes hat die Schweiz jeweils die Ausrichtung der Neutralität angepasst. Eine solche Abhängigkeit vom Globalkontext ist für einen kleineren beziehungsweise mittelgrossen Staat (Wirtschaftsgrösse) nicht überraschend.

Mit dem Entstehen des Völkerbundes nach dem Ersten Weltkrieg entstand ein System kollektiver Sicherheit. Konnte man neutral bleiben? Der Bundesrat erklärte, es sei klar, «dass im Bereich der abstrakten Begriffe Neutralität und Völkerbund sich ausschliessen». Die Bedeutung des Rechts und einer internationalen Ordnung sowie humanitäre Gründe sprächen aber angesichts der Erfahrungen des Kriegs für einen Beitritt der Schweiz zum Völkerbund, aber inklusive Neutralität (Tanner 2015, 157). Rechtsbürgerliche Kreise waren dagegen, zuerst auch die Mehrheit der Linken, die sich eher an einer sozialistischen Internationale orientierten, auch wegen den harten sozialen Auseinandersetzungen während des Ersten Weltkriegs. 1920 wurde der Beitritt in einer Volksabstimmung beschlossen. Die Schweiz erlangte im Völkerbund die Sonderrolle, nur wirtschaftliche Sanktionen, jedoch nicht militärische, mittragen zu müssen. Man nannte dies «differentielle» Neutralität.

1938 erklärte die Schweiz die Rückkehr zur «integralen Neutralität», die auch im Zweiten Weltkrieg offiziell galt. 1939–1945 kam es zu den bekannten Neutralitätsverletzungen. Zum Beispiel lieferten Rüstungsfirmen, vor allem die Werkzeugmaschinenfabrik Oerlikon-Bührle, in grossem Stil an Hitlerdeutschland. Diese Lieferungen wurden mit Clearingkrediten finanziert, also faktisch durch den Bund.[1] Die Schweiz konnte sich damals tatsächlich nicht total «entweder-oder» verhalten. Aber der kleine, bestehende Spielraum für eine stärker antifaschistische und humanitär-demokratische Politik wurde oft nicht genutzt, zum Beispiel in der Aussenwirtschafts- und der Flüchtlingspolitik (Heiniger 1989).

Nach der Weltkriegskatastrophe kam es zur Gründung der Uno, im neuen globalen Kontext des Kalten Kriegs. Nachdem die Schweiz 1945/46 auf den Uno-Beitritt verzichtet hatte – andere Neutrale wie Schweden traten bei –, prägte der freisinnige Aussenminister Max Petitpierre die Bezeichnung «Neutralität und Solidarität».[2] Die «Solidarität» sprach die weltzugewandten Kreise der Schweiz an (zum Beispiel Europahilfe, Entwicklungszusammenarbeit). Für die USA bedeutete «Solidarität», dass die Schweiz am Marschallplan (Wiederaufbau- und Wirtschaftsförderungsprogramm der USA für Westeuropa) mitwirkte; sowie (was das Neutralitätsrecht verletzte) am Technologieembargo der Nato gegen den Ostblock. Der Bundesrat wollte in den 1980er-Jahren der Uno beitreten, da er sah, dass sich die Schweiz längerfristig isolieren würde, wenn sie den politischen multilateralen Institutionen fernblieb. Die nationalkonservativen Kreise um Christoph Blocher mobilisierten dagegen – mit der «Neutralität». 1986 wurde der Beitritt in der Volksabstimmung wuchtig abgelehnt.

1993 bisher letztmals prinzipielle Neuauslegung der Neutralität

Das Ende des Kalten Kriegs 1989/90 brachte erneut einen ganz anderen Kontext. Der Einfluss der Uno, des Völkerrechts, nahm zu. Wie man erst im Januar 2023, nach Ablauf der Dokumentensperrfrist, erfuhr, stellte das damalige Eidgenössische Militärdepartement intern fest: «Die Neutralität hat aufgrund der geostrategisch veränderten Lage ihre dissuasive Schutzwirkung weitgehend verloren.» (Wehrli, 2023). Nach aussen verschwieg Bundesbern aber, dass die Neutralität sicherheitspolitisch wirkungslos geworden war. Im Neutralitätsbericht 1993 kam dann doch der Kurswechsel, es hiess, «dass Neutralität und Teilnahme an kollektiven Sanktionen der internationalen Staatengemeinschaft gegen einen Friedens- und Rechtsbrecher miteinander vereinbar sind.» (Bundesrat 1993, 208). Man begann, Uno-Sanktionen teilweise mitzutragen (1990 Irakkrieg), wollte bei den Uno-Blauhelmen mitmachen, was aber in der Volksabstimmung von 1994 von den konservativen Kräften verhindert wurde, beteiligte sich neu an den Bretton-Woods-Institutionen (Weltbank und Internationaler Währungsfonds IWF), begann, die zivile Friedensförderung auszubauen (Heiniger 2021), und trat 1996 der Nato-«Partnerschaft für den Frieden» bei. 2002 erfolgte der Beitritt zur Uno, in einer knappen Volksabstimmung. Die Gegner:innen argumentierten erneut hauptsächlich mit der Neutralität. Die Uno sah in der Neutralität kein Beitrittshindernis.

Neutralität als Sonderfall-Topos stabil in den Köpfen

Die Neutralität ist wie gezeigt eigentlich einfach. Sie wird bei Bedarf angepasst. Sie ermöglicht der Regierung flexibles Handeln – faktisch aber oft mit einer klaren Schlagseite in Richtung Aussenwirtschaft und/oder nationalkonservative Sonderfallposition. Die Neutralität ist aber gleichzeitig kompliziert, denn sie ist auch ein Wust von tradierten «Erinnerungen», ein sogenannter Mythos, der individuell und kollektiv tief verankert ist: Dank der Kombination von Neutralität, Bewaffnung, Nichtkooperation und eigenem Willen, so diese Glorifizierung, sei die Schweiz quasi seit Urzeiten eigenständig gewesen und wohlhabend geworden. Dieses Bild in den Köpfen ist ein Faktor der Aussenpolitik geworden, ungeachtet der historischen Fakten. Denn diese zeigen, dass Vieles eher durch Nützlichkeit und Kooperation erreicht wurde. Besonders die Leitnarrative zur Rolle der Neutralität in den Weltkriegen trugen zur Glorifizierung bei. Im Ersten Weltkrieg, als stark an Frankreich beziehungsweise an Deutschland orientierte Gruppen bestanden, setzte sich die Neutralität als das Gemeinsame durch. Dieses erfolgreich integrierende Muster wurde später überhöht. Im Zweiten Weltkrieg wurden für die Nichteroberung der Schweiz nicht die geografische Lage und die wirtschaftliche internationale Verflochtenheit und Nützlichkeit der Schweiz verantwortlich gemacht. Sondern es setzte sich der gedankliche Komplex Sonderfall/«Réduit»/bewaffnete Neutralität fest. Dies entsprach dem, was damals die Behörden gegen innen und gegen aussen kompromisslos behaupteten: Man sei immer voll neutral geblieben. Der Alleingang hatte sich in dieser Auffassung bewährt. Dies hatte dramatische Folgen für die Nachkriegszeit: Im Unterschied zu allen anderen vergleichbaren Ländern trat die Schweiz nach dem Weltkrieg weder der Uno noch den Bretton-Woods-Institutionen noch der Nato bei, und machte auch bei der entstehenden europäischen Integration nicht mit. Dieser Alleingang ging halbwegs gut während des Kalten Kriegs, aber nach 1989/90 stand die Schweiz angesichts des neuen globalen Kontexts ziemlich isoliert da. Die Überhöhung des Sonderfalls in den Köpfen war zur Risikobürde für die Realpolitik geworden.

War die Neutralität im 19. Jahrhundert eine einsichtige politische Positionierung, hat sie in der ganz anderen globalen Konstellation des 21. Jahrhundert die meisten ihrer realpolitischen Faktoren eingebüsst. Zugespitzt formuliert, zeigt sich das etwa daran, dass intuitiv kaum jemand versteht, wieso man Saudi-Arabien und Katar Waffen liefern darf, aber der Ukraine nicht.

Neutralität und Wirtschaftssanktionen, Gute Dienste

Die Schweizerische Volkspartei SVP spricht wegen den Ukraine-Sanktionen von Wirtschaftskrieg, und dass die Schweiz jetzt Kriegspartei sei. Wirtschaftssanktionen sind aber ein völkerrechtlich festgelegtes Mittel gegen die Rechtsbrechenden. Krieg ist laut dem kollektiven Sicherheitssystem der Uno verboten. Deshalb kommen die Uno-Regeln zur Anwendung, wenn jemand mit Krieg droht oder Krieg beginnt. Kollektive Massnahmen sollen den Friedensbrechenden davon abhalten (Uno-Charta Art. 39 f.). Uno-Sanktionen müssen von allen Mitgliedsstaaten übernommen werden. Im Fall des Ukrainekriegs verhinderte Russland mit dem Veto einen Beschluss des Sicherheitsrats. Deshalb ergriff die EU Sanktionen. Erst nach 1989/90 machte die Schweiz bei Sanktionen mit, erstmals 1990 beim Irakkrieg; früher weder im Fall von Argentiniens Militärregierung noch von Apartheid-Südafrika. Dann wurde es langsam «normal»: Im Kosovokonflikt 1998/99 übernahm sie erstmals EU-Sanktionen (nur teilweise, weil kein Beschluss des Uno-Sicherheitsrats für die «humanitäre Intervention» vorlag). Weiter zum Beispiel im Irakkrieg 2003, im Zusammenhang mit den Iran-Sanktionen sowie in den Fällen Libyen, Syrien und Jemen, wo die Schweiz je nach Fall EU-Sanktionen und andere Massnahmen (unter anderem Waffenausfuhr) übernahm.

Die Neutralität wird auch wegen den «Guten Diensten» erwähnt. Die Vermittlungsfähigkeit hängt aber gerade so sehr davon ab, ob eine Regierung in Sachen Friedensförderung kompetent ist. Norwegen ist als Nato-Mitglied nicht neutral, und trotzdem ein anerkannter Vermittler (unter anderem Oslo-Prozess Naher Osten, Sri Lanka). Auch Finnland, Oman, Katar und andere sind anerkannte Vermittler. Das EDA hat diesbezüglich seine Kompetenzen seit dem Ende des Kalten Kriegs substanziell ausgebaut. Die Zeit, als man im «neutralen» Genf warten konnte, bis Konfliktparteien um Vermittlung nachsuchten, ist vorbei.

Neutralität und «Gleichbehandlung» im Fall der Ukraine-Unterstützung

Wegen der völkerrechtswidrigen russischen Aggression macht die Schweiz bezüglich Ukraine-Unterstützung einiges, sollte aber sehr viel aktiver werden (Nach Redaktionsschluss wurde sogar bekannt, dass gemäss dem Institut für Weltwirtschaft in Kiel die Schweiz in einer Rangliste der Regierungshilfe für die Ukraine, inklusive Flüchtlingshilfe, im Verhältnis zum Bruttoinlandprodukt von vierzig Ländern nur auf Rang 29 liegt (Gasser, 2)). Die Neutralität spielte meistens (ausser bei der indirekten Waffenhilfe) keine grosse Rolle, ausser als «Gleichbehandlungs»-Idee, vorgebracht hauptsächlich als Druckmittel von rechts, wie die folgende Betrachtung der verschiedenen Ukraine-Handlungen der Schweiz zeigt:

Bei der Frage der Sanktionen konnte die «Gleichbehandlungs»-Idee überwunden werden (unter anderem mit der grossen Friedensdemonstration vom 26. Februar 2022 in Bern, an der die Forderung nach Sanktionen im Vordergrund stand). Kaum eine Rolle spielt die Neutralität bei der Flüchtlingsaufnahme. Ebenso nicht bei der Mit-Erarbeitung durch die Schweiz der begrüssenswerten Ukraine-Wiederaufbau-Prinzipien, die Antikorruption und good governance betonen (die Prinzipien sollten vom EDA stärker vertreten werden), an der Ukraine-Lugano-Konferenz im Juni 2022. Auch nicht Ende 2022 bei der Aufstockung der seit den 1990er-Jahren in der Ukraine zusammen mit Entwicklungsprogrammen aktiven humanitären Hilfe um hundert Millionen CHF («Winterhilfe»; diese wurde 2022 leider nicht verdoppelt, wie von NGOs und teilweise im Parlament verlangt). Bei allfällig im Hintergrund laufenden Kontakten im Hinblick auf friedenspolitische Unterstützung (offizielle Gesprächslancierungen könnten ja nur von der Ukraine kommen, alles andere hilft nur dem Aggressor) würde ein Einbezug möglichst beider/aller beteiligten Seiten eine Rolle spielen, das hat aber nichts mit Neutralitätsrecht zu tun. Gegen die zu begrüssende Freigabe von an Deutschland gelieferter Munition an die Ukraine führt der Bundesrat die Neutralität ins Feld. Der Völkerrechtsprofessor Oliver Diggelmann dazu: «Das Neutralitätsrecht verlangt Gleichbehandlung der Konfliktparteien. Wir liefern Russland keine Waffen, also müssen wir die Ukraine auch so behandeln.» Man könne zwar das Neutralitätsrecht verletzen, ohne die Neutralität aufzugeben: «Es wäre ein nicht unschweizerischer Weg, wenn ich das so sagen darf. Wir tun so, als wüssten wir nicht, dass das neutralitätsrechtlich nicht geht. Und könnten so den internationalen Druck abfedern.» (Diggelmann, 2023) Der Historiker und Neutralitätsexperte Marco Jorio relativiert das Gleichbehandlungsgebot: Im Neutralitätsrecht «wird festgehalten, dass der neutrale Staat nicht verpflichtet ist, die Waffenausfuhr von privaten Firmen zu verbieten. Die oft gehörte Behauptung, das Neutralitätsrecht verbiete generell die Rüstungsausfuhr an Kriegsführende, ist falsch.» Und: «Seit dem Beitritt zur Uno im Jahre 2002 ist das Gleichbehandlungsgebot vollends obsolet.» (Jorio, 2022). Massgeblich für die Wiederausfuhr von Munition und Waffen ist aber heutzutage auch das Kriegsmaterialgesetz. Dessen Artikel 18 und 19 (Nichtwiederausfuhrerklärung gilt nur «in der Regel». Möglichkeit des Widerrufs besteht bei «ausserordentlichen Umständen») würden laut dem emeritierten Professor für Wirtschaftsvölkerrecht, Thomas Cottier, eine Freigabe der Munition für die Ukraine erlauben (Knellwolf, 2022) Das Parlament scheint nun (es geht auch um die Wiederausfuhr von Waffen, die an Dänemark und Spanien geliefert worden waren) eine Aufweichung des Kriegsmaterialgesetzes anzupeilen; eine Speziallösung für den Fall der Ukraine wäre vorzuziehen. (Nach Redaktionsschluss hat sich der Streit um die Neutralität in der Frage der Waffenweitergabe innerhalb der Schweiz und als Druck von aussen verstärkt, auch, weil Deutschland Leopard-2-Panzer kaufen möchte. Es wird immer weniger verstanden beziehungsweise akzeptiert, dass die Schweiz abseitssteht. In diesem Punkt wird die Neutralität mehr zur Belastung als zu einem innen- und aussenpolitisch positiven Faktor.)

Besonders unverständlich war, dass wegen der Neutralität, so der Bund in ersten Stellungnahmen, die Schweiz keine Kriegsverletzten aus der Ukraine aufnehmen könne (später sah man den Irrtum ein). Bei einer möglichen Aktion einer Übertragung von Sonderziehungsrechten (im IWF-Rahmen) an die Ukraine zur Deckung ihrer Zahlungsbilanz spielt die Neutralität keine Rolle.[3] Die Neutralität ist auch kein Hindernis für die dringend nötige aktivere Rolle des Bundes bezüglich der konfiszierten russischen Oligarchengelder und der Regulation des Rohstoffhandels (beides für die Schweiz mögliche Zeitbomben, auch vom Reputationsrisiko her gesehen). Die Neutralität verpflichtete das Parlament auch nicht zur massiven Aufrüstung der Schweizer Armee, da die Bedrohungslage trotz Ukrainekrieg gleich bleibt. Bezüglich militärischer Kooperation verbietet die Neutralität den Nato-Beitritt, aber nicht vermehrte Kooperation mit der EU (allerdings ist deren militärischer Arm schwach). Eine Erhöhung der militärischen Friedensförderung im Uno- und OSZE-Rahmen ist hingegen möglich und nötig.

Rechtspopulistische Initiative, «kooperative Neutralität», «gewöhnliche Neutralität» …

2022 entstanden verschiedene Ideen für eine Neupositionierung der Neutralität. «Pro Schweiz» lancierte die rechtspopulistische Volksinitiative für einen neuen Verfassungsartikel 54a. Die Neutralität, bisher offiziell nur ein Mittel zum Zweck, soll als Zweck der Schweiz festgeschrieben werden. Alle Sanktionen sollen verboten werden, ausser Uno-Sanktionen. Damit stünden Sonderfall und Geschäftsinteressen absolut vor einer kooperativen Aussenpolitik. *foraus «Forum Aussenpolitik»* empfahl die Bezeichnung «kooperative Neutralität» und verlangte eine «Politik […] der proaktiven, unparteiischen

Positionierung, basierend auf dem Verfassungs- und Völkerrecht» (foraus 2022, 40). Der ehemalige FDP-Ständerat René Rhinow plädierte für eine «gewöhnliche Neutralität»: «Die Schweiz muss endlich akzeptieren, dass sie sich nicht auf ihre Neutralitätspolitik berufen kann, sondern eine aktive Aussen- und Sicherheitspolitik braucht. Wie das auch die Bundesverfassung verlangt.» (Rhinow, 2022) Die Schweiz könnte sich völkerrechtlich gesehen auch problemlos als nicht (mehr) neutral erklären. Bisher sind Stimmen für eine Schweiz ohne Neutralität aber sehr selten.

Bundesrat: weiter wie bisher

In seinem Bericht vom 26. Oktober 2022 folgte der Bundesrat nicht Aussenminister Cassis, der sich für eine Neudefinition – «kooperative Neutralität» – aussprach, sondern hielt, fest, dass momentan die seit 1993 geltende Definition genüge: «Der Bundesrat kommt zum Schluss, dass die [...] Praxis der Neutralität der Schweiz einen genügend grossen Handlungsspielraum lässt, um auf die Ereignisse in Europa seit dem Ausbruch des Ukrainekrieges zu reagieren und die Neutralität im heutigen internationalen Kontext als Instrument der Schweizer Sicherheits- und Aussenpolitik zu nutzen.» (Bundesrat 2022, 25) Analytisch enthält der Bericht nichts Neues, auch nicht, dass aktuelle Kriegsformen wie Bürgerkriege und Cyberkriege vom Neutralitätsrecht nicht erfasst sind.

Der globale Umbruch, der nun in eine neue geopolitische Situation mündet, verlangt wie die bisherigen grossen Brüche (1914/18, 1945, 1989) eine angepasste Positionierung der Schweiz. Ein neues Adjektiv vor der Neutralität reicht nicht. Vermittlungen in den Dutzenden von Konflikten in fragilen Kontexten, die oft nicht direkt vom globalen Interessengegensatz dominiert werden, sind weiterhin möglich und nötig, hier muss die Schweiz ihre Friedenszusammenarbeit noch ausbauen. Ob man aber gleichzeitig sich zum westlichen Lager zählen und dennoch Brückenbau auf hoher politischer Ebene leisten kann? Solche Fragen müssen konkret in aussenpolitischen Handlungen weiterentwickelt werden.

Aussenpolitik statt Neutralitätsrhetorik

Die Neutralität hatte schon viele Beiwörter, unter anderem immerwährende, differenzielle, integrale, solidarische, aktive (Ex-Bundesrätin Micheline Calmy-Rey). Im Unterschied dazu ist die aussenpolitische Zielsetzung der

Schweiz gemäss Bundesverfassung sehr klar: «Der Bund setzt sich ein für die Wahrung der Unabhängigkeit der Schweiz und für ihre Wohlfahrt; er trägt namentlich bei zur Linderung von Not und Armut in der Welt, zur Achtung der Menschenrechte und zur Förderung der Demokratie, zu einem friedlichen Zusammenleben der Völker sowie zur Erhaltung der natürlichen Lebensgrundlagen», heisst es in Art. 54, Abs. 2. Braucht eine so orientierte Aussenpolitik die Neutralität noch? Als Riegel gegen einen Nato-Beitritt wird diese wohl weiterhin einen Sympathiebonus geniessen. Und das Eigenleben des Topos Neutralität in den Köpfen vieler wird wohl weitergehen und seine realpolitische Wirkung entfalten, eher in konservativer Richtung. Darum sollte man mehr über Aussenpolitik und weniger über Neutralität reden. Die Zeiten sind vorbei, als Aussenpolitik mit der Neutralitätspolitik gleichgesetzt und damit vieles verschleiert wurde.

Heute bestehen mit der Verfassung, dem Völkerrecht (Uno-Charta), den Menschenrechtskonventionen sowie der Agenda 2030 und den friedenspolitischen Orientierungen der Uno im Sinn von «sustaining peace» umfassende globale Normensets. An diesen sollten aussenpolitische Handlungen gemessen werden. Dass ein mittelgrosses Land manchmal opportunistisch handelt, mag nicht immer zu vermeiden sein. Dann sollte man aber nicht so tun als ob, sondern zu Widersprüchen stehen, wie das der Nord-Süd-Bericht des Bundesrates von 1994 vorbildlich vorführte (Bundesrat 1994). In diversen Bereichen erfüllt die Schweiz übrigens, trotz ihrer allgemein recht guten Uno-Politik, die Uno-Anforderungen selber noch nicht (zum Beispiel Klimapolitik, Atomwaffenverbotsvertrag), in anderen (zum Beispiel) Wirtschaft und Menschenrechte, sollte sie aktiv werden.

Die Uno hat viele Mängel. Aber es gibt nur die eine Uno. Reformen sind dringend (Zumach 2021). Es gibt auch konzeptuelle Fallen: Menschenrechtsorientierung und starke Betonung des Rechts des Staates à la Uno können zu Konflikten führen. Autokratische Leadmächte wie China und Russland engagieren sich zum Beispiel stark darin, «Nichteinmischung in innere Angelegenheiten» als Abwehr gegen Kritik an Menschenrechtsverletzungen zu gebrauchen. Sie setzen überhaupt voll auf die Uno, und beeinflussen deren Normenanwendungen in ihrem Sinn viel aktiver als noch vor kurzem. Auch werden Uno-Standards ja auch von diversen westlichen «Freunden», inklusive manchmal von der Schweiz, öfters auch nicht beachtet («Double standards»). Deswegen tönen Begriffe wie «Wertegemeinschaft» verständlicherweise aus Sicht etwa von Staaten des Südens oft hohl. Nur eine glaubwürdige Aussenpolitik im Sinn der Uno-Charta kann dem entgegenwirken.

Aus der Zivilgesellschaft sollte man sich aktiver um die bestehenden Völker- und Menschenrechtsstandards in der Aussenpolitik kümmern, diese verteidigen, ausbauen und als watch dog aktiv sein; vergleiche zum Beispiel die Konzernverantwortungsinitiative, und diverse andere Initiativen, oder, in Bezug auf die Sicherheitsratsmitgliedschaft, die NGO-Gruppe, die Anfang des Jahres 2023 verlangte: «Die Schweiz soll klare Akzente setzen, und nicht unter Verweis auf die Neutralität passiv oder vage bleiben.» Die Durchsetzungskraft für Entscheide der Aussenpolitik im Sinn der Uno-Standards und globaler Gerechtigkeit statt primär nach wirtschaftlichen Eigeninteressen (und oft erst noch nur eines Teils der Schweizer:innen) muss grösser werden.

(Stand: 7. Februar 2023)

Anmerkungen

1 «Die gesamten Clearingkredite wurden von der deutschen Wehrmacht und der italienischen Armee für Käufe von Schweizer Maschinen, Landwirtschaftsprodukten und vor allem Kriegsmaterial verwendet, so dass diese von der Schweizer Regierung gewährten Kredite im Widerspruch zum Neutralitätsrecht standen. Insgesamt ist diese staatliche Kreditierung als finanzieller ‹Tribut› an die Achsenstaaten zu werten, welche die Schweiz bis 1944 mittels der Gegenblockade aussenwirtschaftlich kontrollierten.» (Unabhängige Expertenkommission Schweiz – Zweiter Weltkrieg)

2 «Freisinnig» ist ein Schweizer Synonym für die Politik der FDP Schweiz. Die Liberalen (Freisinnig-Demokratische Partei der Schweiz).

3 Das Sonderziehungsrecht ist eine Recheneinheit des Internationalen Währungsfonds (IWF). Es enthält feste Beträge der fünf wichtigsten Weltwährungen: britisches Pfund, chinesischer Yuán, Euro, Yen sowie US-Dollar und wird täglich neu festgesetzt.

Literatur

Bundesrat, 1993: Bericht zur Neutralität. Anhang zu: Bericht über die Aussenpolitik der Schweiz in den 90er Jahren, vom 29. November 1993. Bern

Bundesrat, 1994: Bericht des Bundesrates über die Nord-Süd-Beziehungen der Schweiz in den 90er Jahren (Leitbild Nord-Süd) vom 7. März 1994. Bern

Bundesrat, 2022: Klarheit und Orientierung in der Neutralitätspolitik, in Erfüllung des Postulates 22.3385, Aussenpolitische Kommission SR, 11.04.2022. Bern

Diggelmann, Oliver, 2023: Dann muss man über eine Aufgabe der dauernden Neutralität reden. In: Tagesanzeiger, 26.1. (online verfügbar)

Foraus, 2022: Kooperative Neutralität. Sieben Empfehlungen für ein Update der Schweizer Neutralität. Zürich

Gasser, Tobias, 2023: Unterstützung der Ukraine – Wo die Schweiz der Ukraine hilft – und wo nicht, SRF, 22.2. (online verfügbar)

Jorio, Marco, 2022: Das Verbot der Waffenausfuhr an beide Kriegsparteien schützt den Aggressor, der keine Waffenhilfe braucht. In: NZZ, 25.11. (online verfügbar)

Heiniger, Markus 1989: Dreizehn Gründe. Warum die Schweiz im Zweiten Weltkrieg nicht erobert wurde. Zürich

Heiniger, Markus 2021: Rückblick für die Zukunft: 30 Jahre Friedensengagement im EDA 1990–2020. Hg.: Eidgenössisches Departement für auswärtige Angelegenheiten EDA, Direktion für Entwicklung und Zusammenarbeit DEZA. Bern

Knellwolf, Thomas, 2022: Neue Argumente, wieso Schweizer Munition in die Ukraine geliefert werden darf. In: Tagesanzeiger,

30.10., vgl. auch: Ballmer Daniel, 2023: Waffenweitergabe wäre heute schon möglich – Rechtsprofessor weist Bundesrat zurecht, Blick, 7.2. (online verfügbar)

Maissen, Thomas, 2010: Geschichte der Schweiz. Baden

Rhinow, René, 2022: Dass die Schweiz immerwährend neutral bleiben soll, ist verjährt. In. Tagesanzeiger, 17.2. (online verfügbar)

Tanner, Jakob, 2015: Geschichte der Schweiz im 20. Jahrhundert. München

Unabhängige Expertenkommission Schweiz – Zweiter Weltkrieg: Zusammenfassung der Studie von Stefan Frech, 2001: Clearing. Der Zahlungsverkehr der Schweiz mit den Achsenmächten. (online verfügbar)

Wehrli, Christoph, 2023: «Neuer Geist der Kooperation», Vor dreissig Jahren justierte die Schweiz ihre Aussenpolitik. In: NZZ, 3. 1. (online verfügbar)

Zumach, Andreas, 2021: Reform oder Blockade. Welche Zukunft hat die Uno? Zürich

Neue Wege

Zeitschrift für

Religion
Sozialismus
Kritik

neuewege.ch

4.23
Dorothee Sölle Mystik und Wiederstand
Carlotta Israel, Brigitte Kahl, Konstantin Sacher

5.23
Antisemitismus
Shelley Berlowitz, Michel Bollag, Erik Petry

6.23
Sparen
Jacqueline Badran, Tommy Vercetti

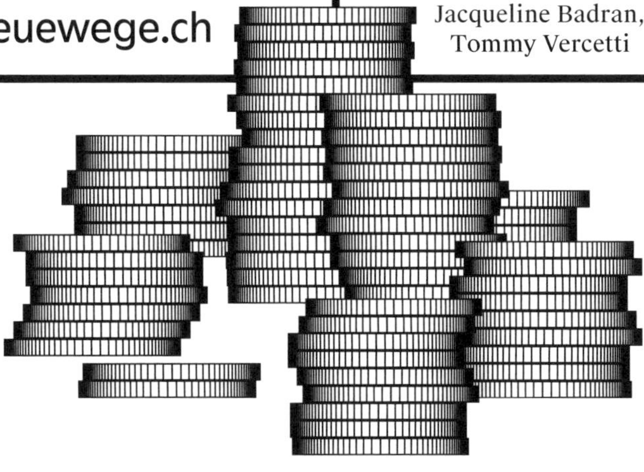

Schnupperabo
3 Heftausgaben
15.–

Bestellung
Neue Wege
Administration
Pfingstweidstrasse 28
CH-8005 Zürich
044 205 99 69
info@neuewege.ch

Dominic Iten

Neutrale Schweiz?

Ein Kleinstaat zwischen Grossmächten

Im vergangenen Sommer wurden im Rahmen des Nato-Gipfels richtungsweisende Entscheide getroffen. Erstens: Massive Aufstockung der Gelder und Truppen. Zweitens: Deklarierung Russlands als «bedeutendste und direkteste Bedrohung» und Chinas als «Herausforderung unserer Sicherheit, Interessen und Werte». Drittens: Breite Zustimmung zum Nato-Beitritt Finnlands und Schwedens (Kronauer 2022). Die Aufrüstung ist beschlossen, der Feind markiert. Fast zeitgleich fand das Treffen der Staats- und Regierungschefs der fünf Anrainerstaaten des Kaspischen Meeres statt. Mit seiner Teilnahme am Kaspischen Gipfel wandte sich Putin den zentralasiatischen Staaten zu, die nicht nur aufgrund ihrer Nähe zu Afghanistan und ihres Meereszugangs von strategischer Bedeutung sind: Putin sucht nach Regionen, in denen er seinen politischen Einfluss ausbauen und seine wirtschaftlichen Verluste kompensieren kann.

Die beiden Gipfeltreffen stehen exemplarisch für die sich zuspitzende Blockkonfrontation. Noch vor zweieinhalb Jahren hatte Emmanuel Macron die Nato als «hirntot» bezeichnet – jetzt ist sie von den Toten auferstanden. Unter fortschreitender Blockbildung auf globaler Ebene wird es auch für scheinbar unbeteiligte Staaten wie die Schweiz immer schwieriger, sich nicht dem einen oder anderen imperialen Block anzuschliessen: Der damalige Schweizer Bundespräsident Ignazio Cassis sprach in seiner Eröffnungsrede am Weltwirtschaftsforum 2022 vom «kooperativen Neutralitätsverständnis». Er erklärt, dass sich die Schweiz «für eine regelbasierte und stabile Sicherheitsarchitektur einsetzt, die nur multilateral entstehen kann» und meint damit, dass sich die Schweiz weiter der Nato annähern sollte (Cassis 2022).

Während die bürgerliche Mitte moralisch aufrüstet …

Verteidigungsministerin Viola Amherd pflichtet ihm bei und bezeichnet den Krieg in der Ukraine als «sicherheitspolitische Zeitenwende» (Amherd 2022). Die Schweiz habe als Teil Europas ihren sicherheitspolitischen Beitrag zu leisten und die Modernisierung ihrer Armee zu beschleunigen, wobei die Erneuerung der Luftwaffe oberste Priorität geniesse. Dazu ist eine gestaffelte Aufstockung des Armeebudgets vorgesehen, sodass ab 2030 jährlich bis zu ein Prozent des BIP für die Sicherheit der Schweiz zur Verfügung steht. Damit ist sie auf einer Linie mit ihrer Partei Die Mitte. Gemäss deren Communiqué vom Mai 2022 wurde mit dem «russischen Angriff auf die westliche Friedensordnung» eine Zeitenwende eingeläutet, die nach Aufrüstung und einer vertieften Zusammenarbeit mit der Nato verlange. Derweil kommt den Ukrainer:innen die ehrenvolle Aufgabe zu, mit ihrem Leben für «unsere» Werte zu kämpfen: «Demokratie und Rechtsstaat, Freiheit und Menschenrechte, Solidarität und Chancengerechtigkeit: Es sind diese Werte, die den Westen und seine Gesellschaften attraktiver machen als jede andere Staatsform. […] Heute verteidigt die Ukraine auch unsere Freiheit, unsere Werte.» (Die Mitte 2022)

Die bürgerlichen Parteien sind sich einig und versuchen ihre Anlehnung an den imperialen Block des Westens irgendwie mit der Schweizer Neutralität in Einklang zu bringen: «Gemeinsam weiterkommen […] mit einer klugen Aussenpolitik zu einer offenen, neutralen und unabhängigen Schweiz», bedeutet auch für die Freisinnig-Demokratische Partei (FDP) eine Stärkung der Armee und eine Annäherung an die Nato. Es brauche jetzt zwingend «eine Stärkung der Verteidigungsfähigkeit der Schweizer Armee […]. Für diese prioritäre Aufgabe ist die Aufstockung der Mittel sowie des Sollbestandes notwendig» (FDP 2022). Und die Grünen kritisieren zwar noch die Rolle der Schweiz als internationalen Finanzplatz, setzen aber letztlich auf eine «feministische Aussenpolitik» nach deutschem Vorbild und reduzieren den Ukraine-Krieg auf die aggressive Aussenpolitik des russischen Regimes (Die Grünen 2022). Dass «Feministische Aussenpolitik» keinesfalls mit Friedenspolitik zu verwechseln ist, zeigt etwa Schweden, dessen offiziell feministische Aussenpolitik den Weg in die Nato ebnete. «Und auch das Auswärtige Amt in Berlin positioniert sich seit Baerbocks vorgeblich feministischem Amtsantritt aggressiver gegen Russland und China denn je.» (Kronauer 2022)

Weil militärische Aufrüstung von moralischer Aufrüstung begleitet werden muss, bekommen wir seit dem 24. Februar grauenvolle Bilder und unzählige Besprechungen des Krieges aus der Perspektive der direkt Betroffenen geliefert. Ohne Zweifel zeugen diese Bilder von unmenschlichen Taten – man sollte sie aber als das begreifen, was sie sind: Ausdruck einer politischen Konfrontation, die in voller Härte ausgetragen wird. Wer aus diesen Bildern den Schluss zieht, wir hätten es in der Ukraine mit einer wilden Horde russischer Mördertruppen zu tun, ignoriert ausgerechnet im härtesten Gegensatz von Staaten, die jetzt ihr Volk zu den Waffen rufen, die *politische* Qualität des Gemetzels. Das ist nicht deswegen fatal, weil Putin und seine Armee ein milderes Urteil verdient hätten, sondern weil der Krieg so «zum Beutezug herabgestuft» wird, «zum persönlichen Ausraster von Soldaten und/oder ihres Befehlshabers» (Gegenstandpunkt 2022, 13). Aber eine Aura des Moralischen gehört zur Grundausstattung imperialistischer Kriegspolitik, um die bellizistischen Forderungen zu beschwören. Was Ronald Schernikau 1990 auf dem Schriftstellerkongress der DDR vorgetragen hat, gilt heute mehr denn je: «Der Westen hat [...] die Moral eingeführt, um über Politik nicht reden zu müssen. [...] Einen Vorgang moralisieren heisst, ihm seinen Inhalt nehmen.» (Schernikau 1990) Resultat ist ein Rigorismus, der sich inzwischen im gesamten bürgerlichen Lager beobachten lässt.

... ist die SVP um eine Wiederbelebung der integralen Neutralität bemüht

Quer in der bürgerlichen Politik- und Medienlandschaft steht nur die Schweizerische Volkspartei (SVP). Stimmt sie betreffend militärischer Fragen noch in den bellizistischen Tenor ein, verfolgt sie ansonsten einen eigenen aussenpolitischen Kurs und versucht die Moral strikt aus der politischen Sphäre auszuklammern. «Ideale zu bilden ist Sache der Menschen, der Familien, der Kirchen, der Vereine, der Parteien, aber niemals des Staates», meint Roger Köppel (Köppel 2022). Entsprechend verurteilt die SVP die «leichtfertige» Übernahme des Wirtschaftsboykotts gegenüber Russland: «Wir sind im Krieg mit Russland», meint Blocher und setzt sich ein für eine «globale wirtschaftspolitische Offenheit» und «uneingeschränkten Freihandel» (Blocher 2022). Nun spricht aus linker Perspektive vieles für eine Ablehnung wirtschaftlicher Sanktionen – aber die SVP tut es, weil Sanktionen ihrer aussenpolitischen Strategie zuwiderlaufen und Handelseinschränkungen ihre Geschäfte bedrohen. Schon länger stört sie sich an der «noch immer hohen wirtschaftlichen Abhängigkeit von der EU und den USA» (SVP 2014). Diese Position hat die SVP in den vergangenen Jahren wiederholt stark gemacht – vor allem im Zusammenhang mit Verhandlungen mit der EU. Während die Mitteparteien im Verbund mit der Sozialdemokratie den Nutzen der wirtschaftlichen Zusammenarbeit mit dem umliegenden Staatenbund betonen, plädiert die SVP etwa für den Ausbau des Freihandels mit China. Ihre Forderungen nach uneingeschränktem Handel verknüpft sie über die Neutralität mit einem Sicherheitsversprechen: Nur die Neutralität habe die Schweiz seit über 200 Jahren vor blutigen Konflikten bewahrt und der Schweizer Bevölkerung ein Leben in Sicherheit ermöglicht, meint SVP-Nationalrat Franz Grüter bei der Delegiertenversammlung (Grüter 2022). Aber die Verweigerung einer aktiven oder passiven Beteiligung an Kriegen oder die Kritik gegenüber einer Nato-Annäherung entspringen bei der SVP keinem antimilitaristischen Reflex. Wenn sie Frieden und Sicherheit wollen, dann nur, um einen geschützten Rahmen für die Akkumulation von Kapital zu schaffen.

Mit der Beschwörung der Schweizer Neutralität versucht die SVP das Finanzkapital zu bedienen, zu dessen Partei Blocher die SVP umgebaut hat. Dass sie sich dazu die Schweizer Neutralität ihren Interessen entsprechend zurechtlegt, ist keine Besonderheit. Die Schweizer Neutralität ist seit ihren Anfängen ein äusserst wandelbares Konzept gewesen, das der Behauptung des Kleinstaates und der Durchsetzung seiner Kapitalinteressen diente. Während die anderen Parteien noch nach einem neuen Neutralitätsbegriff suchen und sich schwer damit tun, ihre bellizistischen Forderungen in Einklang mit der Schweizer Neutralität zu bringen, geht die SVP in die Offensive. Sie führt damit einen Schweizer Opportunismus fort, der sich bereits in der Phase der ursprünglichen Akkumulation herausbildete, als die Eidgenossenschaft einerseits als loses und konfessionell zerstrittenes Bündnis auf territoriale Expansion verzichten musste, andererseits an alle umliegenden Mächte gleichmässig Söldner zu liefern begann. Nach einer Phase der kolonialen Politik, in der die Schweiz bis Ende des 19. Jahrhunderts enger Handels- und Forschungspartner grosser kolonialer Mächte gewesen war, wird im Ersten Weltkrieg das Konzept der Neutralität wieder massiv gestärkt, um im imperialistischen System zu einer spezifischen Rolle zu finden (Eberle/Schäppi 2017, 98–101). Als neutraler Staat profitierte sie mit Waffen- und Finanzgeschäften von den Kriegen der anderen und festigte zunehmend ihre Position als Finanzdrehscheibe und Steueroase mit politischer Stabilität und einer Aussenpolitik der «Guten Dienste» (Riklin 2010).

Die Neutralität tritt ins kollektive Bewusstsein …

Ins kollektive Bewusstsein der Schweiz trat die Neutralität aber vergleichsweise spät. Die Urheber der Verfassung weigerten sich noch, die Wahrung der Neutralität in den Katalog ihrer Staatsziele aufzunehmen, weil «man nicht wissen könne, ob man die Neutralität einmal im Interesse der eigenen

Selbständigkeit verlassen müsse». Einen Umschwung bringt erst die Wende zum 20. Jahrhundert. Staatsarchivar Paul Schweizer veröffentlichte 1895 die erste umfassende Darstellung der Geschichte der Schweizer Neutralität, worin er «die These einer langen Dauer der eidgenössischen bzw. schweizerischen Neutralität» (Suter 1998, 163) zu belegen versucht. Schweizer wendet sich gegen die damals vorherrschende Lehrmeinung, dass die Schweizer Neutralität eine relativ neue Erfindung sei und betont die weit zurückreichende, regelmässige und prinzipielle Neutralität des Landes.

Wie die aktuelle Gegenwart, wie die 1990er-Jahre und «wie die Kriegsjahre [...] waren auch die achtziger Jahre des 19. Jahrhunderts eine Zeit, in der die Neutralität der Schweiz zutiefst in Frage gestellt war» (Suter 1998, 164). Weil deutsche Sozialdemokrat:innen und andere linke Kräfte als Reaktion auf das antiliberale Sozialistengesetz des Kanzlers Bismarck ihre Aktivitäten unter anderem in die Schweiz verlegten, stand diese ab den 1880er-Jahren unter starkem diplomatischem Druck der umliegenden Grossmächte. Die Auseinandersetzung eskalierte so weit, dass der Schweiz in offiziellen und koordinierten Noten Russlands, Österreichs und des Kaiserreichs vom 12. Juni 1889 gedroht wurde, ihr «den 1815 zugestandenen Status der dauernden Neutralität zu kündigen, falls diese sich nicht endlich dazu verstehe, ihre Überwachungspraxis von fremden Staatsangehörigen und politischen Flüchtlingen den Sicherheitsinteressen der Grossmächte anzupassen» (Suter 1998, 165–166). Die Grossmächte erinnerten die Schweiz daran, dass ihre Neutralität ein durch sie verliehenes Privileg darstellt, das auch wieder entzogen werden kann. Die Behauptung einer bis zu Beginn der alten Eidgenossenschaft zurückreichenden Tradition muss also als Ausdruck einer tiefen aussenpolitischen Krise, als Antwort auf die Bedrohung durch die europäischen Monarchien verstanden werden (Suter 1998, 166).

Nach einer weiteren Belastungsprobe für die Schweizer Neutralität während der Kriegsjahre folgte mit dem Kalten Krieg eine Phase der Entspannung, in der die Schweiz sich mit ihrer Aussenpolitik der «Guten Dienste» profilieren konnte. Aber gegen Ende der 1990er-Jahre, nach dem weltverändernden Zusammenbruch des Ostblocks 1989 und vor dem Hintergrund der Diskussionen um den EWR-Beitritt und der Balkankriege suchten Parlament und Regierung nach der Stellung der Schweiz im neuen internationalen Umfeld. Zur Diskussion standen nun «die Redimensionierung der Neutralität auf ihren völkerrechtlichen Kerngehalt», ein «EU- und Uno-Beitritt unter Wahrung der Neutralität» und die «Teilnahme an Wirtschaftssanktionen und friedenserhaltenden Operationen der Uno und der OSZE (auch mit eigenen Truppen) [sowie] die Unterstützung militärischer Sanktionen der Uno» (Riklin 2010). In diese Zeit fällt der Aufstieg der SVP, der sich wesentlich aus der Formulierung von Gegenpositionen zur Hinwendung zu Europa erklärt.

... wenn die Schweiz unter Druck gerät

Die neu entflammte Diskussion um die Schweizer Neutralität ist also kein Zufall, sondern Ausdruck sich zuspitzender ökonomischer und imperialer Widersprüche. Aber heute gerät nicht nur das Schweizer Neutralitätskonzept unter Druck – die Schweiz spürt auch die wirtschaftlichen Folgen (Inflation, Lieferkettenprobleme et cetera) der Krise. Die geschwächte Position der Schweiz im globalen Kapitalismus, die zunehmende Unmöglichkeit, zwischen den Grossmächten zu taktieren, drückt sich aus in den langwierigen Verhandlungen mit der EU oder den Angriffen auf den Schweizer Finanzplatz seitens der USA. Beispielhaft für den wachsenden diplomatischen wie auch wirtschaftlichen Druck steht die Auseinandersetzung um die Weitergabe von rund 12 000 Patronen 35mm-Munition schweizerischen Ursprungs durch Deutschland an die Ukraine. Der Bundesrat hatte die Anfrage der deutschen Verteidigungsministerin abgelehnt, wobei er sich auf das Schweizer Neutralitätsrecht beruft: Das sorgte für Kritik im In- und Ausland. Die *Süddeutsche Zeitung* sieht, dass der Bundesrat rechtlich an die Blockierung der Lieferung gebunden ist und folgert: «Höchste Zeit, am Status quo etwas zu ändern.» (Pfaff 2022) Sie kritisiert das doppelte Spiel der Schweiz, die einerseits glaubwürdig neutral sein möchte und andererseits trotzdem Waffen exportiert. Das sei heute, vor dem Hintergrund der veränderten geopolitischen Lage, unhaltbar geworden. Die NZZ reagiert und meint, die Rüstungsgeschäfte müssten vereinfacht werden. Der Bundesrat brauche im Bereich Kriegsmaterialexport mehr Kompetenzen, damit die Zuverlässigkeit der Schweiz nicht bei ihren «Top-Kunden» in Zweifel gezogen werde. Ihre geschäftlichen Interessen versucht die *NZZ* mit moralischen Argumenten zu tarnen: «Diese Munition würde den Ausgang des Krieges nicht entscheiden, die Lieferung würde aber Menschenleben in der Ukraine retten.» (Häsler 2022)

Was sich an der Schweizer Oberfläche in Form von Streitereien um Sanktionen, EU-Rahmenabkommen und Kriegsmaterialexporten äussert, hat seine tieferliegende Ursache in einer umfassenden Krise des Kapitals. Global bringt diese einen «Krisenimperialismus» hervor, eine Epoche staatlichen Dominanzstrebens in einer Phase der Kontraktion des Kapitals, die keine Aussicht auf ein neues Akkumulationsregime bietet. Unter diesen Bedingungen werden die Staaten in ökonomische, politische und letztlich militärische Konfrontationen getrieben. Das hat die Weltordnung erschüttert und neue Brüche erzeugt – auch im postsowjetischen Raum. «Das ökonomisch immer weiter hinter den Westen zurückfallende Russland ist bemüht, seinen Status als Grossmacht durch blanke militärische Gewaltanwendung aufrechtzuerhalten, nachdem Russland den 2014 vom Westen unterstützten Umsturz in der Ukraine nicht durch ähnliche Methoden indirekter Intervention hatte revidieren können.» (Konicz 2022) Dieser Zusammenhang wird in bürgerlichen Erklärungsmustern verschleiert. Mit der Krise im Nacken und grossen Worten auf den Lippen interpretieren die westlichen Regierungen den Ukrainekrieg als Angriff auf die Werte des Westens. Oder in den pathetischen Worten unseres Bundesrats Ignazio Cassis: Weil «Demokratie stärker sein muss als Gewaltherrschaft, Völkerrecht stärker als Unterwerfung, Recht stärker als Macht, Selbstbestimmung stärker als Unterdrückung» (Cassis 2022), müsse man näher an andere Staaten rücken, die für diese Werte kämpfen – also auch an die Nato.

Wenn auch die Linke sich auf Abwegen befindet …

Aber auch die Sozialdemokratie (SP) hat moralisch aufgerüstet und schmiegt sich an den imperialen Block des Westens. «Wenn wir die Bilder und Nachrichten aus der Ukraine bekommen, ist Wut für einmal die richtige Antwort – Wut auf Putin und seine Schergen», brüllt Cédric Wermuth an einer Friedensdemo Anfang 2022. Ein halbes Jahr später hat das SP-Präsidium ein neues Positionspapier zur Schweizer Neutralität verabschiedet. Darin übernimmt auch sie die Rhetorik von der «Zeitenwende». Der Einmarsch russischer Truppen in die Ukraine steht für die SP nicht in einer Kontinuität der Ereignisse, sondern markiert einen Wendepunkt. Es sei jetzt geradezu unmöglich geworden, keine Position zu beziehen. «Der Entscheid, die EU-Sanktionen gegen das Putin-Regime nicht zu übernehmen, wäre ein Positionsbezug für Putin und seine Oligarchen gewesen.» (SP Schweiz 2022) Damit lässt sich die SP auf die falsch gestellte Alternative ein, die einem von bellizistischer Seite allenthalben aufgezwungen wird: Jetzt gibt's nur noch «für oder gegen Putin». Aber nur ein Blick auf den Krieg, der sich vom allseits befeuerten Gegensatz von Demokratie und Autokratie löst, eröffnet politische Perspektiven jenseits von Gut und Böse.

Von diesen Perspektiven hat sich inzwischen auch die SP verabschiedet – sie wünscht sich die Schweiz als Anwältin des Völkerrechts, welche die Handlungsfähigkeit von Uno und OSZE stärkt und der EU beitritt. Die SP unterscheidet klar zwischen der EU, die über einen regelbasierten Multilateralismus Frieden und Sicherheit garantiere, und der Nato, die einer Logik der Blockbildung folge. Doch gerade der Einmarsch russischer Truppen in die Ukraine hat die Unhaltbarkeit dieser Unterscheidung zwischen friedensstiftender EU und kriegstreibender Nato nochmals aufgezeigt: Seit dem 24. Februar haben die EU und die Nato ihre Zusammenarbeit massiv ausgebaut. Sie haben ihre uneingeschränkte Geschlossenheit bekräftigt und gemeinsam ihren Willen bekundet, die Ukraine im Krieg gegen Russland zu verteidigen (Rat der EU 2022). Damit wird nur fortgeführt, was bereits vor Jahren begonnen worden ist. Einen ersten Schritt bildete die vertragliche Verankerung der Gemeinsamen Sicherheits- und Aussenpolitik im Maastrichter Vertrag von 1992. Eine schrittweise Vertiefung gerade auch der militärischen Zusammenarbeit lässt sich seit Anfang der 2000er-Jahre feststellen (Rat der EU 2016 & Rat der EU 2018).

Abgesehen davon trägt die EU selbst imperiale Züge und ist ein Machtblock, hin- und hergerissen zwischen einer eigenständigen Positionierung und einer Anlehnung an die USA. So ist auch die Eskalation in der Ukraine nicht allein auf die Nato-Osterweiterung oder die imperialen Ansprüche Russlands zurückzuführen. Auch das aggressive Ausgreifen der europäischen (Wirtschafts-)Integration in den Osten hat dazu seinen Beitrag geliefert. Beispielhaft dafür steht das Assoziierungsabkommen, welches die EU der Ukraine unterbreitet hatte. Auch wenn in der Ukraine selbst gewisse politische Kräfte für eine Westanbindung votierten, so handelte es sich dabei dennoch um «einen umfassenden Kanon erpresserischer Angebote, mit denen Europa die Notlage der Ukraine zum Hebel machen will, um sich dieses Staatswesen unterzuordnen. Verkauft wird das als Dienstleistung an eine hilfsbedürftige Nation.» (Gegenstandpunkt 2014)

… wer bietet dann die Alternative?

Dass bürgerliche Politik und parlamentarische Linke ineffektive Sanktionen und Waffenlieferungen fordern und dabei die Gelegenheit verpassen, eine antikapitalistische Friedenspolitik mit der Thematisierung der Krise zu verbinden, überrascht wenig. Erstaunlicher und bedauerlich ist aber, dass sich auch linksstehende Kreise ausserhalb der grossen, etablierten Parteien von der Logik des Krieges haben vereinnahmen lassen. Das offenbart ein Blick in so manche Zeitung linker Tradition und antikapitalistischer Organisation. Aber Krise, Krieg und Imperialismus sind Ursache und Ausdruck eines kapitalistischen Systems, das mit erschwerten Bedingungen der Akkumulation zu tun hat. Wer das zusammenbringt, weiss, dass es weder Putin-Apologet:innen noch Nato-Propagandist:innen braucht – sondern eine radikale, antikapitalistische Friedensbewegung.

Literatur

Amherd, Viola, 2022: Der Ukraine-Krieg ist für uns eine Zeitenwende. In: Nebelspalter (online verfügbar)

Blocher, Christoph, 2022: Die Schweiz steht im Krieg gegen Russland. In: Aargauer Zeitung (online verfügbar)

Cassis, Ignazio: Die Wirklichkeit ist multilateral. www.admin.ch/gov/de/start/dokumentation/medienmitteilungen.msg-id-88955.html (Abfrage 20.1.2023)

Cassis, Ignazio, 2022: Neutralität heisst nicht abseitsstehen. In: Neue Zürcher Zeitung (online verfügbar)

Die FDP, 2022: Mit einer klugen Aussenpolitik zu einer offenen, neutralen und unabhängigen Schweiz (online verfügbar)

Die FDP, 2022: Weckruf für die Sicherheitspolitik (online verfügbar)

Die Grünen, 2022: Resolution für eine feministische Schweizer Aussenpolitik im Dienste von Menschenrechten und Demokratie (online verfügbar)

Die Mitte, 2022: Ab wann wird Neutralität unanständig? (online verfügbar)

Die Mitte, 2022: Auswirkungen auf unsere Sicherheitspolitik.

www.die-mitte.ch/der-krieg-in-der-ukraine-hat-folgen-fuer-die-schweiz/auswirkungen-auf-unsere-aussenpolitik/ (Abfrage 20.1.2023)

Eberle, Willi / Schäppi, Hans: Eine Skizze zur polit-ökonomischen Analyse der Schweiz. In: Denknetz Jahrbuch 2017, 96–107

Gegenstandpunkt, 2022: Anmerkungen zu Butscha. In: Gegenstandpunkt 2, 12–15

Gegenstandpunkt, 2014: EU-Osterweiterung zum Dritten. Die östliche Partnerschaft mit der Ukraine. In: Gegenstandpunkt 1 (online verfügbar)

Gegenstandpunkt, 2022: Grüne A. Baerbock und R. Habeck. Die glaubwürdigsten Repräsentanten deutscher Stellvertreterkriegsmoral. In: Gegenstandpunkt 2, 36–41

Grüter, Franz, 2022: Rede zur Neutralität der Schweiz. www.youtube.com/watch?v=D-Weu_R6O3g (Abfrage 20.1.2023)

Häsler, Georg, 2022: In einem Krieg müssen sich die militärischen Nachbarn auf die Schweiz verlassen können. In: Neue Zürcher Zeitung (online verfügbar)

Köppel, Roger 2022: Neutralität ist kein moralisches Gebot, sondern eine Staatsmaxime (online verfügbar)

Kronauer, Jörg, 2022: Feinde sind markiert. In: Junge Welt (online verfügbar)

Kronauer, Jörg, 2022: Rotlicht. Feministische Aussenpolitik. In: Junge Welt (online verfügbar)

Pfaff, Isabel, 2022: Kann die Schweiz im 21. Jahrhundert neutral bleiben? In: Süddeutsche Zeitung (online verfügbar)

Rat der EU: Russische Invasion in die Ukraine. Reaktion der EU www.consilium.europa.eu/de/policies/defence-security/eu-nato-cooperation/ (Abfrage 20.1.2023)

Rat der EU, 2016: Gemeinsame Erklärung 2016

www.consilium.europa.eu/de/policies/defence-security/eu-nato-cooperation/ (Abfrage 20.1.2023)

Rat der EU, 2018: Gemeinsame Erklärung 2018

www.consilium.europa.eu/de/policies/defence-security/eu-nato-cooperation/ (Abfrage 20.1.2023)

Riklin, Alois, 2010: Neutralität. In: Historisches Lexikon der Schweiz (online verfügbar)

Schernikau, Ronald M., 1990: Rede auf dem Kongress der Schriftsteller der DDR.

www.schernikau.net/*/essays/schriftstellerkongress/ (Abfrage 20.1.2023)

Schweizerische Volkspartei, 2014: Kurzpositionspapier und Forderungen der SVP

www.svp.ch/positionen/positionspapiere/ (Abfrage 20.1.2023)

SP Schweiz, 2022: Positionspapier der SP Schweiz

www.sp-ps.ch/datei/sp-positionspapier-neutralitaet-2022/ (Abfrage 20.1.2023)

Suter, Andreas, 1998: Neutralität. Prinzip, Praxis und Geschichtsbewusstsein. In: Tanner, Jakob (Hg.): Eine kleine Geschichte der Schweiz. Frankfurt am Main, 133–188

Konicz, Tomasz, 2022: Krieg als Krisenbeschleuniger. www.konicz.info/2022/03/14/4820/ (Abfrage 20.1.2023)

telegramkanal
Feminist Anti-War Resistance
übersetzt
Феминистское
Антивоенное
Сопротивление
Feministischer
Antikriegs-
Widerstand
auf deutsch
в переводе
v perevode

https://t.me/femagainstwar_german

LA
BYR
INTH
BUCHHANDLUNG
LABYRINTH

Viele ukrainische Autor*innen schreiben über und gegen den Angriffskrieg auf die Ukraine. Eine breite Auswahl an Büchern ist auch auf Deutsch erhältlich.

Michael Roberts

Ukraine – die Invasion des Kapitals

Dieser Artikel ist eine stark erweiterte und aktualisierte Version des erstmals am 13. August 2022 erschienen Blogbeitrags: thenextrecession.wordpress.com/2022/08/13/ukraine-the-invasion-of-capital/. Übersetzung aus dem Englischen: Walter Schöni.

Der Konflikt zwischen Russland und der Ukraine zieht sich über ein Jahr hin, ohne dass ein Abschluss oder eine Beilegung in Sicht wären. Es überrascht nicht, dass sich die Wirtschaft der Ukraine in einem desolaten Zustand befindet. Das reale Bruttoinlandprodukt (BIP) ging 2022 um mehr als 30 Prozent zurück und die Arbeitslosenquote liegt bei 35 Prozent (Constantinescu u. a. 2022, Blinov/Djankov 2022, Nationalbank der Ukraine 2022).

Alle ehemaligen sowjetischen Satellitenstaaten brauchten lange Zeit, um das BIP pro Kopf und das Einkommensniveau wieder zu stabilisieren. Die Ukraine jedoch hat schon in der Zeit vor dem Krieg nie wieder das Niveau von 1990 erreicht. Die Wirtschaftsleistung der Ukraine war zwischen 1990 und 2017 nicht bloss schlechter als in den europäischen Nachbarländern, sie war die fünftschlechteste weltweit. Zwischen 1990 und 2017 gab es nur achtzehn Länder mit einem negativen kumulativen Wachstum, und selbst in dieser ausgewählten Gruppe lag die Ukraine mit ihrer Leistung im unteren Drittel, zusammen mit der Demokratischen Republik Kongo, Burundi und Jemen (Tooze 2022).

Und der Schaden, den die russische Invasion der ukrainischen Wirtschaft zufügt, ist immens. Ein ukrainischer Wirtschaftswissenschafter schätzt den Schaden, den die Kriege in den Jahren 2014 und 2022 verursacht haben auf 1.36 Billionen US-Dollar. Davon entfallen 680 Milliarden US-Dollar auf Verluste zwischen 2014 und 2021; 155 Milliarden US-Dollar werden für 2022 erwartet und die restlichen 525 Milliarden US-Dollar für die Jahre 2023 bis 2026 (Tsyrennikov 2022). Dabei wird davon ausgegangen, dass das ukrainische BIP im Jahr 2022 nur um weitere 30 Prozent sinkt – es könnte aber auch schlimmer kommen (Statista 2023).

Hilfe vom Westen

Kürzlich stimmten ausländische Privatgläubiger dem Ersuchen des Landes zu, die Zahlungen für Auslandsschulden in der Höhe von rund 20 Milliarden US-Dollar für zwei Jahre auszusetzen. Dies ermöglicht es der Ukraine, einen Zahlungsausfall bei ihren Auslandsschulden zu vermeiden. Anders als bei anderen «aufstrebenden Volkswirtschaften», die sich in einer Schuldenkrise befinden, sind die ausländischen Anleihenbesitzer offenbar bereit, der Ukraine zu helfen – wenn auch nur für zwei Jahre (FOX 2022).

Doch selbst dieser Aufschub der Schuldenrückzahlung wird nicht ausreichen. Die Ukraine hat seit der Invasion 19 Milliarden US-Dollar an Reserven verloren (Brooks 2022). Ausländische Gelder decken nur einen Bruchteil des daraus resultierenden Defizits ab. Einheimische Investoren sind wegen der Inflation nicht daran interessiert, ukrainische Anleihen in der Landeswährung zu kaufen. Daher ist die Kreditaufnahme bei der Nationalbank der Ukraine, das heisst das Drucken von Geld, zum letzten Mittel der (inflationstreibenden) Kriegsfinanzierung geworden.

«Die einfachste Möglichkeit, den Krieg zu finanzieren, ist, ausländische Hilfe zu erhalten», sagte der ukrainische Wirtschaftsminister Rodnyansky, der auch Wirtschaftsprofessor an der Universität Cambridge ist. Es müssten jedoch Anstrengungen unternommen werden, um die Ausgaben zu senken, Steuern zu erheben und Schulden zu machen, um den ganzen Aufwand zu finanzieren (Clynch 2022).

Nach Angaben des Kieler Instituts für Weltwirtschaft haben die USA der Ukraine 112 Milliarden US-Dollar zugesagt. Davon sind 45 Milliarden US-Dollar im jüngsten Haushalt bereits enthalten. Auch die EU beteiligt sich gemäss ihrem Beschluss für 2023 mit einem neuen Makrofinanzhilfe-Paket in der Höhe von 18 Milliarden Euro. Nimmt man alle EU-Institutionen und Mitgliederländer zusammen, so beläuft sich ihre zugesagte Unterstützung für die Ukraine auf insgesamt knapp 52 Milliarden Euro (Pari 2022).

Und das reicht nur, um die Dinge am Laufen zu halten. Die Wiederherstellung der ukrainischen Wirtschaft und der Wiederaufbau dürften, so die Annahme für die nächsten fünf Jahre, mindestens 500 Milliarden US-Dollar kosten. Das ist etwa ein Prozent des jährlichen BIP der EU oder 0,75 Prozent des BIP der G7-Staaten – im Minimum. Der Marshallplan für den wirtschaftlichen Wiederaufbau in Europa belief sich 1948 auf etwa 14 Milliarden US-Dollar, was heute etwa 450 Milliarden US-Dollar oder zwei Prozent des BIPs der USA ausmacht. Der Plan von 1948 bestand sowohl aus direkten Zuschüssen als auch aus Darlehen. Die Hilfe machte zwischen 1948 und 1951 etwa drei Prozent des gesamten BIP der Empfängerländer aus, was eine Steigerung des Wachstums des BIP um weniger als ein halbes Prozent bewirkte (Sandbu 2022). Die Ukraine wird viel mehr benötigen.

Ein absehbares Problem besteht darin, dass die russischen Streitkräfte die Kontrolle über die ukrainischen Ressourcen an Energie (Kohle), Metallen und Mineralien im Wert von mindestens 12,4 Billionen US-Dollar erlangt haben, abgesehen von den landwirtschaftlichen Flächen (Cebr 2022). Sollte es Putins Streitkräften gelingen, das während der russischen Invasion besetzte ukrainische Land zu annektieren, würde Kiew dauerhaft fast zwei Drittel seiner Rohstoffvorkommen verlieren. Moskau kontrolliert derzeit 63 Prozent der ukrainischen Kohlevorkommen, 11 Prozent des Erdöls, 20 Prozent des Erdgases, 42 Prozent der Metalle und 33 Prozent der seltenen Erden (Evans 2022).

Jeder mit westlichem Kapital finanzierte Wiederaufbau trifft somit auf ein grosses Hindernis. «Die Ukraine hätte nicht nur einen Grossteil ihres Territoriums und ihrer Ressourcen verloren, sondern wäre auch ständig weiteren möglichen Angriffen Russlands ausgesetzt», so Jacob Kirkegaard, Mitarbeiter am Peterson Institute for International Economics in Washington. «Niemand, der bei klarem Verstand ist, auch kein privates Unternehmen, würde in den Rest der Ukraine investieren, wenn daraus ein eingefrorener Konflikt wird.» (Faiola/Bennett 2022)

Die Ukraine hat bereits unter ständigen Bombardierungen und militärischen Angriffen gelitten, bei denen Tausende von Zivilist:innen starben und Millionen von Menschen aus ihren Häusern fliehen und sogar das Land verlassen mussten. Wenn Russland seine Kontrolle über die bisherigen Gebietsgewinne behalten sollte, wäre der mit westlichem Kapital finanzierte Wiederaufbau der Ukraine als unabhängiger Staat in Gefahr.

Die Übernahme des Landes

Die postsowjetische Ukraine verfügt mit ihren 32 Millionen Hektar fruchtbarer Schwarzerde (bekannt als «Cernozëm») über ein Drittel der gesamten landwirtschaftlichen Nutzfläche in der Europäischen Union. Die «Kornkammer Europas», wie sie genannt wird, produziert jährlich 64 Millionen Tonnen Getreide und Saatgut und gehört zu den weltweit grössten Erzeugern von Gerste, Weizen und Sonnenblumenöl (von der Weltproduktion an Sonnenblumenöl entfallen etwa 30 Prozent auf die Ukraine) (Gittins 2022).

Obwohl in der Ukraine ein Moratorium für Landverkäufe an Ausländer:innen bestand, kontrollierten im Jahr 2016 zehn multinationale Agrarkonzerne bereits 2,8 Millionen Hektar Land. Heute sprechen einige Schätzungen von 3,4 Millionen Hektar, die sich in der Hand von ausländischen Unternehmen und ukrainischen Unternehmen mit ausländischen Fonds als Anteilseignern befinden. Andere Schätzungen gehen von bis zu 6 Millionen Hektar aus. Das Moratorium für den Verkauf, dessen Aufhebung das US-Aussenministerium, der IWF und die Weltbank wiederholt gefordert hatten, wurde schliesslich von der Regierung Selenskyj im Jahr 2020 aufgehoben, noch vor einem für 2024 geplanten endgültigen Referendum zu diesem Thema (Celada 2022).

Im Jahr 2024 werden juristische Personen in der Ukraine für Transaktionen mit Flächen von bis zu 10 000 Hektar zugelassen sein, und zwar im Rahmen einer landwirtschaftlichen Gesamtfläche von 42,7 Millionen Hektar. Das entspricht der Fläche des Staates Kalifornien oder ganz Italiens! Olena Borodina vom ukrainischen Netzwerk für ländliche Entwicklung kommentierte, dass «Agrarindustrie und Oligarchen die Hauptnutzniesser einer solchen Reform sein werden … [Dies] wird die Kleinbauern nur weiter marginalisieren, und es birgt die Gefahr, dass sie von ihrer wertvollsten Ressource abgeschnitten werden» (Borodina 2020).

Die Weltbank schwärmt von der Öffnung der ukrainischen Schlüsselindustrie für kapitalistische Unternehmen: «Dies ist ohne Übertreibung ein historisches Ereignis, das durch die Führung des ukrainischen Präsidenten, den Willen des Parlaments und die harte Arbeit der Regierung ermöglicht wurde.» (Banerji 2021)

Privatisierung der Wirtschaft

Jetzt, wo der Krieg fortdauert, verstärken westliche Regierungen und Unternehmen ihre Pläne, die Ukraine und ihre Ressourcen in das kapitalistische Wirtschaftssystem des Westens einzubinden. In einer Reihe von Berichten hat die Wirtschaftsbeobachtungsstelle des Oakland-Instituts dokumentiert, wie die ukrainische Wirtschaft durch ausländisches Kapital übernommen wird, sogar mitten im Krieg. Der Plan zur Übernahme der ukrainischen Ressourcen durch europäisches und US-amerikanisches Kapital hat den Konflikt mindestens teilweise provoziert – zuerst den Aufstand auf dem Maidan, dann den Semi-Bürgerkrieg und die Annexion der Krim durch Russland.

Wie das Oakland Institute dargelegt hat, wurde im Jahr 2001 ein Moratorium für den Verkauf von Land an Ausländer:innen verhängt, um die unkontrollierte Privatisierung zu begrenzen. Seitdem ist die Aufhebung dieser Bestimmung ein Hauptziel westlicher Institutionen. So stellte die Weltbank bereits 2013 ein Darlehen in der Höhe von 89 Millionen US-Dollar für die Entwicklung eines Programms für Beurkundung und Grundbucheintragungen bereit, das für die Kommerzialisierung von staatlichem und genossenschaftlichem Land benötigt wird (Oakland Institute 2014, 5). In den Worten eines Weltbankpapiers von 2019 war das Ziel eine «Beschleunigung privater Investitionen in die Landwirtschaft» (World Bank 2019). Diese Vereinbarung, die damals von Russland als Hintertür zur Erleichterung des Markteintritts westlicher multinationaler Unternehmen angeprangert wurde, beinhaltet die Förderung «moderner landwirtschaftlicher Produktion [...], einschliesslich des Einsatzes von Biotechnologien», sie sieht also die Öffnung ukrainischer Felder für Kulturen von gentechnisch veränderten Organismen vor (Celada 2022).

Im Juli 2021 trafen sich hochrangige Vertreter:innen der USA, der EU, Grossbritanniens, Japans und Südkoreas in der Schweiz zu einer sogenannten Ukraine Reform Conference (URC), deren Agenda sich ausdrücklich darauf konzentrierte, dem Land politische Veränderungen aufzuzwingen, und dabei folgende Vorgaben machte: «Stärkung der Marktwirtschaft», «Dezentralisierung, Privatisierung, Reform staatlicher Unternehmen, Landreform, Reform der staatlichen Verwaltung» und «euroatlantische Integration» (URC 2021). Die Agenda war eigentlich eine Fortsetzung der Ukraine-Reformkonferenz von 2018 in Kopenhagen. Diese hatte betont, wie wichtig es sei, den grössten Teil des verbliebenen öffentlichen Sektors der Ukraine zu privatisieren; das ultimative Ziel der Reform sei «der Verkauf staatlicher Unternehmen an private Investoren», verbunden mit der Forderung nach «Privatisierung, Deregulierung, Energiereform, Steuer- und Zollreform». Der Bericht von 2018 beklagt, dass die «Regierung der grösste Vermögensbesitzer der Ukraine ist» und stellt fest: «Die Reform der Privatisierung und der staatseigenen Unternehmen ist lange erwartet worden, da dieser Sektor der ukrainischen Wirtschaft seit 1991 weitgehend unverändert geblieben ist.» (URC 2018, 26, 7)

Dabei muss man wissen, dass die Pläne der Ukraine-Reformkonferenz von 2018 ursprünglich von den meisten Ukrainer:innen abgelehnt wurden. Eine Meinungsumfrage ergab, dass nur 12,4 Prozent die Privatisierung staatlicher Unternehmen befürworteten, während 49,9 Prozent sie ablehnten (URC 2018, 27).

Ein Krieg lässt jedoch alles in einem anderen Licht erscheinen. Der IWF besteht mit Unterstützung der Regierung Selenskyj darauf, im Interesse der «Effizienz» und der Bekämpfung der «Korruption» eine umfassende Privatisierung der Banken und Staatsunternehmen durchzuführen: «Obwohl in Kriegszeiten Regierungen üblicherweise die Regie übernehmen bei der Zuteilung von Ressourcen, erfordern die ukrainischen Verhältnisse eher marktorientierte Zuteilungsmechanismen, um kosteneffiziente Lösungen zu gewährleisten, welche die staatlichen Kapazitäten nicht überfordern, bestehende Probleme wie die Korruption nicht verschärfen oder (unversteuerte) Schwarzmarktaktivitäten nicht fördern. Zu diesem Zweck sollte das Ziel darin bestehen, eine weitgehende, radikale Deregulierung der Wirtschaftstätigkeit zu verfolgen, Preiskontrollen zu vermeiden und eine produktive Umverteilung der Ressourcen zu erleichtern.» (Georgieva 2022)

Die Ukraine Recovery Conference vom Juli letzten Jahres bekräftigte die Pläne, wonach die ukrainische Wirtschaft vom Kapital übernommen werden soll, was die Regierung Selenskyj uneingeschränkt billigte. Zum Abschluss des Treffens verabschiedeten alle anwesenden Regierungen und Institutionen eine gemeinsame Erklärung, die sogenannte Erklärung von Lugano. Diese Erklärung wurde durch einen «Nationalen Wiederaufbauplan» (National Recovery Plan) ergänzt, der von einem von der ukrainischen Regierung eingerichteten Nationalen Rat für Wiederaufbau (National Recovery Council) ausgearbeitet worden war (Ukraine's National Recovery Plan 2022).

In diesem Plan wird eine Reihe kapitalfreundlicher Massnahmen befürwortet, darunter die «Privatisierung nicht kritischer Unternehmen» und die «definitive Überführung von staatseigenen Unternehmen in private Konzerne» (UNRP 2022, 9). Als Beispiel wird der Verkauf des staatlichen ukrainischen Kernenergieunternehmens EnergoAtom angeführt. Um «privates Kapital in das Bankensystem zu locken», fordert der Plan zudem die «Privatisierung von staatseigenen Banken» (ebd., 32).

Abbau der Arbeiter:innenrechte

In einem Aufruf zum Abbau des Arbeitsschutzes greift das Dokument die übriggebliebenen arbeitnehmerfreundlichen Gesetze in der Ukraine an, von denen einige noch aus der Sowjetzeit stammen. Der Nationale Wiederaufbauplan beklagt «veraltete Arbeitsgesetze, die zu komplizierten Einstellungs- und Entlassungsverfahren, Überstundenregelungen usw. führen». Als Beispiel für die angeblich «veraltete Arbeitsgesetzgebung» kritisierte der vom Westen unterstützte Plan, dass Arbeiter:innen mit einem Jahr Berufserfahrung in der Ukraine eine neunwöchige «Kündigungsfrist für betriebsbedingte Entlassungen» gewährt wird, verglichen mit nur vier Wochen in Polen und Südkorea (UNRP 2022, 31).

Aus internen Dokumenten, die 2021 an die Öffentlichkeit gelangten, geht hervor, dass die britische Regierung ukrainische Beamt:innen darin schulte, wie man eine widerspenstige Öffentlichkeit davon überzeugen kann, dass es richtig sei, Arbeitnehmerrechte aufzugeben und gewerkschaftsfeindliche Massnahmen umzusetzen (European Public Service Union 2021). In den Schulungsunterlagen wird beklagt, dass die öffentliche Meinung auf die vorgeschlagenen Reformen überwiegend negativ reagierte, aber es wurden auch kommunikative Strategien vermittelt, um die Ukrainer:innen für die Unterstützung der Reformen zu gewinnen.

Im März 2022 verabschiedete das ukrainische Parlament ein Notstandsgesetz, das es den Arbeitgeber:innen erlaubt, Tarifverträge auszusetzen. Im Mai verabschiedete es ein dauerhaftes Reformpaket, mit dem die grosse Mehrheit der ukrainischen Arbeiter:innen vom ukrainischen Arbeitsrecht ausgenommen wird; es betrifft alle, die in kleinen und mittelgrossen Unternehmen arbeiten (Guz 2022).

Das Gesetz, das 70 bis 80 Prozent der Beschäftigten des Landes den Schutz des nationalen Arbeitsrechts verweigert, wurde im August von Präsident Selenskyj unterzeichnet. Der ukrainische Arbeitsrechtler und Aktivist George Sandul beschrieb das Endziel der Wiederaufbaupläne als eine «Dystopie im Stil von Mad Max», in der «jeder auf eigene Faust und ohne jegliche Regeln verhandeln wird» (Guz/Rowley 2022).

Während die Arbeitnehmendenrechte in der «neuen Ukraine» abgeschafft werden sollen, zielt der Nationale Wiederaufbauplan darauf ab, Unternehmen und Wohlhabende durch Steuersenkungen zu unterstützen. Der Plan weist darauf hin, dass der Anteil des Steueraufkommens am BIP in der Ukraine bis zu 40 Prozent ausmacht, und bezeichnet dies im Vergleich zu seinem Vorbild Südkorea als «ziemlich hohe Steuerlast». Er fordert daher eine «Umgestaltung des Steuerwesens» und «die Prüfung von Möglichkeiten zur Senkung des Anteils der Steuereinnahmen am BIP» (UNRP 2022, 31).

Deregulierung der Entwicklung

Im Dezember 2022 verabschiedete das ukrainische Parlament im Eiltempo radikale Änderungen des Planungsrechts (Kolesnichenko 2022). Die überwiegende Mehrheit der Bauwirtschaft unterstützte die Änderungen, aber Journalist:innen, Architekt:innen und andere Persönlichkeiten des öffentlichen Lebens schlugen Alarm. Die neuen Vorschriften, die noch vor dem Krieg ausgearbeitet worden sind, werden der ukrainischen Bauindustrie nie dagewesene Befugnisse einräumen. Das Gesetz schränkt die Möglichkeiten, historische Gebäude unter Schutz zu stellen oder eine Immobilie in kommunales Eigentum zurückzuführen, erheblich ein.

Weiter wurde auf der Wiederaufbaukonferenz für die Ukraine im Juli 2022 der Bericht *Ukraine Reform Tracker* vorgestellt. Der Bericht drängt darauf, die «ausländischen Direktinvestitionen» internationaler Unternehmen zu erhöhen, anstatt Ressourcen in Sozialprogramme für die ukrainische Bevölkerung zu investieren (The Economist 2022, 6). Der Tracker-Bericht betont die Bedeutung eines entwickelten Finanzsektors und fordert die «Beseitigung übermässiger Vorschriften» und Zölle (ebd., 8). Er spricht sich dezidiert dafür aus, die «Liberalisierung der Landwirtschaft» voranzutreiben, um «ausländische Investitionen anzuziehen und das einheimische Unternehmertum zu fördern», sowie rechtliche Verfahren zu «vereinfachen», um es «kleinen und mittleren Unternehmen» zu erleichtern, «durch den Kauf und die Investition in staatseigene Vermögenswerte zu expandieren», wodurch nach einer Beilegung des Konflikts «ausländischen Investoren der Markteintritt erleichtert wird» (ebd., 15).

Auch wird die Privatisierung staatlicher Banken gefordert: «Wenn der Krieg einmal vorbei ist, wird die Regierung nicht darum herumkommen, eine substanzielle Reduktion des Anteils der staatseigenen Banken ins Auge zu fassen, damit auch die Privatisierung der ‹Privatbank›, des grössten Kreditgebers des Landes, und der Oshchadbank, eines grossen Verwalters von Renten und Sozialleistungen.» (ebd., 15–16)

Es gibt auch weniger explizit kapitalfreundliche Interventionen, etwa von Seiten halb-keynesianischer westlicher Wirtschaftswissenschafter:innen. In einer aktuellen Zusammenstellung des Center for Economic Policy Research (CEPR) schlagen verschiedene Ökonom:innen «Makroökonomische Massnahmen für die Ukraine in Kriegszeiten» vor. Darin betonen die Autor:innen zu Beginn, dass «die Krise in der Ukraine kein typisches makroökonomisches Anpassungsprogramm» erfordere, das übliche IWF-Paket aus fiskalischer Austerität und Privatisierungsforderungen also nicht anzuwenden sei (Becker u. a. 2022a, 1). Aber nach vielen Seiten wird klar, dass sich ihre

Vorschläge kaum von denen der Ukraine Recovery Conference unterscheiden. Aus ihrer Sicht «sollte das Ziel darin bestehen, eine umfassende und radikale Deregulierung der Wirtschaftstätigkeit zu verfolgen, Preiskontrollen zu vermeiden, die Zusammenführung von Arbeit und Kapital zu erleichtern und die Verwaltung der beschlagnahmten russischen und anderer sanktionierter Vermögenswerte zu verbessern» (ebd., VIII).

Die Ökonominnen und Ökonomen wollen «die Marktmechanismen für die Zuteilung von Ressourcen stärken. Die Preise sollten schrittweise liberalisiert werden, um Engpässe [...] zu vermeiden und die Produktion zu fördern. Flexiblere Arbeitsverträge sollten zugelassen werden, um eine rasche Umverteilung der Arbeitskräfte zu ermöglichen, was nichts anderes heisst als das in der Kriegszeit eingeführte Regime beizubehalten» (Becker u. a. 2022b, 18).

Die Autor:innen halten sogar die bereits eingeführten Gesetze zur «Landreform» für unzureichend: «Es wird immer noch zu sehr eingeschränkt, wer in der Ukraine Land besitzen darf. Eine weitere Liberalisierung dieses Marktes ist unerlässlich, um ausländische Direktinvestitionen anzuziehen.» Was die beiden grössten staatseigenen Banken der Ukraine betrifft, so sind sich die Ökonom:innen einig: «Die Privatisierung dieser Banken und ihre Übernahme durch ausländische Bankengruppen kann die Gelegenheit bieten, den Zugang der Ukraine zu den internationalen Kapitalmärkten zu verbessern.» (ebd., 23, 25)

Die EU und die Kontrolle der Investitionen

Die CEPR-Ökonom:innen setzen sich für eine Mitgliedschaft der Ukraine in der Europäischen Union ein. In ihren Worten: «Es spricht viel dafür, dass Europa bei der Koordinierung der Hilfe und bei Entscheiden auf höchster Ebene die Führung übernehmen sollte, da seine wirtschaftlichen und sozialen Anreize eng mit denen der Ukraine abgestimmt sind.» (ebd., 5)

Ganz im Sinne des Mainstreams fordern die Ökonom:innen die Einrichtung einer neuen, der EU angegliederten Agentur, die «dazu beiträgt, ein Abdriften von der ursprünglichen Mission zu vermeiden, die Bürokratie und Trägheit bestehender Institutionen abzubauen und den Einfluss politischer Kräfte zurückzubinden» (ebd., 9), mit anderen Worten: jegliche demokratische Kontrolle zu beseitigen. Stattdessen «sollte die Leitungsstruktur der Agentur (zum Beispiel der Exekutivausschuss) die wichtigsten Akteure (zu denen auch die Ukraine gehört) repräsentieren und technokratischer Natur sein» (ebd., 10).

Aber es sieht ganz so aus, dass die USA den Fuss in die Tür bekommen werden – noch vor Europa. Das ukrainische Wirtschaftsministerium hat eine Vereinbarung mit Blackrock unterzeichnet, der weltgrössten Investmentgesellschaft, um «eine spezielle Plattform zu entwickeln, die privates Kapital anzieht für den Wiederaufbau und die Unterstützung der ukrainischen Wirtschaft» (Ministry of Economy of Ukraine 2022). Die erste Stellvertretende Ministerpräsidentin und Wirtschaftsministerin der Ukraine, Yuliia Svyrydenko, meinte nach der Unterzeichnung des Memorandums: «Wir hoffen, dass diese ‹Wiederaufbau-Plattform› zu einem wirksamen Instrument wird für die Mobilisierung von Investitionen in die Schlüsselsektoren unserer Wirtschaft.» (ebd.)

Damit offenbart die ukrainische Führung den Preis, der für die vorübergehende Freigiebigkeit ausländischer Gläubiger zu bezahlen ist: Ausländische multinationale Konzerne und Regierungen werden die Kontrolle über die ukrainischen Ressourcen übernehmen und sie ohne jede Einschränkung dem Zugriff ausländischen Kapitals unterwerfen. Die Übernahme der Ukraine durch (hauptsächlich ausländisches) Kapital wird damit besiegelt. Das Land darf nun mit der Rückzahlung seiner Schulden beginnen und so dem westlichen Imperialismus neue Profite bescheren.

Literatur

Banerji, Arup, 2021: Ukraine's Land Reform. In: Ukrinform (online verfügbar)

Becker, Torbjörn / Eichengreen, Barry / Gorodnichenko, Yuriy / Guriev, Sergei / Johnson, Simon / Mylovanov, Tymofiy / Rogoff, Kenneth / Weder di Mauro, Beatrice, 2022a: A Blueprint for the Reconstruction of Ukraine. London

Becker, Torbjörn / Eichengreen, Barry / Gorodnichenko, Yuriy / Guriev, Sergei / Johnson, Simon / Mylovanov, Tymofiy / Rogoff, Kenneth / Weder di Mauro, Beatrice, 2022b: A Blueprint for the Reconstruction of Ukraine. London

Blinov, Oleksiy / Djankov, Simeon, 2022: Measuring Ukraine's Private Consumption during the War. In: VOXeu (online verfügbar)

Borodina, Olena, 2020: International Monetary Fund leverages COVID-19 economic fallout to create a land market in Ukraine despite widespread opposition. In: Farmlandgrab (online verfügbar)

Brooks, Robin, 2022: Ukraine's FX reserves. twitter.com/RobinBrooksIIF/status/1588924538263592960 (Abfrage 17.2.2023)

Butsa, Yuriy, 2022: Ukraine creditors agree to 2-year payment freeze on $20bn foreign debt. In: Financial Times (online verfügbar)

Cebr, 2022: The New Voice of Ukraine. In: Cebr (online verfügbar)

Celada, Luca, 2022: The truth about corporations taking over Ukrainian agricultural lands. In: il manifesto (online verfügbar)

Clynch, Harry, 2022: Zelensky's Economic Advisor: «The economy is vital». In: Disruption Banking Magazine (online verfügbar)

Constantinescu, Mihnea / Kappner, Kalle / Szumilo, Nikodem, 2022: Estimating the short-term impact of war on economic activity in Ukraine. In: VOXeu (online verfügbar)

Evans, Brian, 2022: Russia now controls at least $12.4 trillion worth of Ukraine's energy, metal and mineral deposits, report says. In: Markets Insider (online verfügbar)

European Public Service Union, 2021: Leaked documents show UK government supports anti-union labour reform Ukraine – undermining European Union policy. In: EPSU (online verfügbar)

Faiola, Anthony / Bennett, Dalton, 2022: In the Ukraine war, a battle for the nation's mineral and energy wealth. In: Washington Post (online verfügbar)

FOX, 2022: Ukraine receives 2-year debt freeze from overseas creditors. In: Fox Business (online verfügbar)

Georgieva, Kristalina, 2022: Remarks of the Managing Director. In: IMF News (online verfügbar)

Gittins, William, 2022: What is Ukraine known for? In: as (online verfügbar)

Guz, Serhiy / Rowley, Thomas, 2022: Ukraine could abandon key labour principle as part of EU drive. In: Opendemocracy (online verfügbar)

Guz, Serhiy, 2022: Ukraine's new labour law could «open Pandora's box»› for workers. In: Opendemocracy (online verfügbar)

Kolesnichenko, Oleksandr, 2022: Ukraine Prepares To Give Free Rein to Property Developers. In: Scheerpost (online verfügbar)

Ministry of Economy of Ukraine, 2022: Ministry of Economy signed a Memorandum with the world's largest investment company. Kiew

Nationalbank der Ukraine, 2022: Inflation Report.

Oakland Institute, 2014: Walking on the West Side. Oakland

Pari, Marianna, 2022: Macro-financial assistance for Ukraine in 2023. www.europarl.europa.eu/RegData/etudes/ATAG/2022/739203/EPRS_ATA(2022)739203_EN.pdf (Abfrage 17.2.2023)

Statista, 2023: Real gross domestic product (GDP) growth rate from 2012 to 2022. www.statista.com/statistics/1258213/gross-domestic-product-gdp-growth-rate-in-ukraine/ (Abfrage 17.2.2023)

Sandbu, Martin, 2022: Ukraine needs an ambitious new Marshall Plan from Europe. In: Financial Times (online verfügbar)

The Economist 2022: Ukraine Reform Tracker. In: The Economist (online verfügbar)

Tooze, Adam, 2022: Permanent crisis or Black Earth agro-giant? Alternative futures for Ukraine. adamtooze.substack.com/p/chartbook-81-permanent-crisis-or. (Abfrage 17.2.2023)

Tsyrennikov, Viktor, 2022: A trillion-dollar question. What Russia owes Ukraine. In: Cepr (online verfügbar)

Ukraine Reform Conference (URC), 2018: Reforms in Ukraine. Progress and Priorities. Copenhagen

Ukraine Reform Conference (URC), 2021: Vilnius, 7–8 July 2021

Ukraine's National Recovery Plan (UNRP), 2022: Ukraine's National Recovery Plan. Lugano

World Bank, 2019: Ukraine. Program-for-Results on Accelerating Private Investment in Agriculture. In: World Bank News (online verfügbar)

mandelbaum *kritik & utopie*

Von den Anfängen bis zu Befrei-ungstheologie & Ökosozialismus

Walter Baier
MARXISMUS
Geschichte und Themen einer praktischen Theorie
312 Seiten | Grossformat | € 22

Von der Geschichte der Polizei zur Nontwendgkeit des Abolitionismus

Alissa Starodub
OHNE POLIZEI/GEWALT
Kritische Theorie & Praxis sozialer Gerechtigkeit
262 Seiten | € 18

Ein konziser Überblick über Geschichte und Gegenwart der Chinesichen Linken

Ralf Ruckus
DIE LINKE IN CHINA
Eine Einführung
400 Seiten | € 20

mandelbaum.at

Arman Spéth

Globalisierung in der Krise

Die (De-)Globalisierungsdebatte ist in aller Munde. Allein die *Neue Zürcher Zeitung* (NZZ) veröffentlichte im Jahr 2022 sechzehn Artikel zur drohenden Deglobalisierung. Kaum eine Wirtschaftsinstitution, die nicht ein Papier dazu verfasst hat, kaum ein:e Ökonom:in, der oder die dazu nicht ihre Meinung abgegeben hat. Selbst die höchste Politik hat sich diesem Thema mit grossem Engagement gewidmet, und das teilweise in ungewohnter Form: So schrieb Olaf Scholz in der *Foreign Affairs* einen langen Artikel mit dem Titel «Die globale Zeitwende», in dem er sich (auch) zur Frage der drohenden Deglobalisierung äusserte (2022). Die hohe Aufmerksamkeit überrascht nicht, hat doch keine andere ökonomische Entwicklung der letzten vierzig Jahre unser Leben so stark beeinflusst wie die Ausdehnung und Vertiefung des Weltmarktes.

Von der Beschaffung, der Umwandlung von Rohstoffen in Fertigwaren, dem Transport dieser Waren, den Marketingaktivitäten bis zur Verteilung (der Waren) an den Endverbraucher: Fast jede Ware ist das Ergebnis vielfältiger Arbeitsteilung, die üblicherweise mehrere staatliche Grenzen überschreitet. Die räumliche Zergliederung der Arbeitsprozesse wird begleitet von räumlich ungleicher Verteilung ökonomischer Werte, ökologischer Ressourcen und der Externalisierung ökologischer Kosten, wobei die Kapitalien aus dem Globalen Norden die hauptsächlichen Nutzniesser dieser Prozesse sind (Hickel u.a., 2022).

Welche (De-)Globalisierung?

Die Globalisierung sei aber keine «rein» ökonomische Sache, entgegnen einige. Nicht nur würden vermehrt grenzüberschreitend Waren getauscht, auch politische, soziale und kulturelle Verflechtungen nähmen zu. Es kann hilfreich sein, zwischen verschiedenen Dimensionen der Globalisierung zu unterscheiden. Jedoch verschwindet hinter den Diskursen rund um den zum Schlagwort reduzierten Begriff nicht selten dessen Gehalt bis zur Unkenntlichkeit.

Es ist unbestreitbar, dass in der Globalisierung mehr steckt als ihre «pure» ökonomische Entwicklung, doch ist diese Feststellung eher banal als wissenschaftlich weiterführend. Die Gefahr des hierarchielosen Nebeneinanderreihens unterschiedlicher Dimensionen der Globalisierung verhindert eine tiefergehende Untersuchung. Wenn die Globalisierung gleichwertig aus Ökonomie, Kultur, Politik, Kommunikation et cetera, also aus allem erklärt wird, dann bleibt uns schlussendlich nichts – einzig die postmoderne Trennung des Zusammenhängenden. Wollen wir etwas wirklich verstehen, stellt sich uns die folgende Frage: In welcher Beziehung stehen die ökonomischen, politischen, sozialen und kulturellen Verflechtungen untereinander und was ist ihr treibender Faktor? Ohne zu leugnen, dass die einzelnen Dimensionen der Globalisierung in ihren jeweiligen Entwicklungen eine relative Autonomie aufweisen und sich somit ungleichzeitig bewegen, sind es in letzter Konsequenz die wirtschaftlichen Dynamiken, welche die Grundlage für die weltweiten Verflechtungsprozesse in allen Lebenssphären bieten. Historische Entwicklungen weisen eindeutig daraufhin (Auernheimer 2019, 7).

David Harvey definiert die Globalisierung daher grundlegend als eine «Raum-Zeit-Kompression», wo die Zeit-Raum-Distanzen durch den technischen Fortschritt sowie die Ausweitung des alles homogenisierenden Marktes zunehmend verkürzt werden (Harvey 1989). Harvey bleibt dabei nah an Marx, der im Zusammenhang mit der Reduktion der Umschlagsgeschwindigkeit des Kapitals von der «Vernichtung des Raums durch die Zeit» sprach (MEW 42, 430).

Globalisierung im neoliberalen Zeitalter

Jede historische Epoche kennt ihre eigenen Mittel zur Überwindung raumzeitlicher Distanzen. Dafür braucht es nicht nur die technischen Werkzeuge, sondern auch günstige ökonomische und politische Bedingungen. Die neoliberale Globalisierung baut(e) auf drei Kernfaktoren (Schmalz 2022, 3; Auernheimer 2019, 33):

1. Die Entwicklung von neuen Transport-, Informations- und Kommunikationstechnologien
2. Die Gründung neuer Institutionen wie Internationaler Währungsfonds (IWF), Weltbank und Welthandelsorganisation (WTO) im Geiste des «Washington und Post-Washington Consensus»[1]

3. Die Integration Chinas in den Weltmarkt und die Auflösung der Sowjetunion

Von der Mitte der 1980er-Jahre bis zur grossen Krise im Jahr 2008 vollzog sich die stärkste Ausweitung des Handels und der grenzüberschreitenden Arbeitsteilung in der Geschichte des Kapitalismus (Abbildung 1), wobei das US-amerikanische und europäische Kapital die dominierende Rolle spielten (Spéth 2022). Nicht nur konnten die Staaten des Globalen Nordens ihren Einfluss politisch vergrössern, sie fanden mit der Globalisierung und der damit einhergehenden Ausweitung des ungleichen Tausches eines der grossen Mittel zur Lösung der Krise der 1970er-Jahre (Smith 2016).

Abbildung 1: Summe der weltweiten Exporte und Importe geteilt durch das weltweite BIP

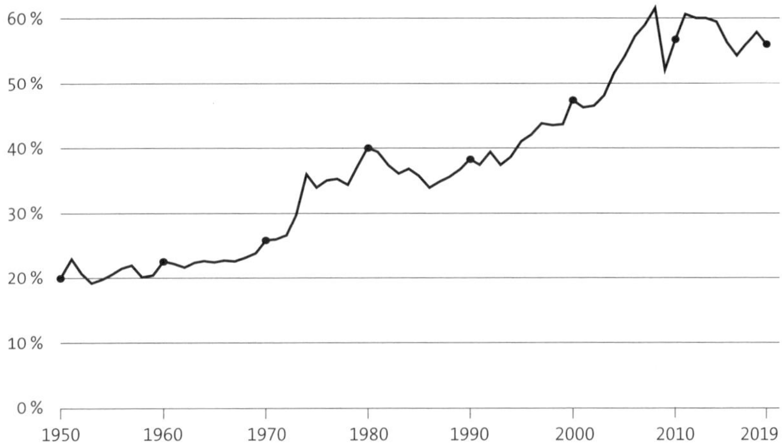

Quelle: Our World in Data, ourworldindata.org/trade-and-globalization.

Nachdem die Intensität des Welthandels 2007 ihren historischen Höchststand erreicht hatte – die globale Aussenhandelsquote lag auf über sechzig Prozent – ging sie in den ersten beiden Krisenjahren um fast zehn Prozent zurück. Nach einer Erholung im Jahr 2009 ist bis heute ein leichter Rückgang zu verzeichnen. *The Economist* erfasste diese Entwicklung mit dem Titel «Slowbalization» (2019). Der leichte Rückgang des Welthandels hat sich auch auf die globalen Warenketten ausgewirkt, deren Rolle in der Weltwirtschaft in den letzten Jahren ebenfalls zurückging (Komolov 2020, 2).

Diese Entwicklungen gehen mit der Zunahme staatlicher Regulierungen des Aussenhandels einher: Laut *Global Trade Alert* – eine von der Universität St. Gallen geförderte Denkfabrik – ergriffen Staaten im Zeitraum von 2009 bis 2022 knapp 40 000 protektionistische Massnahmen. Die protektionistischen Massnahmen konzentrieren sich in erster Linie auf Subventionen, Unterstützungen von Unternehmen im Exportbereich und Tarife für ausländische Firmen (2023). Im gleichen Zeitraum wurden nur etwas mehr als 8500 Massnahmen zur Liberalisierung des Handels initiiert.

Historische Parallelen

Die Entwicklung des Kapitalismus ist seit jeher international ausgerichtet. Bereits Marx schrieb dazu, dass die «Tendenz, den *Weltmarkt* zu schaffen, [...] unmittelbar im Begriff des Kapitals selbst gegeben» ist (MEW 42, 321). Zugleich verläuft die Geschichte des Kapitalismus nicht linear, sie ist gekennzeichnet von Globalisierungs- und Deglobalisierungszyklen, die in der Regel von grossen sozialen Krisen und Kriegen begleitet werden (Kagarlitsky u. a. 2022, 500). Jürgen Osterhammel und Niels Petersson sprechen von verschiedenen «Globalisierungsanläufen» (2003).

Schon in seiner frühesten embryonalen Form – in den Stadtstaaten der italienischen Renaissance – war das Kapital von einem europaweiten Handelsmarkt abhängig (Milios 2021). Danach folgte die frühe Phase der Globalisierung ab dem 15./16. Jahrhundert, die mit europäischen Eroberungen fremder Kontinente einherging; Marx nannte sie «die Hauptmomente der ursprünglichen Akkumulation» (MEW 23, 779). Er beschrieb die gewalttätigen Eroberungen als «die Morgenröte der kapitalistischen Produktionsära» (MEW 23, 779). Ohne sie wäre die Entwicklung der Industrie in den kapitalistischen Zentren nicht möglich gewesen.

Das erste Zeitalter der kapitalistischen Globalisierung – auch «Proto-Globalisierung» genannt – hat den europäischen Ländern unermessliche Rohstoffquellen und Märkte erschlossen, wobei erst das British Empire in der Lage war, ein weltumspannendes System zu schaffen. In der Zeit zwischen 1830 und 1870 nahmen Handel und Investitionen in Europa und den USA unter der Schirmherrschaft der britischen Hegemonie stark zu: Der Pro-Kopf-Wert des Aussenhandels im Vereinigten Königreich und den Ländern Mittel- und Nordeuropas stieg in diesen Jahren um das Fünffache an (Auernheimer 2019, 20). Kurt Tucholskys berühmtes Bonmot «Was die Weltwirtschaft angeht, so ist sie verflochten», findet ihre erste Gültigkeit in dieser Periode.

Die grosse kapitalistische Krise der 1870er-Jahre bedeutete das Ende der ersten Globalisierungswelle. Sie führte nicht zum Rückgang der Internationalisierungsprozesse in absoluten Zahlen, verzeichnete jedoch weniger schnelles Wachstum[2] (Daudin u. a., 2008, 2–5). Mit zunehmenden Verflechtungen wurden erstmals auch die Krisenelemente kapitalistischen Wirtschaftens auf globaler Ebene synchron spürbar. Des Weiteren führte die imperialistische «Aufteilung der Welt» zu Spannungen unter den führenden Staaten, die vermehrt Freihandelspolitik durch protektionistische Massnahmen ersetzten (ebd., 3). Im Zuge des Kampfes um die globale Vormachtstellung gelang es keiner der Mächte, eine entscheidende Hegemonie zu erlangen und es kam zum Ersten Weltkrieg, der die Internationalisierungsflugbahn des Kapitalismus umkehrte. Die darauffolgende Zwischenkriegszeit erzeugte keine Kehrtwende, da die Grosse Depression die Weltwirtschaft in den Abgrund stürzte. Die Renationalisierung wirtschaftlicher Prozesse hielt (mit ein paar wenigen und kurzen Ausnahmen) durchgehend bis kurz nach dem Zweiten Weltkrieg an. Nach dem Zweiten Weltkrieg hielten sich die Internationalisierungs- und Nationalisierungstendenzen in etwa die Waage (Aiyar/Ilyina 2023). Die Krise der 1970er-Jahre beschleunigte – nach kurzer Regression – jedoch erneut die kapitalistische Internationalisierung. Obwohl dieser Prozess den wirtschaftlichen Wettbewerb unter den Staaten verschärfte, führte er nicht zur alten Rivalität zwischen den imperialistischen Staaten, weil die USA die Rolle des Hegemons unangefochten innehatte und ein Gleichgewicht aufrechterhalten konnte (Gindin/Panitch 2004, 18).

Die bis hierhin skizzierten historischen Exkurse deuten auf ein grobes Muster hin: In Zeiten, in denen die ökonomischen Krisen mit geopolitischen Umbrüchen *zusammenfallen*, wechselt die Weltwirtschaft vom Modus der Globalisierung zu einer der Deglobalisierung. Die Existenz einer Hegemonialmacht – die ein für die Konkurrenz attraktives Akkumulationsregime organisiert, sozusagen als ein globaler ideeller Gesamtkapitalist agiert – treibt *tendenziell* die Vertiefung der internationalen Arbeitsteilung voran und ihr Fehlen provoziert gegenläufige Effekte.

Expansion des Kapitals und die ungleichmässige und kombinierte Entwicklung

Glaubt man den bürgerlichen Ökonom:innen und Politiker:innen, so ist/war die Vertiefung der internationalen Arbeitsteilung und die damit einhergehende Liberalisierung der Märkte der Garant für eine harmonische und reziproke Entwicklung aller daran beteiligten Länder. Protektionismus hingegen sei schädlich und ein Produkt der alten Zeiten (Roberts 2022). Dieses Denken stellt den Kern sowohl des *Washington* wie auch des *Post-Washing-*

ton Consensus dar (Selwyn 2017, 81–89). Derweil können wir eine Abkehr der Praxis von ihren seit Jahrzehnten propagierten Lehrsätzen beobachten: Allen voran Entscheidungsträger:innen aus den USA verwerfen ihre eigenen Vorsätze und fügen der relativ «flachen Welt» (Thomas L. Friedman) wieder Hindernisse hinzu. Obgleich es laut Lehrbuch für die Weltwirtschaft am förderlichsten wäre, sich weiterhin in einer «flachen Welt» zu bewegen und noch die allerletzte Ecke des Planeten in Wert zu setzen, setzen die staatlichen Akteure mehrerer Länder dieser Praxis Schranken. Wie ist das zu erklären?

Die Antwort auf diese Frage ist nicht darin zu suchen, was idealtypisch am besten für die internationale kapitalistische Wirtschaft als Ganzes wäre. Es ist richtig, dass das Kapital seinem Wesen nach expansiv ist, die Konkurrenz untereinander treibt sie «über jede räumliche Schranke hinaus» (MEW 42, 430). Der entscheidende Aspekt liegt jedoch in der Unterscheidung «zwischen der expansiven Tendenz des Kapitalismus und seiner jeweiligen historischen Entwicklung» (2004, 19). Die Geschichte ist, schreiben Leo Panitch und Sam Gindin, keine «einfache Ableitung von abstrakten ökonomischen Gesetzmässigkeiten» (ebd.). Die Globalisierung «ist nicht einfach die Entfaltung von Tendenzen des Kapitalismus, sondern ein historisch einzigartiges Projekt, das von den widersprüchlichen Verhältnissen vorheriger Globalisierungsphasen geformt oder verkompliziert wird» (McMichael 2001, 202, zitiert nach Panitch/Gindin 2004, 19).

Der Kapitalismus kann nur als eine Vielzahl von politischen Ökonomien verstanden werden. Diese beruhen auf strukturellen Interdependenzen zwischen wirtschaftlichen und politischen Instanzen und können nur durch deren gegenseitige Vermittlung reproduziert werden. Dabei fällt dem bürgerlichen Staat eine entscheidende Rolle zu: «Nur eine gegenüber ökonomischen und anderen gesellschaftlichen Bereichen ‹besonderte› Instanz kann […] sich in die Lage versetzen, […] eine Reihe von sozialen, rechtlichen und infrastrukturellen Integrations- und Anpassungsleistungen zu erbringen, die die Aufrechterhaltung kapitalistischer Vergesellschaftung zu garantieren versuchen.» (ten Brink 2008, 70–71) Der Staat ist zwar kapitalistisch, den Einzelkapitalien gegenüber jedoch relativ autonom gestellt. Das Interesse des Staates «an sich selbst» ist mittelbar von den bestmöglichen Bedingungen für die Akkumulation des gesamten Kapitals abhängig, die sich jeweils aus den konkurrenzvermittelten Auseinandersetzungen zwischen den Einzelkapitalien ergeben (Hirsch 2005).

Da Staaten und Kapitalien über eigene Interessen und somit Reproduktionskriterien verfügen, ergeben sich daraus zwei grundsätzliche und nicht aufeinander reduzierbare Wettbewerbsformen: die ökonomische und die territoriale Konkurrenz zwischen den einzelnen Kapitalien sowie einzelner Staaten. Der/die Kapitalist:in, die über Geldkapital verfügt, wird es überall dort einsetzen wollen, wo es Profite gibt, und strebt typischerweise danach, mehr Kapital zu akkumulieren. Das staatliche Personal strebt in der Regel den Erhalt und/oder Ausbau der Wirkmächtigkeit des eigenen Staates gegenüber anderen Staaten an. Diese stehen in einem Spannungsverhältnis zueinander, was regelmässig zu divergierenden Handlungsstrategien führt, sodass sich wirtschaftliche Interessen nicht direkt in staatlichem Handeln niederschlagen müssen (Harvey 2003, 27–28).

Das Konzept der ungleichmässigen und kombinierten Entwicklung, das erstmals von Leo Trotzki verwendet wurde, ist für die Untersuchung des pluralistischen Charakters des internationalen Staatssystems aufschlussreich.[3] Dieses Konzept fasst zwei Punkte zusammen: Erstens, dass sich die Staaten in ungleichem Masse entwickeln, und zweitens, dass sie auf verschiedenen Entwicklungsstufen nebeneinander bestehen und miteinander interagieren. So gesehen bildet der weltweite Kapitalismus ein «Geflecht sich unterscheidender, aber miteinander verbundener und durch ständige Differenzierungs- und Anpassungsprozesse gekennzeichnete *Kapitalismen* aus» (ten Brink 2008, 82). Der Kapitalismus ist wesentlich dynamisch und setzt sich aus individuellen Akteuren zusammen, die über unterschiedliche Ausgangslagen verfügen. Alle Arrangements auf globaler Ebene sind zeitlich begrenzt, weil sie nur das aktuelle Kräfteverhältnis widerspiegeln (Lenin 1916, 300–301).

So führt der internationale Wettbewerb – entgegen der neoklassischen Annahme – nicht zu einer Homogenisierung, sondern zu einer widersprüchlichen Dynamik. Die Tendenzen zu ungleicher Entwicklung und destabilisierenden Verschiebungen untergraben ständig die Bemühungen, eine «flache Welt» zu etablieren.

Die gegenwärtig ansteigenden protektionistischen Massnahmen sind als Reaktionen der Staaten auf die zunehmenden ökonomischen Krisenerscheinungen sowie zeitgleich – und damit verbundenen – imperialistischer Auseinandersetzungen zu deuten. Die USA ist sich ihrer hegemonialen Rolle nicht mehr sicher, die von ihr nach dem Zweiten Weltkrieg und der Krise der 1970er-Jahre installierte geopolitische und ökonomische Ordnung dient ihr nicht mehr – aber nicht nur ihr nicht.

Halbierte Globalisierung?

Die seit 2007/2008 laufende, gegenwärtig sich wieder verstärkende Krise des Kapitalismus untergräbt zunehmend den Boden für Kooperation zwischen den Staaten und macht ihn für Konflikte fruchtbar. Im Zuge der Krise wird zunehmend deutlich, dass die Globalisierung und das neoliberale Akkumulationsregime an ihre Grenzen stossen. Die gegenwärtigen geopolitischen Konflikte inklusive der Stagnation des Welthandels sind nicht die Ursache, sondern vielmehr die Folge eines umfassenderen Prozesses, der bereits mit der letzten Weltwirtschaftskrise begann (Kagarlitsky u. a., 2022, 492).

Allerdings gilt es die schlimmsten Prognosen hinsichtlich der Deglobalisierungsprozesse zu relativieren: Eine Rückkehr auf das Niveau der Zwischenkriegszeit wird es mit grosser Wahrscheinlichkeit nicht geben. Die politischen Bestrebungen zur Renationalisierung der Wirtschaft werden limitiert durch die «Hegemonie des Rationalisierungsparadigmas der flexiblen Fertigung, gewachsene weltwirtschaftliche Entwicklungspfade und die mit ihnen verbundenen Kräfteverhältnisse» (Butollo/Staritz 2022, 397).

Allein in China arbeiteten im Jahr 2014 knapp 21.7 Millionen Personen unter Bedingungen der Überausbeutung exklusiv für den Export in die USA (Abbildung 2), für die Schweiz waren es knapp 400 000 Beschäftigte (Spéth 2022). Die Überausbeutung[4] der Arbeiter:innen aus dem Globalen Süden resultiert in massiven Werttransfers in die kapitalistischen Zentren (Hickel u. a. 2021; Carchedi/Roberts 2022). Eine Rückkehr zum Nationalen wäre kaum tragbar, auch für die Länder des Globalen Nordens nicht.

Abbildung 2: Anzahl Vollzeitbeschäftigter in der verarbeitenden Industrie von China, Indien und Mexiko für den exklusiven Export in die USA

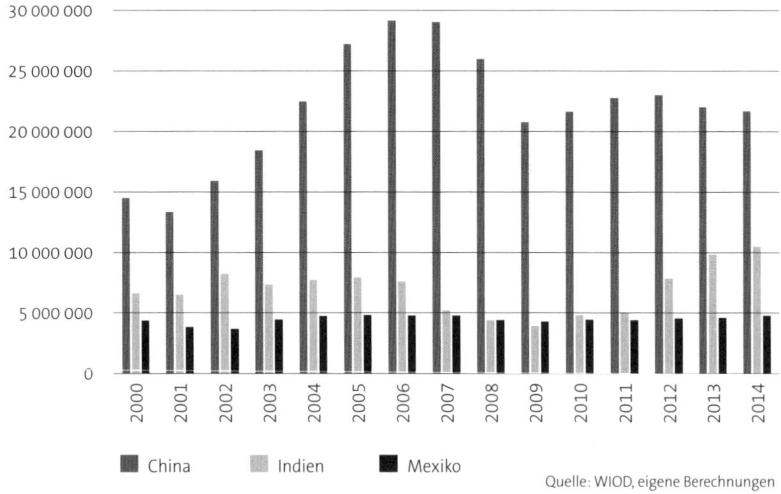

Quelle: WIOD, eigene Berechnungen

Wahrscheinlicher als eine umfassende Deglobalisierung werden wir eine Blockbildung «befreundeter» Staaten erleben – eine Renaissance der «halbierten Globalisierung» der Nachkriegszeit (Osterhammel/Petersson 2003, 86). Die US-Finanzministerin Janet Yellen sieht den zukünftigen Weg in «plurilateralen Handelsabkommen» mit «vertrauten» Ländern, die sich an eine «Reihe von Normen und Werten halten» (Yellen 2022). Und so wird die Verlagerung betrieblicher Aktivitäten ins Ausland nicht mehr *Offshoring* genannt, sondern *«friend-shoring»* (ebd.). Die «Zeitenwende» verändert also auch das Vokabular und lässt die Moral hochspriessen. Denn was als «Wirtschaftskonflikt begann, wurde, mit allen Folgen, verwandelt in einen Wertekonflikt Demokratie vs. Autoritarismus» (Neddermann 2023, 1).

Doch auch die Einigkeit zwischen «befreundeten» Staaten ist nicht garantiert – auch wenn gleiche Werte geteilt werden. Mit dem Gesetz zur Reduktion der Inflation *(U.S. Inflation Reduction Act)* plant die US-Regierung, ihre Unternehmen mit Hunderten von Milliarden Dollar zu subventionieren. Derweil gibt sich die EU überrascht und bereitet sich darauf vor, in gleicher Weise zu reagieren und damit möglicherweise einen allgemeinen Abstieg in Richtung Protektionismus zu beschleunigen (Barbero 2022).

Marx' Rede von «feindlichen Brüdern» bekommt in diesem Kontext neue Aktualität (MEW 26.2, 23; MEW 25, 263).

Anmerkungen

1 Der *Washington* und *Post-Washington Consensus* sind wirtschaftsprogrammatische Ausrichtungen der wichtigsten internationalen Wirtschaftsinstitutionen (Internationaler Währungsfonds, Weltbank etc.).

2 Der europäische internationale Handel wuchs zwischen 1870 und 1913 in laufenden Werten um 4.1 Prozent pro Jahr, gegenüber 16.1 Prozent pro Jahr zwischen 1830 und 1870 (Morys u. a. 2008, 2).

3 Trotzki hat die Theorie der ungleichmässigen und kombinierten Entwicklung nirgends ausführlich ausgearbeitet, sie ist vielmehr Bestandteil seines Denkprozesses hinsichtlich der Analyse der Russischen Revolution (Taylor 2013).

4 Die Ausbeutungsraten in den Ländern des Globalen Südens sind systematisch höher als in kapitalistischen Zentren. Die Lohnunterschiede zwischen den Arbeiter:innen des Globalen Nordens und Globalen Südens sind somit grösser als die Produktivitätsunterschiede.

Literaturverzeichnis:

Aiyar, Shekhar / Ilyina, Anna, 2023: Charting Globalization's Turn to Slowbalization After Global Financial Crisis. www.imf.org/en/Blogs/Articles/2023/02/08/charting-globalizations-turn-to-slowbalization-after-global-financial-crisis?utm_medium=email&utm_source=govdelivery (Abfrage 15.2.2023)

Auernheimer, Georg, 2019: Globalisierung. Köln

Barbero, Michele, 2022: Brussels Is Ditching Its Free-Trade Gospel. www.foreignpolicy.com/2022/12/08/eu-brussels-free-trade-protectionism-electric-cars/ (Abfrage 15.2.2023)

Butollo, Florian / Staritz, Cornelia, 2022: Deglobalisierung, Rekonfiguration oder Business as Usual? In: Berliner Journal für Soziologie, 32 (3), 393–425

Carchedi, Guglielmo / Roberts, Michael: Capitalism in the 21st Century. London

Daudin, Guillaume / Morys, Matthias / O'Rourke, Kevin H., 2008: Globalization, 1870–1914. In: Department of Economics Discussion Paper Series

Foster, John Bellamy / Suwandi, Intan, 2020: COVID-19 and Catastrophe Capitalism. In: Monthly Review, Heft 72 (2) (online verfügbar)

Global Trade Alert, 2023: Global Dynamics. www.globaltradealert.org/global_dynamics (Abfrage 15.2.2023)

Gindin, Sam / Panitch, Leo, 2004: Globaler Kapitalismus und amerikanisches Imperium. Hamburg

Harvey, David, 1989: The Condition of Postmodernity. Cambridge

Harvey, David, 2003: The New Imperialism. New York

Hickel, Jason / Sullivan, Dylan / Zoomkawala, Huzaifa, 2021: Plunder in the Post-Colonial Era. Quantifying Drain from the Global South Through Unequal Exchange, 1960–2018. In: New Political Economy, 26 (6), 1030–1047

Hickel, Jason / Dorninger, Christian / Wieland, Hanspeter / Suwandi, Intan, 2022: Imperialist appropriation in the world economy: Drain from the global South through unequal exchange. In: Global Environmental Change, 73, 1–13

Hirsch, Joachim, 2005: Materialistische Staatstheorie. Hamburg

Kagarlitsky, Boris / Puder, Janina / Schmalz, Stefan, 2022: «The whole world is becoming like Russia.» A conversation on deglobalization in the wake of the war in Ukraine. In: Berliner Journal für Soziologie, 32 (3), 489–502

Komolov, Oleg, 2020: Deglobalization and the «Great Stagnation». In: International Critical Thought, 10 (3), 424–439

Lenin, Wladimir Iljitsch, 1916: Lenin Werke, Band 22. Berlin

MEW 23: Marx, Karl: Das Kapital. Der Produktionsprozess des Kapitals. Berlin

MEW 25: Marx, Karl: Das Kapital. Der Gesamtprozess der kapitalistischen Produktion. Berlin

MEW 26.2: Marx, Karl: Theorien über den Mehrwert. Berlin

MEW 42: Marx, Karl: Ökonomische Manuskripte 1857/1858. Berlin

Milios, Jannis, 2021: Eine zufällige Begegnung in Venedig. Die Entstehung des Kapitalismus als Gesellschaftssystem. Berlin

Neddermann, Hauke, 2023: Neue Weltunordnung. Berlin

Osterhammel, Jürgen / Petersson, Niels P., 2003: Geschichte der Globalisierung. München

Roberts, Michael, 2022: Has globalisation ended? www.thenextrecession.wordpress.com/2022/04/27/has-globalisation-ended/ (Abfrage 15.2.2023)

Schmalz, Stefan: Soziologie der Deglobalisierung. In: Berliner Journal für Soziologie, 32 (3), 349–361

Scholz, Olaf, 2022: Die globale Zeitenwende. www.foreignaffairs.com/germany/die-globale-zeitenwende (Abfrage 15.2.2023)

Selwyn, Benjamin, 2017: The Struggle for Development. Cambridge

Smith, John, 2016: Imperialism in the twenty-first century. New York

Spéth, Arman: Globale Warenketten, Arbeitsarbitrage und die Schweiz. In: Widerspruch, 79, 163–174

Taylor, Nick, 2013: Die ungleiche und kombinierte Entwicklung von Arbeitsformen. In: PERIPHERIE, 130/131, 179–196

ten Brink, Tobias, 2008: Geopolitik. Münster

The Economist, 2019: Slowbalization. The future of global commerce. www.economist.com/weeklyedition/2019-01-26 (Abfrage 15.2.2023)

Yellen, Janet L., 2022: Event transcript. www.atlanticcouncil.org/news/transcripts/transcript-us-treasury-secretary-janet-yellen-on-the-next-steps-for-russia-sanctions-and-friend-shoring-supply-chains/ (Abfrage 15.2.2023)

Peter Schadt / Nathan Weis

Der deutsche Klimaimperialismus

Am 21. September 2022 formulierte Olaf Scholz gegenüber Russland den Vorwurf des «blanken Imperialismus». Spätestens mit dieser Rede des deutschen Bundeskanzlers vor den Vereinten Nationen war der Begriff des Imperialismus jenseits marxistischer Zirkel wieder virulent. In der Rede des Bundeskanzlers dient der Vorwurf gegenüber Putin als Antithese zur globalen Friedensordnung, die vom Westen verteidigt wird.[1] In diesem Sinne erscheint es doppelt verfehlt, einen deutschen Klimaimperialismus zu konstatieren: Erstens wird in der Energiepolitik kein Land militärisch überfallen. Zweitens wird gerade Deutschlands Hinwendung zu den regenerativen Energien als Abwendung vom russischen Gas und damit vom russischen Imperialismus betrachtet. Zehn Thesen, warum der Begriff die Sache dennoch trifft.

1. Deutschland strebt den Status als bestimmendes energiepolitisches Subjekt Europas an.

Schon unter Merkel wurde beschlossen, dass Deutschland die klimaschädlichen CO_2-Emissionen immer weiter reduzieren will. Dabei soll dieser Anspruch nach innen für den Standort gelten, was aber auch den Anspruch hat, weltweit als Vorbild zu dienen. Das Klimaschutzprogramm 2030[2] setzt dieses Ziel identisch mit einem neuen Programm zur nationalen Energie- und Rohstoffversorgung.[3] Will heissen: Sowohl die Industrie-, Mobilitäts- wie auch die Wärmewende sollen nun in Angriff genommen werden. Insofern wird von einer Energiesystemwende gesprochen, die alle diese Aspekte umfasst.[4] Das Ziel ist die Dekarbonisierung der Bundesrepublik Deutschland (BRD) bis 2045.[5]

2. Die Politik beschliesst: Die Energie der Zukunft soll von privaten Unternehmen erzeugt und genutzt werden.

Verschiedenste Techniken finden also ihren Einsatz im klimapolitischen Programm der BRD. Umsetzten soll dieses Programm, wie es sich für eine Gesellschaft privater Eigentümer gehört, «die Wirtschaft». Die sogenannte Wirtschaft hat sich dieses Programm allerdings nicht bestellt, abgesehen von ein paar Unternehmen, die schon länger ihr Geld mit regenerativen Energien und entsprechenden Techniken machen. Subjekt des energiepolitischen Programms ist der Staat und nicht in erster Linie die Wirtschaft. Allerdings setzt die Politik bei dieser Transformation darauf, dass die Unternehmen eines Standorts zu den Akteuren dieses Programms werden. Die Dekarbonisierung der BRD soll mit der Produktion von oder mit erneuerbaren Energien für Unternehmen ein rentables Geschäft versprechen. Es muss und soll sich lohnen, auf die Herstellung und Nutzung von fossilen Energien zu verzichten und stattdessen künftig auf regenerative Techniken zu setzen, wie Solar- und Windenergie oder Wasserstoff. Und das obwohl die Politik der Wirtschaft die Umstellung auf Technologien zur Aufgabe macht, die in der kapitalistischen Rechnungsweise bis auf weiteres nicht konkurrenzfähig sind (Enkhardt 2022) und deren rentabler Weiterbetrieb ohne die Förderung nach dem Erneuerbare-Energien-Gesetz bis heute als fragwürdig gilt (Lehmann u. a. 2017, 727 f.) Damit das trotzdem geht, muss der Energiemarkt einmal mehr politisch völlig neu sortiert werden.

3. Das Beispiel CO_2-Bepreisung – die «alten» Techniken werden politisch zum Auslaufmodell erklärt und damit zu einem solchen gemacht.

Dafür wird erstens die alte Technik klar als Auslaufmodell gekennzeichnet und auch so behandelt, indem Schritt für Schritt das im Produktionsprozess ausgestossene CO_2 über den Zertifikatehandel bepreist und verteuert wird.[6] Hiervon betroffen ist die ganze deutsche Ökonomie, allen voran die vier grossen Energiekonzerne, deren Geschäftsmodell seit Jahrzehnten auf der kostenlosen Nutzung der Luft als Endlagerstätte für ihre Schadstoffabfälle angewiesen ist. In einer anderen Schlüsselindustrie basiert die ganze Wertschöpfungskette des deutschen Autos bisher auf der Herstellung von Verbrennungsmotoren und der kostengünstigen Nutzung der staatlichen wie privat betriebenen Infrastruktur zur Versorgung mit billigem fossilem Brennstoff. Die zweite Grundlage ist die bisher kostenlose Vergiftung (nicht nur) derjenigen, die in der Nähe einer Strasse wohnen oder arbeiten. Diese Branchen stellen keine Ausnahme dar: So ziemlich alle Wertschöpfungsketten des bundesdeutschen Kapitalismus beruhen auf der Nutzung fossiler Energie und ihrer kostengünstigen und dauerhaften Verfügbarkeit sowie der kostenlosen Entsorgung der so entstehenden Abfallprodukte. Die Beschlüsse, die dieses Geschäftsmodell angreifen, ziehen daher drastische Folgen nach sich: Massenweise angelegtes Kapital in der Energie- und der Autoindustrie droht seine internationale Wettbewerbsfähigkeit zu verlieren – und das aufgrund eines politischen Beschlusses. So zumindest die wenig überraschenden Pressemitteilungen aus der Autoindustrie, die gleich eigene Vorschläge für eine autogerechte Bepreisung formuliert (Verband der Automobilindustrie 2019). Dieser drohende Untergang von entscheidenden Teilen der deutschen Ökonomie verlangt seinerseits gleich wieder politische Betreuung. Immerhin sollen die bisherigen «dreckigen» Geschäfte der Energie- und Autoindustrie nicht einfach verboten, sondern gerade der Umstieg auf die «sauberen» Techniken finanziert werden. Damit dem Kapital dieser Schritt auch selbst einleuchtet, müssen die regenerativen Energien und der E-Motor rentabel gemacht werden.

4. Die alte Technik nicht einfach verbieten, sondern auslaufen lassen – eine Hilfe für die Transformation und den Standort.

Die Energiesystemwende hat also einerseits zu leisten, dass das deutsche Kapital sich von den alten Techniken ab- und den neuen zuwendet. Dafür werden die fossilen Brennstoffe mittels einer Bepreisung sukzessive verteuert. Andererseits sollen die Gewinne aus der alten Technik nicht einfach verunmöglicht oder – zum Beispiel qua Dieselverbot – schlicht untersagt werden. Gerade der Gewinn aus der bisherigen Art, Luft, Erde und damit auch das Klima insgesamt zu vernutzen, soll für die Transformation eingesetzt werden. Für die massiven Investitionen, mit welchen die Unternehmen den Umstieg auf die erneuerbaren Energien bewerkstelligen sollen, brauchen sie eine Menge Kapital. Dieses Kapital erwirtschaften sie auf Grundlage des Verbrauchs fossiler Energien. Um die finanzielle Grundlage für den Umstieg auf erneuerbare Energien zu haben und diese rentabel zu machen, sind sie also auf den Verbrauch fossiler Energien angewiesen. Unter diesen Voraussetzungen steht der Verbrauch fossiler Energien nicht im Widerspruch zu der von der Politik vorgeschriebenen Dekarbonisierung. Entsprechend sind die politischen «Steuerelemente» zu verstehen, welche die BRD nutzt: Mit der Einrichtung eines Preises für CO_2, und der Erhöhung dieses Preises über die Zeit soll die Entscheidung der Unternehmen für die neuen Techniken ganz freiheitlich aus deren eigenen Profitrechnungen erreicht werden.

5. Fördern bis zum Profit; der letzte Schritt für die Erneuerung des deutschen Kapitals für den Welt(energie)-markt der Zukunft.

Gefragt ist einmal mehr der Staat, und das gleich in einer sehr umfassenden Weise: Erstens mit sehr viel Krediten, die in Forschung und Entwicklung von Techniken fliessen, die zudem zur «Marktreife» weiterentwickelt oder sogar erst noch erfunden werden müssen; aktuell besonders bei der Wasserstoffgewinnung und -nutzung. Das so gewonnene Wissen soll dann der ganzen deutschen Unternehmerschaft zur Verfügung gestellt werden. Dort wo die Entwicklung abgeschlossen ist, werden privatwirtschaftliche Investitionen subventioniert, damit die neuen Techniken auch zur Anwendung kommen. In der Autoindustrie betrifft das aktuell besonders die Batterie- und Akkuproduktion. Daimler und Bosch hatten sich wegen des Vorsprungs der asiatischen Staaten aus diesem Bereich bereits vor Jahren wieder zurückgezogen (Gerster 2014; Esch 2018). Jetzt besteht der Staat auf einer Wertschöpfungskette made in Europe und bringt die Unternehmer dazu, neu zu kalkulieren, indem er den Umfang der Fördergelder erhöht.

Zweitens macht er sich daran, die Infrastruktur aus Stromleitungen und Tankstellen umzubauen, die bisher auf Transport von und Zugang zu fossilen Brennstoffen beruhte. Auch hier sorgt der Staat dafür, dass die Ladestationen von privaten Firmen aufgebaut werden, die damit einerseits selbst ein Geschäft machen sollen und andererseits die Grundlage dafür schaffen, dass sich der Verkauf von E-Autos überhaupt lohnt. So ist im «Klimaschutzprogramm 2030» die Dialektik zu studieren, wie der Staat beim Kapital das Interesse erzeugen will, das er nämlich von ihm erwartet: «Der Hochlauf der Elektromobilität verändert die Anforderungen an die Verteilnetze, insbesondere, wenn Spitzen durch gleichzeitiges Laden entstehen. Deshalb wird die Bundesregierung gute Rahmenbedingungen dafür schaffen, dass die Verteilnetzbetreiber in die Intelligenz und Steuerbarkeit der Netze investieren und ihr Netz vorausschauend so ausbauen können, dass das Verteilernetz die anvisierte Zahl der E-Fahrzeuge auch qualitativ hochwertig versorgen kann.» (Klimaschutzprogramm 2030, 19)

Drittens subventioniert der Staat auch die E-Autos via Prämie direkt und sorgt so für eine Absatzgarantie, damit das deutsche Kapital möglichst sicher seine Gewinne einfahren kann, wenn es auf die neuen Techniken setzt. Ergänzt wird das Ganze durch die Umstellung der immensen behördlichen Fuhrparks auf E- und Hybridautos (DPA Niedersachsen 2021).

6. E-Mobilität als neue Verkehrsform der internationalen Konkurrenz um die Mobilität, (nicht nur) ein Beispiel deutscher Exportweltmeisterschaft auf neuer Basis.

Als Unterfall der prinzipiellen Abhängigkeit deutschen «Energiehungers» von anderen Nationen fällt auch der Verbrennungsmotor schon länger unter die Rubrik: «Unser Öl» liegt in den falschen Ländern. Als bahnbrechende Alternative zum amerikanisch gestalteten Weltmarkt für Strom und fossile Brennstoffe setzte Deutschland früh auf die Atomkraft als industriell selbst herstellbare Energie zur Wahrung der nationalen Souveränität. Seit Fukushima wurde diese nun endgültig vom Projekt «grüner Strom» abgelöst. Der ehemalige Aussenminister Heiko Maas redete hier schon 2019 Klartext: «Die Energiewende ist nicht nur der Umstieg von fossiler auf erneuerbare Energie – sie verschiebt auch politische Grundkonstanten. Durch den Einsatz erneuerbarer Energien können sich Staaten in die Lage versetzen, ihre eigene Energiesicherheit zu erhöhen. Damit verliert das geopolitische Instrument Energie, wie wir es über Jahrzehnte kennengelernt haben, seine Macht. Energiewendeländer können ihre strategischen und aussenpolitischen Interessen unabhängig verfolgen».[7] In einem weiteren Schritt strebt Deutschland danach, endlich aus dem Windschatten des «grossen Bruders» herauszutreten und selbst zur souveränen Weltmacht zu werden, die nicht nur erfolgreich im amerikanisch dominierten Weltmarkt operiert, sondern selbst die Regeln diktiert. Denn die «fossilen Energien» enthalten, wie Maas (ebd.) es unverblümter kaum sagen könnte, eine «geopolitische» Seite, für die Deutschland jetzt energiepolitisch aufrüstet und zum Angriff bläst. In diesem Sinne sind CO_2-freie Autoindustrie und -verkehr ein Unterfall von Deutschlands klimaneutraler Zukunft. Sie besteht darin, dass Deutschland seine Interessen weltweit und selbstbestimmt, das heisst, unabhängig verfolgen will und darüber hinaus auf diesem Gebiet nicht nur die entscheidenden Produkte herstellen und weltweit absetzen, sondern dafür auch die politischen Rahmenbedingungen vorgeben möchte. Kurz: ein Projekt des deutschen Imperialismus.

7. Das Gas aus Russland war kein Widerspruch zu diesem Energieimperialismus, sondern die fossile Ergänzung für die Unabhängigkeit von Amerika.

Dass die BRD ihr Portfolio seit einigen Jahren bereits neben Gas, Kohle und Öl mit einem stetig wachsenden Anteil an CO_2-freien Energieträgern wie Wasser, Sonne und Wind ergänzt, reduziert die Machtstellung der Lieferländer von fossilen Brennstoffen im Allgemeinen sowie von Russland als

Gas- und Kohleexporteur im Speziellen. So soll die Abhängigkeit von den Energieträgern verringert werden. Unter diesen Vorzeichen erschien, insbesondere einer ökologisch bewegten Öffentlichkeit, das deutsch-russische Nord-Stream-2-Projekt als ein Anachronismus. Zu Unrecht. Für die BRD war das nämlich die Gelegenheit, zu den von Deutschland vorgegebenen Preisen an das flüssige beziehungsweise gasförmige Gold zu kommen. Unter anderem wurde dafür auch ein Prozess gegen Gazprom eröffnet. Das Ergebnis kann sich sehen lassen: «Gazprom hat nun zugesagt, die territorialen Beschränkungen für den Weiterverkauf seines Gases aus allen Lieferverträgen zu streichen. Dasselbe gilt für alle Vertragsbestandteile, die den Weiterverkauf unattraktiv machen, wie eine Beteiligung Gazproms an dabei anfallenden Gewinnen.»[8] Russland hat diesen Bedingungen zugestimmt, da die EU sein mit Abstand profitabelster Markt ist, den es sich unbedingt erhalten möchte, fast um jeden Preis. Gerade das Voranschreiten der Unabhängigkeit Deutschlands von den fossilen Brennstoffen machte Nord Stream 2 also so attraktiv, weil Deutschland sich damit ein Stück weit unabhängiger vom amerikanischen Energiemarkt machen konnte und zudem selbst die Lieferbedingungen mit Russland zu bestimmen in der Lage gewesen ist.

Die Diversifizierung der Energieträger und die Freiheit Deutschlands gegenüber Russland, die bestehenden Verträge neu zu verhandeln, war also nie zu verwechseln mit einem passiven Projekt der Energieautarkie. Es ging nie darum, von anderen Ländern unabhängig zu werden, um schlicht mit Sonnen-, Wind- und Wasserenergie den nötigen Strom für das eigene Land zu produzieren. Mit einem feinen Gespür für Sprache spricht die Bundesregierung vom Ziel der Energiesouveränität. Die besteht für die BRD gerade im billigen Zugriff auf die Energierohstoffe anderer Nationen zu den Konditionen, die Deutschland diktiert. Die stets beklagte Abhängigkeit von russischem Gas ist spätestens zu diesem Zeitpunkt einfach umgekehrt gestaltet worden: als Versuch, Russland abhängig zu machen vom Importland Deutschland (Schadt 2022, 12).[9]

8. Die Zeitenwende revidiert die Rolle des russischen Gases, aber nicht die Ansprüche der deutschen Nation: Aus der «Brückentechnologie» wird ein imperialistischer Nutzen gegen den russischen Feind gezogen.

Auch nach dem russischen Einmarsch in die Ukraine laufen die Gaslieferungen einstweilen weiter. Trotzdem bereitet man sich direkt auf die Möglichkeit eines einseitigen Lieferstopps aus Russland vor: Höhere Speicherbestände, gesetzliche Gasreserven, deutsche Terminals für Flüssiggas und Kohlekraftwerke werden aufgebaut als Reserve für den Fall der Fälle.

Eine Nation wie Deutschland schafft sich mit diesen Reserven die nötige Beinfreiheit bei ihren weiteren (energie)politischen Interventionen gegen Russland. Denn der Umgang mit dem Land hat sich jetzt sehr grundsätzlich geändert. Bisher war Russlands Eintritt in den Weltmarkt nach dem Ende der Sowjetunion das Mittel für Deutschland, das Land auf eine schäbige Rolle als Rohstofflieferanten zu reduzieren. Damit lieferte es das billige Material für die Systemenergiewende und gleichzeitig für den Angriff gegen den US-geführten Weltenergiemarkt. Nun hat sich dieses Verhältnis gedreht, und Russlands Rolle als Rohstofflieferant ist jetzt Deutschlands Mittel für den ökonomischen Angriff gegen den Feind. In den gegenseitigen ökonomischen Verträgen nutzt Deutschland die Möglichkeit, Russland zu schädigen, indem es die bisherigen Vereinbarungen kündigt. Keine 48 Stunden nach Kriegsbeginn war bereits davon zu lesen, wie Deutschland auch in der Frage der Energiesouveränität entscheidend mobilisierte gegen die ehemalige «strategische Partnerschaft» mit Putin (Habeck 2022).

9. Die BRD prüft alternative Brückentechnologien für den dekarbonisierten Weltenergiemarkt unter deutscher Führung – und schreckt dabei vor keiner Klimasünde zurück.

Deutschland braucht Alternativen zum russischen Gas und begann sofort nach Kriegsbeginn alle Optionen zu prüfen. Einerseits soll der Ausbau regenerativer Energien noch schneller vorangehen. Andererseits sorgt Deutschland dafür, dass der unmittelbare Energiebedarf seines Standorts ausreichend bedient wird und greift dabei auf Ressourcen im In- wie Ausland zu. So sichert sich Deutschland Zugriff auf Flüssiggas aus den USA und Katar – welches zunächst auf minus 162 Grad Celsius heruntergekühlt und in Schiffe verfrachtet werden muss, um dann durch einen energieintensiven Prozess in Europa wieder verflüssigt zu werden –, bezieht weiter Gas aus Senegal und Mozambik sowie Kohle aus Südafrika (Hecking 2022). Ausserdem wird die Laufzeit mehrerer Atomkraftwerke in Deutschland verlängert und der Ort Lützerath für den Braunkohletagebau geräumt. Was wie ein Widerspruch erscheinen mag, passt in Wahrheit sehr gut zur deutschen Energiewende und demnach dem politökonomischen Programm, mit dem Deutschland sich energiepolitisch neu aufstellen, zum massgeblicheren Subjekt werden und über Regeln und Vorschriften im Energiemarkt der Zukunft bestimmen möchte. Das ist etwas ganz anderes als die «Rettung des Weltklimas», was nicht zu verwechseln ist.

10. Die linke und ökologische Kritik am Klimaimperialismus: «Viel zu wenig, viel zu unentschlossen».

Die Regierung ist fest entschlossen, um von der «Brückentechnologie» hin zu einer neuen Energiesouveränität keine Option ungeprüft zu lassen, sei es vom Fracking bis hin zur Atomkraft – ein deutlicher Hinweis darauf, dass sich die Öffentlichkeit täuscht, wenn diese in der Energiewende einzig ein Programm zur Rettung des Klimas sehen will. Ein weiterer Hinweis ist die oft zitierte Angst, die chinesische Regierung könne die BRD in Fragen der klimaneutralen Energieversorgung abhängen. Ginge es um nichts anderes als darum, auf dem ganzen Planeten auf fossile Brennstoffe zu verzichten, wäre nicht Sorge, sondern Erleichterung die angemessene Reaktion auf klimapolitische Bestrebungen anderer Nationen. Es verhält sich aber umgekehrt: Entbrannt ist ein Konkurrenzkampf um die Errichtung eines neuen Weltenergiemarktes, für den das Ende der fossilen Brennstoffe zwar das Mittel, aber nicht der Zweck ist.

Unbeeindruckt von derlei Hinweisen sind die Slogans der kritischen Öffentlichkeit, namentlich von Fridays for Future. Deren Kritik besteht darin, dass die Massnahmen des «Klimaschutzprogramms 2030» die Klimakatastrophe nicht stoppen werden: Wichtige Kipppunkte – wie das Abschmelzen der Pole – werden nicht verhindert werden, die Natur wird weiter vernutzt und anderes mehr. AktivistInnen werfen dies der deutschen Regierung als Versäumnis vor und fordern mehr Entschlossenheit bei Fragen um den Klimaschutz. Einerseits stellen die AktivistInnen der Klimaschutzbewegung also selbst seit Jahren fest, dass die Rettung des Planeten nicht im Klimaschutzprogramm der Regierung enthalten ist. Das allerdings treibt die Klimabewegung nicht zur Frage, für welchen politischen Zweck dann die Programme und Massnahmen verabschiedet werden. Je enttäuschter die AktivistInnen von den Ergebnissen der Klimapolitik sind, umso entschlossener halten sie an dem Fehler fest, dass es eigentlich um die Rettung des Planeten zu gehen hätte. Entsprechend setzten sie sich ein für mehr Klimapolitik. So begleitet ausgerechnet eine kritische Jugend den deutschen Energieimperialismus mit den ständigen Rufen nach mehr Entschlossenheit – und täuscht sich dabei ganz gewaltig in Inhalt und Zweck der Energiesystemwende.

Anmerkungen

1 Olaf Scholz, Rede vor der UN-Generalversammlung, 21 September 2022. www.tagesschau.de/ausland/amerika/scholz-rede-un-101.html (Abfrage 9.2.2023)

2 Klimaschutzprogramm 2030 der Bundesregierung zur Umsetzung des Klimaschutzplans 2050. www.bundesfinanzministerium.de/Content/DE/Downloads/Klimaschutz/klimaschutzprogramm-2030-der-bundesregierung (Abfrage 11.2.2023)

3 Das Programm hat seinerseits ebenfalls Vorläufer: die bis dahin regierungsprogrammatisch erklärten Ziele der «Steigerung der Energieeffizienz» und der «Aufbau der erneuerbaren Energien».

4 Hier wäre dann auch der qualitative Unterschied zu allen Vorläuferprogrammen zu suchen: Gemessen an diesem Programm der bisherigen blossen «Stromwende»: 46 Prozent des Bruttostromverbrauchs Deutschlands speiste sich zu diesem Zeitpunkt (2019) aus erneuerbaren Energiequellen.

5 Bundesregierung 2022: Generationenvertrag für das Klima. www.bundesregierung.de/breg-de/themen/klimaschutz/klimaschutzgesetz-2021-1913672 (Abfrage 11.2.2023)

6 «Das nationale Emissionshandelssystem (nEHS) startet 2021 mit einem Festpreissystem, das heisst, der Preis pro Tonne CO_2 ist fix und politisch festgelegt. Dabei werden Zertifikate an die Unternehmen, die Heiz- und Kraftstoffe in Verkehr bringen, verkauft.» (Bundesregierung 2019: CO_2-Bepreisung. www.bundesregierung.de/breg-de/themen/klimaschutz/co2-bepreisung-1673008, Abfrage 9.2.2023)

7 Bundesregierung 2019: Maas und Altmaier: Der Energiewende gehört die Zukunft. In Deutschland und in der Welt. www.bmwk.de/Redaktion/DE/Pressemitteilungen/2019/20190409-maas-und-altmaier-der-energiewende-gehoert-die-zukunft.html (Abfrage 9.2.2023)

8 FAZ, 14.3.2017, zitiert nach «America first!» in Aktion – und die ersten Wirkungen (II). Trump macht sich an die Renovierung der europäischen Energieversorgung. In: Gegenstandpunkt 3/2017. de.gegenstandpunkt.com/artikel/trump-renoviert-europaeische-energieversorgung (Abfrage 9.2.2023)

9 Der Anspruch der deutschen Nation erschöpfte sich nicht darin, billige Energieträger aus Russland zu importieren: Die BRD wollte sich vielmehr zum Verteilerknoten und Weiterverkäufer des Gases in ganz Europa machen.

Literatur

DPA Niedersachsen 2021: E-Autos und Ladesäulen: Behörden erhalten 20 Millionen Euro. In: zeit online, 11.1. (online verfügbar)

Enkhardt, Sandra, 2022: Niedrigste Stromgestehungskosten für grünen Wasserstoff mit Photovoltaik+Windkraft+Elektrolyseur. In: pv-magazin, 30.5. (online verfügbar)

Esch, Nico 2018: Elektroautos: Bosch will keine Batteriezellen produzieren. heise online: (Abfrage 09.2.2023)

Gerster, Michael, 2014: Daimler steigt aus Zellenproduktion aus. In: Stuttgarter Nachrichten, 17.11. (online verfügbar)

Habeck, Robert, 2022: Robert Habeck zum Angriff Russlands auf die Ukraine am 24.2.22. Rede. www.youtube.com/watch?v=nS5LnaIraDw (Abfrage 9.2.2023)

Hecking, Claus, 2022: Kohle aus Südafrika: Massenhaft Brennstoff für Deutschland. In: Der Spiegel, 7.11. (online verfügbar)

Klimaschutzprogramm 2030 der Bundesregierung zur Umsetzung des Klimaschutzplans 2050 (KSP 2030): www.bundesfinanzministerium.de/Content/DE/Downloads/Klimaschutz/klimaschutzprogramm-2030-der-bundesregierung-zur-umsetzung-des-klimaschutzplans-2050.pdf?__blob=publicationFile&v=4 (Abfrage 9.2.2023)

Lehmann, Paul / Gawel, Erik / Korte, Klaas / Purkus, Alexandra, 2017: 20 Jahre EEG. Ist das Förderende für alte Anlagen ein Problem für die Energiewende? In: Wirtschaftsdienst. Zeitschrift für Wirtschaftspolitik. Hamburg, 727–732 (online verfügbar)

Schadt, Peter 2022: Ins Mark treffen. Das Erdölembargo gegen Russland soll gegen Ende 2022 kommen. Eine kurze Chronologie der deutschen Energiepolitik seit Anfang des Jahres. In: Junge Welt, 5.11., 12 (online verfügbar)

Verband der Automobilindustrie (VDA) 2019: CO_2-Bepreisung zur Erreichung der Klimaziele? VDA-Position zur aktuellen Debatte in Deutschland (online verfügbar)

Bild: janasiegmund.ch

Lotte, die kämpferische Bibliothek auf Rädern, wechselt ihren Standort in Luzern regelmässig. Sie wird in einem offenen Kollektiv organisiert für den freien Zugang zu gesellschaftskritischen und empowernden Medien.

lotte-bibliothek.org

Tomasz Konicz

Der Krisenimperialismus des 21. Jahrhunderts

Vor dem Hintergrund der sozioökologischen Krise des Kapitals

Krisenimperialismus ist das staatliche Dominanzstreben – vollzogen mit ökonomischen, politischen oder militärischen Mitteln – in der Epoche der Kontraktion des Verwertungsprozesses des Kapitals.

Der in letzter Konsequenz militärische Expansionsdrang der imperialistischen Staaten ist dabei Folge des Verwertungszwangs des Kapitals, wobei imperialistische Bestrebungen gerade in Reaktion auf die inneren Widersprüche des Verwertungsprozesses an Dynamik gewinnen können. Überakkumulation von anlagesuchendem Kapital, zunehmende soziale Spannungen, die durch Kolonialisierung gemildert werden sollen, oder die Nachfrage des Kapitals nach Rohstoffen und Energieträgern, die nicht im Inland gefördert werden können, verleiten oft diejenigen Staaten, die über ausreichende Machtmittel verfügen, zu entsprechenden Formen imperialistischer Expansion.

Das kapitalistische Weltsystem war in seiner historischen Expansionsphase durch Hegemonialzyklen geprägt, bei denen eine imperialistische Grossmacht eine hegemoniale, von konkurrierenden Mächten zumindest zeitweise tolerierte Stellung erringen konnte. Das 19. Jahrhundert war durch einen britischen, das 20. Jahrhundert durch einen US-amerikanischen Hegemonialzyklus aus industriellem Aufstieg und Niedergang geprägt. Die zunehmenden militärischen Auseinandersetzungen sind Ausdruck des hegemonialen Abstiegs der USA, wobei die sozioökologische Krise des Kapitals die Ausbildung einer neuen Hegemonialmacht verhindert.

Neue, multipolare Krisenqualität

China, das sich mit Washington in einem globalen Hegemonialkampf befindet, ist selber Teil des kapitalistischen Weltsystems, es ist aufgrund krisenbedingt zunehmender innerer Verwerfungen (Schulden- und Immobilienkrisen) nicht in der Lage, die USA als «Weltpolizisten» zu beerben. Die gegenwärtige Phase zunehmender militärischer Konflikte stellt somit eine blutige Realsatire des Geredes von der «multipolaren Weltordnung» dar, die von allen imperialen Konkurrenten der absteigenden USA gefordert wird (Kurier 2017). Die Systemkrise verhindert die Ausbildung eines Hegemons, wobei viele Staatsapparate sich weiterhin letztendlich vergeblich bemühen, so mächtig wie die USA zu werden – und die Erosion der US-Hegemonie verschafft ihnen den notwendigen Freiraum für eigene militärische Abenteuer. Mehr noch: Die zunehmenden inneren Widersprüche lassen den Drang zur imperialen Expansion abermals vermehrt aufkommen.

Die von einer hohen zweistelligen Inflation geplagte Türkei, die von Erdogan in immer neue imperialistische Eroberungsfeldzüge getrieben wird, bildet nur die Blaupause für den «multipolaren» manifesten Krisenimperialismus, der vielerorts um sich greift. Auch im Fall Russlands ist diese krisenbedingte, neoimperiale Flucht in den Krieg evident (Konicz 2022). Das ökonomisch immer weiter hinter den Westen zurückfallende Russland ist bemüht, seinen Status als Grossmacht durch blanke militärische Gewaltanwendung aufrechtzuerhalten, nachdem Russland den 2014 vom Westen unterstützten Umsturz in der Ukraine nicht durch ähnliche Methoden indirekter Intervention hatte revidieren können.

Die imperialistische Aggression des Kremls ist somit Ausdruck der sozioökonomischen Schwäche, die sich auch in den Aufständen in Belarus und Kasachstan kurz vor dem Überfall auf die Ukraine manifestierte (Konicz 2020; Goncharenko 2022). Russland verliert mit seiner vor allem auf Rohstoffexport aufbauenden Wirtschaft im postsowjetischen Raum immer weiter an Einfluss, während die imperiale Konzeption Putins, der Aufbau eines fossilen Rohstoffimperiums, durch die angestrebte Energiewende im Westen obsolet zu werden droht. Das von Annalena Baerbock (Grüne) bei einem Besuch in Kiew im Januar 2022 eröffnete Wasserstoffbüro, das die Ukraine dabei unterstützen sollte, zum Lieferanten von «grünem» Wasserstoff für die EU zu werden, symbolisierte geradezu die russischen Ängste vor dem krisenbedingten Abstieg (Wiedemann 2022). Der Kreml schätzte in seinem Grössenwahn am Vorabend des Krieges die Kosten einer weiteren Erosion der eigenen Einflusssphäre im postsowjetischen Raum offenbar als höher ein als die (von ihm anscheinend sträflich unterschätzten) Kosten des nun geführten Kriegs.

Der Krieg in der Ukraine dürfte auch global eine neue Krisenqualität einleiten, die von zunehmender Lagerbildung geprägt ist und die ein Ende des historischen Prozesses der Globalisierung markiert, die in ihr Gegenteil umzuschlagen scheint. Gerade hier treten die Umrisse einer neuen, durch verschärfte imperiale Konkurrenz geprägten Krisenphase deutlich hervor, die durch eine «Fragmentierung der Weltwirtschaft in geopolitische Blöcke» geprägt wäre, in denen auch «unterschiedliche Handels- und Technologiestandards, Zahlungssysteme und Währungsreserven» verwendet würden, wie der Internationale Währungsfonds (IWF) im April 2022 in einem Beitrag warnte (Kristalina 2022).

Ökologische Krise und imperiale Logik

Imperialistisches Dominanzstreben tritt auch in Wechselwirkung mit der ökologischen Krise des Kapitals, das aufgrund seines Wachstumszwangs unfähig ist, eine ressourcen- und klimaschonende Reproduktion der Menschheit zu etablieren.

Auch der Konflikt zwischen Russland und dem Westen um die Ukraine, der 2013 als Kampf konkurrierender Wirtschaftsräume begann (EU und USA gegen Putins angestrebte «Eurasische Union»), weist inzwischen eine klimapolitische Komponente auf. Die Ukraine verfügt über sehr fruchtbare Schwarzerdeböden, die angesichts der sich abzeichnenden, klimatisch bedingten Nahrungsmittelengpässe und kommender Hungerkrisen als geopolitischer Machthebel rasch an Wert gewinnen – Nahrung könnte das Öl des 21. Jahrhunderts werden.

Dieses Aufkommen eines durch die ökologische Krise angetriebenen Imperialismus hat ebenfalls systemische Ursachen: Die scheinbare Rationalität kapitalistischer Warenproduktion auf betriebswirtschaftlicher Ebene dient einem irrationalen Selbstzweck – der uferlosen Vermehrung des eingesetzten Kapitals. Ein Unternehmen investiert in Lohnarbeit, Rohstoffe, Maschinen, Produktionsstandorte, um die dort hergestellten Waren mit Gewinn zu veräussern – wobei die Lohnarbeit die Quelle des Mehrwerts ist. Hiernach wird das vergrösserte Kapital reinvestiert – in mehr Rohstoffe, Maschinen et cetera, um einen neuen Verwertungskreislauf zu starten.

Auf gesamtgesellschaftlicher Ebene entfaltet diese ökonomische Logik ihr verheerendes Potenzial, da mit erfolgreicher Kapitalakkumulation auch die Aufwendungen für den Produktionsprozess – Rohstoffe und Energie – permanent erhöht werden müssen. Die zusehends schwindenden Ressourcen dieser Welt bilden das immer enger werdende Nadelöhr, durch das sich dieser irrationale Prozess der Kapitalverwertung unter immer grösseren Friktionen hindurchzwängen muss. Und eben diese ökologische lässt ebenfalls die imperialistische Konkurrenz zunehmen. Beide ökologischen Krisenprozesse – die Ressourcenkrise wie die Klimakrise – werden durch diesen Verwertungsprozess, der auf nationaler oder globaler Ebene wie ein automatisch nach Maximalprofit strebendes «Subjekt» agiert, entscheidend befördert. Die am Selbstzweck uferloser Kapitalverwertung ausgerichtete kapitalistische Weltwirtschaft fungiert somit de facto als eine Weltvernichtungsmaschine, bei der die reale, konkrete Welt verbrannt wird, um das blinde Wachstum der Realabstraktion des Werts bis zum Kapitalkollaps zu perpetuieren.

«Grüner» Imperialismus

Und dieser unersättliche Ressourcenhunger des Kapitals kommt auch beim angestrebten Green New Deal zum Tragen, der faktisch ad absurdum geführt wird. Der Versuch der wirtschaftlichen Zentren, neue «grüne» Leitsektoren in der Industrieproduktion aufzubauen, geht mit einem ungeheuren Anstieg der Rohstoffnachfrage einher, der kaum befriedigt werden kann. Für viele angebliche «Zukunftsmärkte» werden gigantische Mengen an neuen Materialkombinationen benötigt, die zuvor, im fossilen Zeitalter, kaum nachgefragt wurden.

Neben den üblichen Metallen wie Eisen, Aluminium und Kupfer sind es Edelmetalle wie Mangan, Kobalt und Nickel oder Rohstoffe wie Grafit und das berüchtigte Lithium, bei dessen Herstellung ungeheure Mengen von Wasser verbraucht werden. Sowohl die Elektromobilität, die von der deutschen Autoindustrie verschlafen wurde, als auch die nachhaltige Energieerzeugung durch Wind und Sonne sind ohne diese Rohstoffe kaum denkbar.

Hinzu kommt die Rohstoffgruppe der seltenen Erden, bei deren Förderung die Volksrepublik China eine monopolartige Stellung errungen hat. Zudem stehen Bemühungen zum Recycling vieler dieser Rohstoffe noch am Anfang, sodass gerade in den ersehnten «Öko-Industrien» kaum wirksame Rohstoffkreisläufe aufgebaut werden können. Sollte es hier keinen technologischen Durchbruch geben, wird die Nachfrage also mittelfristig immer weiter steigen.

Die Sicherung klimaneutraler Energieträger und der für die Energiewende notwendigen Rohstoffe steht immer öfter im Zentrum der aussenpolitischen Bestrebungen der Zentrumsländer, um der heimischen Wirtschaft mittels neuer geopolitischer Ausrichtung und neoimperialer

Machtpolitik eine Transformationsperspektive zu einem klimaneutralen Kapitalismus zu eröffnen.

Inzwischen wird auch darüber spekuliert, inwiefern der Zugang zu «grünen» Rohstoffen eine Rolle bei dem imperialistischen Angriffskrieg Russlands in der Ukraine spielte. Das osteuropäische Land verfügt über bedeutende Vorkommen an Kobalt, Lithium, Titan, Beryllium und seltenen Erden (Schulze 2023). Ihr Wert wird derzeit auf rund 6,7 Billionen Euro geschätzt. Mitte 2021, ein halbes Jahr vor dem Angriff Russlands, schloss Kiew eine Partnerschaft mit der EU über die Erschliessung dieser Rohstoffvorkommen ab, im Herbst 2021 folgten erste Auktionen bezüglich der Erkundung der Lagerstätten (Werwitzke 2021).

Die globalen Lieferengpässe bei Lithium, Nickel, Kobalt, Kupfer und seltenen Erden sind evident. Und es sind gerade diese Engpässe, die diesem «grünen Klimaimperialismus» Auftrieb verschaffen werden, da die kapitalistischen Zentren versuchen, sich Zugang zu den knappen Zukunftsrohstoffen auf Kosten der Konkurrenz zu verschaffen. Es ist eine typische Milchmädchenrechnung, zu glauben, dass genug Rohstoffe für die Elektromobilität zur Verfügung stünden, nur weil sich diese auf dem Erdball lokalisieren lassen. Denn die Rohstoffe müssen unter extrem hohem Kapitalaufwand und ungeheuren Umweltkosten gefördert und aufbereitet werden (Lithium). Auch eine massive Ausweitung der Förderung kann die für den Verwertungsprozess des Kapitals notwendigen Fördermengen kaum liefern. Lithium, nach dem die Nachfrage in der deutschen Autoindustrie sich bis 2030 verzehnfachen soll, ist kein Rohöl, es ist nicht in derselben Quantität vorhanden wie Öl am Beginn des Ölzeitalters (Böhm 2022). Bei Kupfer soll die Nachfrage der deutschen Autoindustrie im Zuge der Mobilitätswende um drei Millionen Tonnen steigen. Eine Preisexplosion («Greenflation») ist zwangsläufig. Und irgendwer müsste sich diese fahrenden Sondermülldeponien, deren Recycling bald enorme Kosten verursachen wird, kaufen können, damit der Verwertungskreislauf des Kapitals auf dem Markt einen Abschluss findet.

Was tun? Ist Emanzipation in der Krise möglich?

Die Krise treibt somit die spätkapitalistischen Staatsmonster sowohl in ökonomischer wie ökologischer Dimension in die Konfrontation. Der Krisenimperialismus gleicht somit – um im Bild der Klimakrise zu bleiben – einem Verdrängungswettbewerb auf einem abschmelzenden Eisberg oder dem Kampf auf der untergehenden Titanic.

Mit den näherkommenden Einschlägen der unerbittlich fortschreitenden Krisendynamik nimmt aber auch die Ohnmacht zu, gerade in der Linken, die zwischen den Fronten dieser imperialen Konfrontation zerrieben werden könnte. Bewegungsautonomie kann wohl nur noch zusammen mit radikaler Kritik erkämpft werden. Dem Zwang, sich unreflektiert einer der imperialistischen Kriegsparteien anzuschliessen, müsste eine offensiv antikapitalistische Solidaritäts- und Friedenspolitik entgegengestellt werden, in der die Forderung nach einem sofortigen Waffenstillstand mit der Thematisierung der Systemkrise einherginge. Dies nicht aus einem linken Radikalismus heraus, sondern weil es diese real ablaufende Krisenbewegung ist, die den Spätkapitalismus instabil macht und in die Selbstzerstörung treibt.

Es gilt folglich, bewusst im gesellschaftlichen Kampf und Diskurs nach Wegen aus dem Krisen- und Katastrophenkapitalismus zu suchen, da die Welt in Barbarei zu versinken droht – und dies wird ja inzwischen, in Gestalt des drohenden Atomkrieges, offen diskutiert. Die Überwindung des Kapitalverhältnisses ist somit Richtschnur aller linken Praxisbemühungen. Dies müsste auch für die Antikriegsbewegung gelten, um eine Instrumentalisierung durch den Kreml zu verhindern. Soziale Kämpfe, Proteste und Bewegungen müssen somit als Teilmomente eines Transformationskampfes um eine postkapitalistische Gesellschaft begriffen und geführt werden. Dies, die Überwindung des weltweit amoklaufenden Verwertungszwangs des Kapitals, ist das absolute Minimum, die *conditio sine qua non* jeglicher Zivilisationsentfaltung im 21. Jahrhundert.

Jede sich links nennende Gruppe oder Partei, die graduelle Veränderung predigt, ohne dabei die Systemkrise zu thematisieren und die Notwendigkeit der Systemtransformation zu betonen, ist faktisch opportunistisch, wenn nicht gar reaktionär. Es gibt in der eskalierenden Systemkrise keine Möglichkeit mehr, Reformpolitik zu machen, die «erfolgreich» wäre, da diesem Unterfangen schlicht die an Intensität gewinnenden Krisenverwerfungen im Weg stehen. Fortschrittliche Praxis kann sich nur noch anhand des Bemühens um einen progressiven Verlauf der unausweichlichen Systemtransformation entfalten. Dies ist kein linker «Radikalismus», sondern ein aus Einsicht in den Krisencharakter gewonnener Realismus.

Die Systemtransformation ist unvermeidbar, es kommt darauf an, sie in eine progressive, emanzipatorische Richtung zu lenken – im Kampf gegen die Kräfte der Barbarei, die das Kapital in seiner Krise wieder ausschwitzt.

Literatur

Böhm, Walter, 2022: Lithium-Rally beginnt: So sind Anleger mit dabei. www.boerse-online.de/nachrichten/rohstoffe/lithium-rally-beginnt-so-sind-anleger-mit-dabei-20317441.html (Abfrage 30.1.2023)

Georgieva, Kristalina, 2022: Facing Crisis Upon Crisis. How the World Can Respond. www.imf.org/en/News/Articles/2022/04/14/sp041422-curtain-raiser-sm2022 (Abfrage 30.1.2023)

Goncharenko, Roman, 2022: Krise in Kasachstan. Darum wackelt Moskaus Verbündeter. www.dw.com/de/krise-in-kasachstan-darum-wackelt-moskaus-verb%C3%BCnde-ter/a-60341138 (Abfrage 30.1.2023)

Konicz Tomasz, 2022: Kampf auf der Titanic. www.akweb.de/politik/russland-ukraine-konflikt-kampf-auf-der-titanic/ (Abfrage 30.1.2023)

Konicz Tomasz, 2020: Belarus in der Sackgasse. www.konicz.info/2020/08/24/belarus-in-der-sackgasse/ (Abfrage 30.1.2023)

Kurier, 2017: Putin baut beharrlich an einer multipolaren Weltordnung. kurier.at/politik/ausland/putin-baut-beharrlich-an-einer-multipolaren-weltordnung/247.059.950 (Abfrage 30.1.2023)

Schulze, Gerit, 2023: Rohstoffreichtum der Ukraine in Gefahr. www.gtai.de/de/trade/ukraine/branchen/rohstoffreichtum-der-ukraine-in-gefahr-941166 (Abfrage 30.1.2023)

Wiedemann, Karsten, 2022: Deutschland eröffnet Wasserstoffbüro in Kiew. www.energate-messenger.de/news/219313/deutschland-eroeffnet-wasserstoffbuero-in-kiew (Abfrage 30.1.2023)

Werwitzke, Cora, 2021: European Lithium erwirbt Lithium-Lagerstätten in der Ukraine. www.electrive.net/2021/11/08/european-lithium-erwirbt-lithium-lagerstaetten-in-der-ukraine/ (Abfrage 30.1.2023)

Wertkritik II

Sandrine Aumercier **Die Energieschranke des Kapitals**
Technikkritik als Kapitalismuskritik. Aus dem Französischen übersetzt von Ernst Schmitter, 240 Seiten, Broschur, Fr./€ 24.–, ISBN 978-3-85990-487-3

Sandrine Aumercier entlarvt die moderne Fortschrittsmetaphysik, die nicht zuletzt unter dem Motto der »Entwicklung der Produktivkräfte« vom gesamten traditionellen Marxismus vertreten wurde. Das Ziel der »Wiederaneignung der Produktionsmittel« wurde propagiert, ohne dass deren Bedingungen und die staatlichen, wirtschaftlichen und gesellschaftlichen Infrastrukturen radikal genug kritisiert worden wären. Die sich zunehmend durchsetzende Moral der energetischen Effizienz, der Rationierung und der Optimierung ist integraler Bestandteil dieses Geschehens. Sie wird dem Modell des grenzenlosen Wachstums nachgeformt und bildet die Kehrseite der Medaille. Die Marx'sche Analyse der organischen Zusammensetzung des Kapitals zeigt jedoch, wie lebendige Arbeit durch tote Arbeit ersetzt wird, um einem immer mehr verschwindenden Mehrwert nachzujagen. Die historisch sich dauernd verschärfende Dynamik dieser Substitution macht die Unmöglichkeit ihrer Entkoppelung in der Perspektive eines Postkapitalismus sichtbar.

www.edition8.ch edition 8

Mehr lesen.

Jeden Monat aufs Neue.

Jetzt abonnieren auf www.tagebuch.at/abo
oder via abo@tagebuch.at

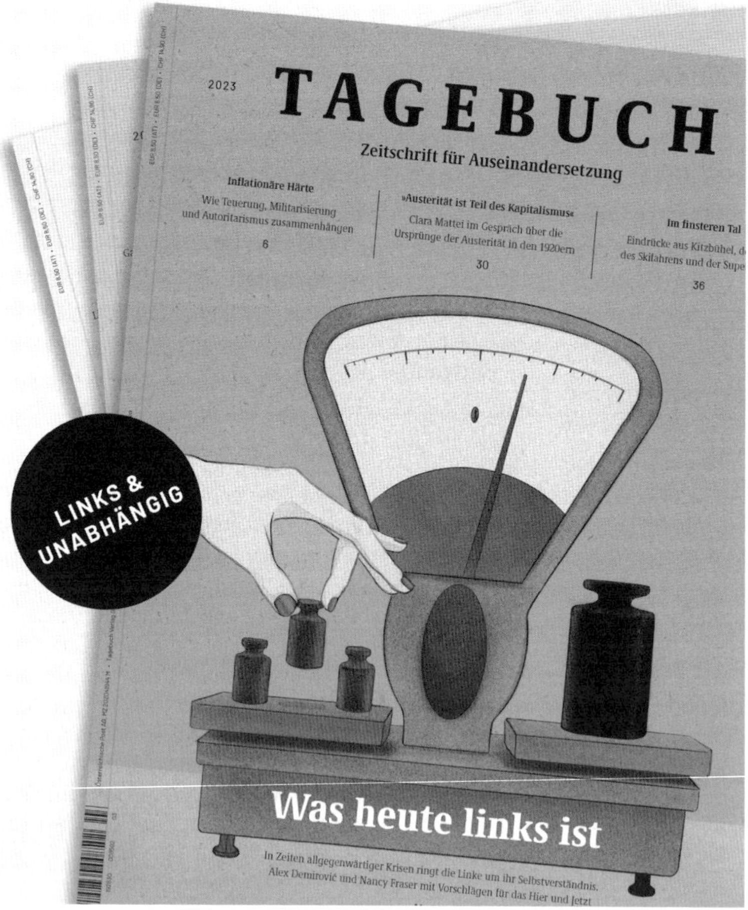

DISKUSSION

Der bittere Geschmack des Archivs
Le goût amer de l'archive

Der Zugang zu staatlichen oder privaten Archiven zu Forschungszwecken erfordert im Vorfeld oft langwierige Verhandlungen, über die in der Publikation der Forschungsresultate wenig berichtet wird.
«Traverse» widmet dieser Geduldsarbeit zur Erstellung eines Quellenkorpus ein eigenes Themenheft. Es soll die damit verbundenen methodischen und berufsethischen Fragen und Herausforderungen aufgreifen, die sich in der historischen Forschung stellen.

2023/1. 184 S., 4 Abb. s/w. Br. CHF 28

traverse erscheint dreimal jährlich.
Abo CHF 75, für Studierende CHF 54.

www.chronos-verlag.ch

CHRONOS

Ueli Mäder

«Wichtig ist eine Kultur der Auseinandersetzung»

Zum Umgang mit Konflikten und Widersprüchen, nicht nur über solche zwischen Linken.

Das Interview führte Julia Klebs

Julia Klebs: Was verstehst du unter einem Konflikt?

Ueli Mäder: Ein Konflikt ist für mich das, was hinter einem Streit steckt. Beim vordergründigen Streit nervt die offene Zahnpastatube im Badezimmer. Aber was ist dahinter? Das kann ein Widerstreit zwischen unterschiedlichen Interessen oder Haltungen sein.

Hat ein Konflikt also auch mit einem Widerspruch zu tun? So heisst ja unsere Zeitschrift.

Ja, es geht darum, Widersprüche zuzulassen und sich mit ihnen auseinanderzusetzen.

Dann hast du ein eher positives Verständnis von Konflikten, die gesellschaftlich ja oft problematisiert werden?

Ja, Konflikte sind oft ärgerlich. Sie stören. Und wir wollen sie möglichst rasch beseitigen. Aber Konflikte sind auch eine Chance. Nämlich dann, wenn wir uns dazu bewegen lassen, etwas wirklich zu überdenken.

Wenn Werktätige gegen missliche Arbeitsbedingungen protestieren und sich mit etwas mehr Lohn zufriedengeben, dann bleibt ein Grundkonflikt bestehen. Wenn sie aber die Mitbestimmung erhöhen, verändert sich systemisch mehr.

Das heisst, Konflikte sind da, um bearbeitet zu werden?

Ja, Konflikte weisen uns meistens auf etwas hin, das unstimmig ist. Und dann lohnt es sich eben, wenn wir ernsthaft darauf eingehen.

Und wie erkennen wir, was die zentralen Konfliktlinien sind?

Konflikte machen sich oft im Alltag bemerkbar. Wir lesen Nachrichten, träumen schlecht, haben Kummer. Wenn wir dann fragen, was sich dahinter verbirgt, gelangen wir bald über personelle Bezüge zu strukturellen. Wichtig ist jedenfalls die Frage nach Ursachen. Das ist ein Umweg, der zu neuen Erkenntnissen führt. Wer vom Problem direkt zur Lösung gelangen will, verfehlt das Ziel leicht.

Wenn du so ein prozesshaftes Vorgehen postulierst, was bedeutet das dann für binäre Zugänge wie Mann und Frau, Nord und Süd, Klasse gegen Klasse?

Binäre Zugänge sind dual konzipiert. Sie reduzieren Komplexität. In der frühen Industrialisierung stand dem Proletariat klar die Bourgeoisie entgegen. Entscheidend war der Besitz an Produktionsmitteln. Mit der Zeit kamen weitere Kriterien hinzu: die Ausbildung, das Einkommen und soziale Sicherheiten. Sie weichten das Duale auf. Heute gibt es zahlen- und anteilmässig mehr lohnabhängige sowie mehr berufliche, funktionsspezifische und soziale Differenzierungen. Das hat auch mit dem ausgebauten Sozialstaat und der erhöhten Komplexität zu tun. Homogenere Sozialstrukturen vereinfachten früher binäre Zuschreibungen. Unsere Gesellschaft ist aber nach wie vor stark hierarchisiert. Es gibt ein Oben und ein Unten, zudem viele Unterschiede dazwischen.

Und was bedeutet das Binäre für den Umgang mit Konflikten? Ich denke dabei gerade an den Gegensatz von Kapital und Arbeit.

Der Gegensatz von Kapital und Arbeit wird heute vertuscht. Bis in die 1970er-Jahre betonten ihn auch politisch Liberale und Christlich-Soziale. Sie akzeptierten deshalb mehr sozialen Ausgleich. Aber seither ist dieser Kompromiss aufgebrochen und der Markt scheint den Wert der Arbeitskraft und den Stellenwert des Produktionsfaktors Arbeit zu bestimmen. Der finanzgetriebene Kapitalismus verleiht dem Kapital mehr Macht. Gleichwohl scheint der Gegensatz weniger bedeutend zu sein. So wird ein realer Konflikt ideologisch wegdefiniert. Deshalb ist es wichtig, den Gegensatz sichtbar zu machen. Sonst verschwimmen bedeutende Konfliktlinien. Unsere Gesellschaft ist allerdings mehr als blosser Kapitalismus. Der Kapitalismus durchdringt zwar schier sämtliche Bereiche. Er determiniert sie aber nicht kausal. 1968 war für uns der Kapitalismus an fast allem schuld. Wir lasteten ihm unsere Liebeskonflikte an. Heutige Klimabewegte sehen das anders. Sie sind vielfältiger sozialisiert.

Ich hörte aber gerade von einem Paar, wie hilfreich es in Beziehungen ist, bei Konflikten auch die gesellschaftlichen Rahmenbedingungen einzubeziehen.

Ja, durchaus. Sozial Benachteiligte werfen sich selbst auch immer wieder etwas vor, was eigentlich gesellschaftlich bedingt ist. Und da hilft es, sie von dieser Schuldzuweisung zu entlasten. Der Psychoanalytiker und Soziologe Erich Fromm beschreibt, wie der Marketingcharakter unsere Liebesvorstellungen prägt. Statt selbst zu lieben, optimieren wir unser Outfit, um mehr geliebt zu werden. So reproduzieren wir Mechanismen der Konkurrenz. Wir erheben uns auch immer wieder über andere. Aber ich meinte vorher mehr den Kurzschluss, jegliche Eifersucht auf kleinbürgerliche Besitzansprüche zu reduzieren.

Es gibt ja auch die Parole «Das Private ist politisch». Da stehe ich aus einer feministischen Perspektive dahinter, aber sie wird zuweilen auch etwas strapaziert. Nun haben wir bereits über Kapital und Arbeit gesprochen. Was sind für dich weitere Konfliktlinien?

Für mich ist zentral, wie wir mit der Umwelt umgehen und was wir für den globalen Frieden tun. Jetzt gerade im Kontext des Krieges gegen die Ukraine. Wichtig dünkt mich, vermehrt zu antizipieren, in welcher Gesellschaft wir leben möchten und wie wir dorthin gelangen. Wie können wir eine Politik von unten entfalten und eine human sozialistische Gesellschaft verwirklichen? Und wie knüpfen wir an alltägliche Entfremdungen an?

Aber wie können wir da auf Widersprüche aufmerksam machen, die gerne ausgeblendet werden?

Hinderlich ist, wenn wir meinen, alle Widersprüche bereits zu kennen. Wir müssen lernend unterwegs sein und uns dafür interessieren, was die Leute denken und was sie bewegt. Sonst erreichen wir sie nicht. Wir müssen auch selbst leben, was wir postulieren und das Freiheitliche vorwegnehmen, das wir anstreben. Dies ebenfalls im Umgang mit Konflikten. Da verhalten wir uns oft recht analphabetisch, statt einfache Hinweise aus der Friedensforschung zu beachten. Ich habe an der Uni über zehn Jahre das Nachdiplomstudium in Konfliktanalysen geleitet und kann allenfalls am Schluss noch etwas dazu sagen.

Du kannst das gerne gleich jetzt einbringen.

Wenn wir Konflikte angehen, benötigen wir etwas Gelassenheit. Heute handeln und morgen denken, das geht nicht. Wir müssen Ursachen ergründen. Und zwar ohne alles auf die lange Bank zu schieben. Wir müssen eigene Annahmen und Wahrnehmungen sorgfältig prüfen. Sonst projizieren wir unsere Sicht ins Feld, das wir untersuchen, und sehen vor allem das, was uns scheinbar bestätigt. So betrügen wir uns selbst.

Wir müssen uns also Zeit für eine gründliche Analyse nehmen.

Ja, das gilt ebenfalls für politische Projekte. Die Zeit, die wir uns für Abklärungen nehmen, die sparen wir später oft ein. Wir müssen dabei Probleme aus unterschiedlichen Perspektiven betrachten und mögliche Ziele demokratisch vereinbaren. Und beim Planen dürfen wir nicht alles minutiös verplanen. Wichtig sind zeitliche Reserven. Sonst fehlen sie uns, wenn wir auf Unerwartetes stossen. Beim operativen Umsetzen müssen wir Durststrecken aushalten. Das gehört dazu. Wie das Evaluieren aller Schritte. Dabei gilt es, aus Fehlern zu lernen. Gefährlich ist, was wir unter dem Deckel halten.

Das heisst, dass nebst inhaltlichen Analysen auch die Prozesse wichtig sind?

Genau. Was wir auf der Sachebene ergründen, kommt dann zum Tragen, wenn wir Prozessdynamiken ebenfalls einbeziehen. Sie vermitteln uns wertvolle Hinweise, wann sich welche Intervention empfiehlt. Wenn Konflikte eskalieren, bestehen anfänglich oft noch Win-Win-Möglichkeiten. Wenn die Spirale aber weit unten dreht, verlieren meistens alle. Dann nehmen wir auch eigene Schäden in Kauf, sofern Verfeindete noch mehr leiden.

Von solchen Erkenntnissen hören wir wenig.

Ja, leider. Oft richten wir unsere Kritiken auch an die Adresse des eigenen Schattens. Wir werfen andern vor, was wir selber tun oder tun möchten. Zum Beispiel, wenn sie sich etwas gönnen, das wir uns nur heimlich zugestehen. Und so zerschlagen wir viel Geschirr, weil Selbstreflexion oder ein kritisches Korrektiv fehlt, das uns spiegelt. Soziale Kontexte einzubeziehen, ist ohnehin wichtig. Sie konstituieren Konflikte mit und signalisieren uns, wann wir sie eher konfliktiv, konsensual, organisch oder funktional angehen können.

Mit organisch meinst du konservativ naturbezogen?

Nur indirekt. Im 19. Jahrhundert beschrieb der Soziologe Ferdinand Tönnies den Übergang von der organischen Gemeinschaft zur mechanischen Gesellschaft. Familiär patriarchalische Beziehungen wichen sachlich distanzierten. Eine konservative Sicht beklagt den Verlust an Zwangsgeborgenheit. Neuere Konfliktmodelle relativieren den Gegensatz. Organisch steht für etwas reifen lassen und mechanisch für funktional. Da stehen sich zwei Pole gegenüber. Das ultimative Entweder-Oder weicht sich aber auf. Es geht heute vielmehr darum, wann welcher Zugang wie weiter führt. Je nachdem hilft es, viel Zeit zu gewähren. Aber aufgepasst, es gibt auch eine Gemächlichkeit, die ermüdet. Darum ist die Sensibilität dafür so wichtig, wann es was braucht. Und da sind heute plural sozialisierte Jugendliche oft differenzierter als Oldies aus der mechanisch industriellen Moderne.

Da machst du nun aber selbst eine Projektion. Ich hatte diese Hoffnung auch einmal. Wenn ich heute Szenen oder Blasen in neuen Medien anschaue, kommt das nicht unbedingt differenziert daher.

Ja, das sehe ich schon, aber eher als gegenläufige Prozesse. Diese gibt es, wie in anderen Bereichen auch. Die Globalität, die wir einst als internationale Solidarität proklamierten, ist heute weithin ein autoritär libertärer Globalismus. Darauf reagiert nun ein populistischer Provinzialismus, der mehr simplifiziert denn differenziert. Und doch ist die Flasche der Aufklärung entkorkt. Mit einer Ratio, die eng geführt produktive Kräfte in destruktive verwandelt, aber auch Horizonte öffnet. Und da spielen eben plurale Sozialstrukturen mit. Sie prägen heutige Jugendliche stärker und implizieren eine Identität, die Widersprüche zulässt. Manchmal geschieht dies etwas beliebig. Das passt zu einer pseudoliberalen Offenheit, die alles kommerzialisiert, aber auch immer mehr zerstört. In der industriellen Moderne gab es gemeinschaftliche Wärme für jene, die dazu gehörten. Enge soziale Kontrollen herrschten vor. Die Individualisierung ermöglichte mehr sachlich-distanzierte Beziehungen. Diese sind heute vielen allzu cool, die wieder verbindlichere Bande suchen; allerdings aus freien Stücken. Das halte ich für eine Chance, gerade auch im Umgang mit Konflikten. So etwa beim Zusammenspiel von inklusiven und exklusiven Prozessen. Das zeigte sich schon in der Occupy-Bewegung. Heute knüpfen viele Klimabewegte pragmatisch an das an, was verbindet. Sie erfahren so, wie sich in der konkreten Zusammenarbeit das Vertrauen ausweitet. Die Nähe führt aber auch dazu, bestehende Differenzen klarer zu sehen. Fraglich ist für mich allerdings, ob die Generation Z eine überwiegend antikapitalistische Haltung hat. Mirela Ivanova,

Helene Thaa und Oliver Nachtwey stellen das im soeben erschienenen Buch *Kapitalismus und Kapitalismuskritik* fest.

Der erweiterte prozesshafte Umgang mit Konflikten leuchtet mir ein. Gerade auch, wenn ich an innerlinke Machtkämpfe denke. Gleichzeitig sehe ich eine Gefahr, harte Konflikte zwischen Kapital und Arbeit zu versöhnlich anzugehen und sich über den Tisch ziehen zu lassen. Darum stellt sich auch die Frage nach Grenzen der Kooperation.

Ich finde es wichtig, intensiv mit politisch Andersdenken zu debattieren und die Auseinandersetzungen transparent zu führen. So zeigt sich auch, wie sich Positionen verändern. Grenzen zu setzen, das bedeutet für mich vor allem, sich nicht vereinnahmen zu lassen. Zum Beispiel durch ein Arrangement, das bloss den Anschein einer Offenheit erwecken will. Ein Beispiel ist für mich die Resilienz. Ich halte sie hoch. Im Sinne einer mündig emanzipatorischen Widerständigkeit. Darum verwende ich den Begriff bewusst weiter, obwohl ihn derzeit konforme Marketingstrategien inflationär instrumentalisieren, von denen ich mich umso deutlicher abgrenze. Ähnliches gilt für die Subsidiarität. Sie ist mir wichtig, aber Hand in Hand mit der Solidarität. Und was die Prozessdynamik betrifft, da komme ich aus einer linken Tradition, die das Strukturelle betont. Selbstverständlich sind die materielle Basis und die Produktionsweisen zentral, aber dazu gehören auch die Vergesellschaftung und psychische Dimensionen. Bei Erich Fromm imponiert mir, wie er den Sozialcharakter als vermittelnde Zwischeninstanz konzipiert. 1968 wollten wir die Armut strukturell angehen. Hört auf, Betroffene zu psychologisieren, argumentierten wir. Arme brauchen mehr Einkommen. Aber nein, entgegneten andere. Mehr Geld reicht nicht, wenn mangelnder Selbstwert vererbt ist. Dann sind kultürliche Hilfen gefragt. Ich halte längst dafür, die beiden Zugänge zu verknüpfen. Wenn wir vornehmlich auf strukturelle Veränderungen bauen, können wir lange warten. Daher sind auch Schritte nötig, die heute und morgen individuelle Lebenslagen stützen.

Interessant finde ich, dass du die Kulturfrage auch damit verbindest, wie wir miteinander umgehen.

Ja, wir sind Kinder unserer Zeit und übernehmen gängiges Verhalten manchmal mehr, als uns lieb ist. Wir müssen uns damit auseinandersetzen, wie wir autoritäres Gebaren reproduzieren. Klassenanalysen sind durch Sozialisations- und Milieustudien zu ergänzen. Vorbildlich ist für mich, wie der französische Soziologe Pierre Bourdieu strukturelle und kulturelle Dimensionen verknüpft.

Gehört denn zum Umgang miteinander so etwas wie ein Anstand von unten?

Ja, das klingt jetzt etwas bieder, aber es gehört dazu, sich sozial zu verhalten. Mich beeindrucken immer wieder sogenannt einfache Leute, die versuchen, ein gutes Leben zu führen. Sie reden kaum von sozial und ökologisch, verhalten sich aber so. Trotz ökonomisiertem Umfeld. Bei der Studie *50 Jahre nach 1968 – was bleibt?* sind mir allerdings auch erhebliche Verletzungen durch prominente Linke begegnet. Sie haben die Bewegung geschwächt, Bündnisse verhindert und Auflösungsprozesse mit begünstigt. Darum ist es bitter nötig, über eigene Widersprüche und eine Redlichkeit von unten nachzudenken.

Du sprichst damit an, wie wichtig eine Fehlerkultur ist?

Ja, wenn Fehler zugelassen sind, motiviert das, weitere Schritte zu wagen. Und wenn wir uns gegenseitig kritisch befragen, beleben und qualifizieren wir das politische Engagement. Wir sind alle gefährdet, uns über andere zu erheben. Damit unterlaufen wir solidarische Prozesse.

Welche Rolle spielt Humor?

Humor hellt auf. Humor bringt etwas Gelassenheit in verbitterte Debatten. Wenn wir uns selbst ein wenig auf die Schippe nehmen, kommt eine Offenheit auf, die inspiriert. Dann wird es interessant. Dann können wir über uns schmunzeln. Das erweitert den Horizont. Und so spitzen sich mehr Ohren, wenn unsere Überlegungen differenziert und selbstreflektiert daherkommen. Mit Humor verbindet Erich Kästner eine Melancholie, die sich vom Weltschmerz und Selbstmitleid unterscheidet. Sie lässt ambivalente Gefühle zu und ermöglicht neue Sichtweisen. So kommen auch Fragen auf, zu denen keine vorgefertigten Antworten passen. Das führt weiter.

Heisst Selbstreflexion auch, sich bewusst zu sein, dass nicht bloss andere die Konfliktpartei sind, sondern ich selbst in den allermeisten Fällen ebenfalls dazu gehöre?

Ja, das gehört dazu, persönlich und gesellschaftlich. Das hilft auch, Konflikte umfassender zu verstehen und Differenzen weniger ausgrenzend anzugehen. Wer beispielsweise beim schrecklichen Krieg gegen die Ukraine das unipolare Narrativ westlicher Mächte kritisiert, entlastet damit keineswegs den russischen Aggressor, wird aber häufig bezichtigt, Täter und Opfer zu verwechseln.

Wenn Selbstreflexion die Gesellschaftsanalyse ergänzen soll, benötigen wir Ich-Stärke. Aber was heisst das? Es können ja nicht alle zuerst in eine Therapie gehen?

Wichtig ist eine Kultur der Auseinandersetzung. Dazu gehört die Bereitschaft, voneinander zu lernen und anderen gut zuzuhören. Ich-Stärke bedeutet ja nicht, sich rechthaberisch durchzusetzen. Persönlichkeit zeigt sich mehr in der Fähigkeit, sich kritisch befragen und irritieren zu lassen. Und das verlangt eine Selbstwahrnehmung, die nicht nur therapeutisch vermittelbar ist. Hilfreich ist eine lebendige politische Kultur, die soziale Prozesse befördert und nicht sich selbst inszeniert. Das gelingt am ehesten, wenn wir neugierig bleiben und uns demokratisch durch übergreifend humane Ziele leiten lassen. Wir müssen auch bei Widersprüchen darauf achten, was verbindet, statt abweichende Haltungen voreilig und moralisierend zu diffamieren.

Lernend unterwegs sein, das gefällt mir. Ist das für eine akademisch ausgebildete Person einfacher?

Akademisch Ausgebildete verdienen mehr, sind gesünder, privilegierter und leben länger. Von daher sollte es ihnen eigentlich leichter fallen, an Kritik zu wachsen. Es gibt aber auch viele, die aus ganz einfachen Verhältnissen kommen und ihren Selbstwert kennen. Sie legen auf Baustellen die elektrischen Leitungen, können ganze Küchen einbauen, Schränke zimmern und freuen sich, wenn dank ihnen alles klappt. Das festigt ein Vertrauen in sich. Offenbar spielen bei der Selbstreflexion nebst der akademischen Bildung noch andere Faktoren mit.

Selbstreflexion hängt vom kollektiven Selbstvertrauen und davon ab, wie sich Werktätige gegen ihre strukturelle Konkurrenzsituation formieren. Gerade in akademischen Kreisen sind Arbeitssituationen individueller und von viel Konkurrenz geprägt.

Ja, und heute gibt es zwar mehr Lohnabhängige, die sich aber auch stärker differenzieren. Darunter leidet die Verbundenheit. Das Sein prägt ja das Bewusstsein mit. Es kommt allerdings ebenfalls darauf an, wie basisnah und beherzt Gewerkschaften agieren. Und ja, Konkurrenz spielt gerade in den oberen Chargen stark mit. Ständige Bewertungen entscheiden über Boni und Positionen. Sie heizen den Kampf um Anerkennung und Prestige an. Dagegen ist niemand gefeit. Aber was machen wir Linken aus dem, was die Gesellschaft mit uns macht? Wir haben auch individuelle Handlungsräume, um das solidarische Miteinander zu stärken.

Ich bin skeptisch, wie wirksam persönlicher Einfluss ist. Das zeigt sich etwa beim WEF (World Economic Forum). Da gibt es viel Feigenblatt-Arrangements. Wie sehr hoffst du auf die Einsicht von Herrschenden?

Interessen bestimmen unsere Haltungen wesentlich mit und Strukturen sind entscheidend dafür, wen es nach oben schwemmt. Hinzu kommen die Abschottungsmechanismen in vielen Chefetagen. Sie machen blind. Menschen sind allerdings lernfähig, Gesellschaften auch. Wir müssen viel dafür tun, mit Argumenten und Dialogen zu überzeugen. Wichtig sind sinnlich wahrnehmbare Erfahrungen. Der Psychologe Gordon Allport erachtete sie als zentral, um Vorurteile abbauen zu können. Für Theodor Adorno kam unabdingbar die bewusste Auseinandersetzung mit eigenen verdrängten Schattenseiten hinzu. Einzelne Mächtige nehmen heute durchaus wahr: Wenn wir die Natur weiter zerstören und die sozialen Gegensätze zunehmen, bricht unsere Gesellschaft auseinander. Ergo, sagen sie, müssten wir wieder bescheidener leben. Aber das ist weder Mainstream, noch dürfen wir gerechtere Strukturen dem Goodwill von Reichen überlassen. Da müssen wir gesellschaftlich verantwortlicher handeln. Dabei ist es wichtig, Probleme nicht mit jenen Mitteln lösen zu wollen, die diese Probleme mitverursachen. Darum sind systemische Veränderungen nötig. Aus meiner sozialistischen Sicht geht es darum, die kapitalistischen Strukturen und das konkurrenz- und geldgetriebene Anheizen des Wachstums zu überwinden. Ich baue darauf, sämtliche Lebensbereiche zu demokratisieren und einen möglichst friedlichen Übergang anzustreben. Bei konfusen Zerwürfnissen ist die Gefahr gross, dass sich die Mächtigsten durchsetzen. Wichtig ist ein globaler Imperativ: Sicherheiten und Freiheiten gelten für alle. Sie lassen sich nicht auf Kosten von andern verwirklichen.

Die Welt würde schon längst aus den Fugen geraten, wenn alle so leben wie wir in Europa. Der globale Bezug ist wichtig. Ebenso, dass Menschen lernfähig sind. Zudem können und dürfen sich Positionen verändern. Was hältst du von einem Pro-Kontra-Framing?

Typisierungen helfen uns, vor lauter Bäumen den Wald zu sehen. Wir können so Komplexitäten besser erfassen, wenn wir sie zunächst etwas reduzieren. Wir dürfen aber dabei nicht stehen bleiben. Sonst verwechseln wir die markanten Konturen mit der sozialen Realität. Wie populistische Kreise, die simplifizieren statt differenzieren. Vereinfachungen sind bloss Krücken, um feine Unterschiede besser wahrzunehmen.

Dann reicht es auch nicht, Konflikte zuzuspitzen und gegen etwas zu sein, ohne Sachverhalte zu fundieren und mögliche Alternativen oder eine dritte Position zu skizzieren?

Wenn wir Konflikte zuspitzen, mobilisieren wir kurzfristig mehr Leute. Längerfristig sind wir aber wirksamer, wenn wir Sachverhalte gut verständlich differenzieren. Ähnlich verhält es sich bei sozialen Visionen. Heilsversprechen erhöhen die Gefolgschaft und verheizen sie bald. Konkrete Utopien lassen sich hingegen perspektivisch im Alltag realisieren. Leben statt Profit drückt für mich aus, wofür wir sind. Die Maxime verknüpft das Politische mit dem Lebensweltlichen.

Die Kämpfe gegen den alten und neuen Kolonialismus gehen weiter…

…die Solidarität auch!

SOLIFONDS
solifonds.ch/spenden
PC 80-7761-7

Roland Herzog / Hans Schäppi

Die Linke im Epochenbruch

Vor welchen Herausforderungen stehen linke Bewegungen und Parteien angesichts globaler Kräfteverschiebungen?

Die Weltgesellschaft befindet sich in einem Epochenbruch. Dazu sind diverse Erklärungsmuster vorhanden. Unserer Meinung nach charakterisiert sich der Bruch durch das Ende eines spezifischen Akkumulationsmodells, durch den Hegemonieverlust des Neoliberalismus und durch weitere Krisen, die insbesondere in den letzten Jahren an Schärfe zugelegt haben. Über dem permanenten Krisenmodus schwebt die immense Herausforderung, innerhalb kürzester Zeit die Klimaerhitzung abzuschwächen, den definitiven Ausstieg aus den fossilen Energieträgern und der Atomkraft voranzutreiben sowie die Zerstörung der Biodiversität aufzuhalten. Dies lässt sich mit den Instrumenten der kapitalistischen Produktionsweise nicht erreichen, denn vorherrschend ist die kurzfristige Gewinnmaximierung, welche von staatlicher Seite bestenfalls etwas gezähmt werden kann. Katastrophische Ereignisse werden sich vervielfachen. Vorhanden sind verschiedene multilaterale Konstellationen, die entweder den Konkurrenzkampf anheizen oder mehr Kooperation bringen. Nur mit dieser zweiten Perspektive lassen sich die heutigen Notstände bewältigen. Die Linke benötigt eine globale Orientierung, weltweite Allianzen und schnelle Fortschritte bei Programmatik und Strategie.

Geopolitische Ausgangslage

USA, China, die EU und Russland bestimmen in der heutigen Welt. Erst danach kommen Indien, Brasilien und weitere Sekundärmächte. Der weltweite Einfluss von China nimmt zu, Russland dürfte mit und nach dem Angriffskrieg auf die Ukraine einen empfindlichen Dämpfer erleiden und die EU kommt kaum vom Fleck. Sollten sich in naher Zukunft USA/EU auf der einen und China/Russland auf der anderen Seite verfeindet gegenüberstehen, dann werden vermehrt Stellvertreterkriege stattfinden und kriegerische Tendenzen alles überschatten.

Die globale ökonomische Entwicklung präsentiert sich aussergewöhnlich fragil. Von allen Seiten wurden Rezessionen angekündigt; anfangs Februar werden hingegen wieder leicht positive Zahlen prognostiziert. Eine schnelle und nachhaltige Erholung in den führenden Staaten mag jedoch niemand prophezeien. Gehofft wird auf eine grüne Welle, verstärkt durch voranschreitende Digitalisierung und künstliche Intelligenz. Spezifische Relevanz kommt der parteigeführten, staatskapitalistischen Expansion durch China zu, insbesondere wegen hohen Investitionen entlang der Neuen Seidenstrasse und in Afrika.

Umweltwissenschaftler:innen schätzen die ökologischen Beeinträchtigungen mit weitgehendem Konsens als dramatisch ein. Ein eigentlicher Krieg gegen den Planeten breitet sich über immer mehr kritische Stoffwechselprozesse aus. Verschiedene Kipppunkte (beispielsweise beim grönländischen Eisschild) sind praktisch erreicht oder werden bald überschritten. Die weltweit erfassten drastischen Umweltereignisse der letzten Jahre geben lediglich einen ersten Eindruck dessen, was kommen könnte. Verschiedentlich wird daraus geschlossen, dass der Kapitalismus nicht überlebensfähig ist.

Globale Kräfteverhältnisse

Das Ende des Kapitalismus ergibt sich freilich nicht durch gesetzesmässige Abläufe, sondern ist Resultat gesellschaftlicher Auseinandersetzungen und vieler Kämpfe, die neue postkapitalistische Gesellschaftsformationen herausbilden könnten.

Die USA sind tief gespalten. Der linke Flügel der Demokraten bleibt ohne ein weiteres Erstarken der sozialen Bewegungen minoritär. Der Trumpismus, das Sammelbecken enttäuschter und einen sozialen Abstieg befürchtender Mittelschichten, wird nicht verschwinden. Die Republikaner verfügen über eine knappe Mehrheit im Repräsentantenhaus, sind aber unter sich zerstritten. Damit kommen aus den USA in nächster Zeit keine neuen Impulse. Vornehmlich dürfte versucht werden, die herausgeforderte Vorherrschaft mit militärischen Mitteln und strategischen Allianzen zu verteidigen. Interne soziale Konflikte könnten sich weiter hochschaukeln.

In Lateinamerika haben die Mobilisierungen zu einer Vielzahl von progressiven Regierungen geführt (vgl. dazu die Dossiers 19 und 20 in den *La-*

teinamerika Nachrichten). Diesen fehlt indes meist eine parlamentarische Mehrheit. Lula in Brasilien, Petro in Kolumbien, allenfalls auch Boric in Chile könnten einiges bewirken. Folgen sie jedoch dem Weg von López Obrador in Mexiko, werden lediglich einige wenige Fortschritte erzielt, die Privilegien der Besitzenden aber nicht angetastet. Der politische Spielraum ist klein, umso wichtiger sind daher die Verbindungen zu den sozialen Bewegungen. Am interessantesten ist zurzeit Bolivien, wo die Ungleichheit sichtlich reduziert werden konnte und versucht wird, die vorhandenen Bodenschätze in eigener Regie zu verwerten. Ohne eine klare Wende nach links werden die Plünderungen der lateinamerikanischen Rohstoffe und der grossflächige Ausbau der Fleisch- und Futtermittelproduktion durch die grossen Konzerne weitergehen und damit die ökologischen Probleme befeuern.

In Afrika ist die ökonomische und soziale Situation besonders labil. Auch in dieser Weltregion geht es in erster Linie um die Ausbeutung der Rohstoffe und um den Einfluss der Grossmächte. Progressive Regierungen sind nicht in Sicht. Populäre Proteste und lokale oder regionale Konflikte können jederzeit eskalieren. Permanent finden überdies Kriege statt, die meist mit verdeckter Unterstützung von Grossmächten geführt werden. Wegen dieser Kriege sowie der teilweise desaströsen Wirtschaftslage wird der Migrationsdruck weiterhin anwachsen.

Europa scheint weitgehend blockiert zu sein. Die problematische Abhängigkeit von Rohstoffen und der Nato, der Brexit und weitere Spannungsverhältnisse verhindern progressive Schritte. In verschiedenen Ländern kam es zu einem eigentlichen Zusammenbruch sozialdemokratischer Parteien. Deregulierung und Entgarantierung im Neoliberalismus führten zum Anwachsen ultrarechter Strömungen mit teilweise deutlich mehr als zwanzig Prozent politischer Repräsentation. Der Rechtspopulismus befindet sich im Aufschwung. Erst wenn sich eine europäische Linke mit engen Verbindungen zu den progressiven sozialen Bewegungen formiert, könnten Schritte für eine notwendige Transformation eingeleitet werden.

Asien ist durch den ökonomischen Aufstieg von China und Indien sowie der japanischen Stagnation gekennzeichnet. Der chinesische Kapitalismus brachte ein stürmisches Wachstum und katapultierte China auf Platz zwei der Weltmächte. Gemäss der Vorstellung der KPCH soll China bis Mitte des 21. Jahrhunderts die weltweit dominierende Supermacht werden. Die in prekäre Arbeitsverhältnisse gepressten Wanderarbeiter:innen und Student:innen sorgten mit unzähligen kleineren und grösseren Streiks für Verbesserungen bei den Arbeitsbedingungen. In der Pandemie konnten diese

Auseinandersetzungen vorübergehend etwas zurückgedrängt werden, um nun umso vehementer hervorzubrechen. Die sozialen Konflikte werden zweifellos zunehmen und grössere Veränderungen bringen, es sei denn, das Regime setzt allein auf Repression, was die Supermachtambition aber untergraben würde.

Der Widerstand von unten gegen die kapitalistische Produktionsweise und die herrschenden Eliten erstreckt sich über weite Teile des Planeten, fällt jedoch sehr unterschiedlich aus. Sogar in Russland existierte eine beachtliche Oppositionsbewegung, die im Zuge von Putins Angriffskrieg auf die Ukraine gnadenlos unterdrückt wird. Sie benötigt dringend Unterstützung.

In der Ukraine begann ein asymmetrischer Stellvertreterkrieg (Krüger 2022), der unterhalb der Schwelle eines Einsatzes von nuklearen Waffen gehalten werden soll, gleichzeitig aber auch als Echtzeitlabor für neue Waffensysteme dient. Fatalerweise befindet sich dieser Staat an der Schnittlinie imperialistischer Politik. Angesichts der unglaublichen Zerstörungen im Osten des Landes, der unablässigen Angriffe auf die Infrastruktur und des extremen Leids der Bevölkerung wären Waffenstillstandsverhandlungen unverzüglich geboten. Doch dazu fehlt beidseitig die Bereitschaft. Verheerend wäre es, wenn dieser Krieg noch längere Zeit andauern würde.

Die globalen Kräfteverhältnisse haben sich markant verändert. Politische Instabilitäten verschärften sich, kriegerische Auseinandersetzungen sind die Folge. Ohne eine neue und wirksame Friedensordnung sieht es düster aus. Von daher ist der Einsatz für den Frieden eminent wichtig und direkt gegen die verschiedenen militärisch-industriellen Komplexe sowie die bellizistischen Eliten gerichtet.

Zustand der Linken

Die Verschiebungen bei den globalen Kräfteverhältnissen im Gefolge von imperialer Geopolitik und Widerstand von unten müsste die Linke besser reflektieren und für ihre strategische Ausrichtung nutzen. Dabei sind progressive soziale Bewegungen und Parteiorganisationen zu differenzieren.

Progressive soziale Bewegungen haben nicht an Stärke verloren, das Gegenteil ist der Fall (Ortiz u. a. 2022). Doch über grosse Mobilisierungen, mannigfache Proteste und lokale Revolten konnte nicht hinausgelangt werden. Ausserdem waren Niederlagen zu verzeichnen, wie etwa beim arabischen Frühling, bei den Protesten im Gezi-Park in Istanbul oder in Hongkong. Auf der anderen Seite musste das chinesische Regime Zugeständnisse machen und die Zero-Covid-Strategie aufgeben. Im Iran bewirkt der Aufstand der Frauen eine vorrevolutionäre Situation (Khani 2022), die nur noch mit barbarischer Härte aufgehalten werden kann. In Indien fand im Januar 2019 der weltweit grösste Generalstreik mit rund 200 Millionen Beteiligten statt. In Lateinamerika erhöhten sich Ausmass und Intensität sozialer Unruhen drastisch. Die Bewegungen Black Lives Matter und MeToo schüttelten die USA und strahlten auf Europa aus. Die Gilets Jaunes bereiteten der Regierung in Frankreich beträchtliche Schwierigkeiten, in England folgten ab Dezember 2022 zahlreiche Streiks, sodass die Medien das Land bereits im Chaos versinken sahen, und in Spanien treten viele Mitarbeitende in Spitälern und Ambulatorien für bessere Arbeitsbedingungen und die Verteidigung der öffentlichen Gesundheitsversorgung koordiniert in den Ausstand.

Hingegen sind die Parteiorganisationen meist viel zu wenig mit den sozialen Bewegungen verzahnt. Sie reflektieren deren Forderungen und Dynamiken deshalb nur ansatzweise, orientieren sich an der Eroberung von politischen Machtpositionen, machen allenfalls linkspopulistische Versprechen, welche dann nicht eingehalten werden, sodass sich wiederum Brüche ergeben. Dies trifft für die Grünen in Deutschland, für Syriza in Griechenland und nicht zuletzt für Podemos in Spanien zu.

Frauen- und Klimabewegung sind weltweit präsent. Anschliessend kommen wohl die Kämpfe um die Landfrage. In diesen drei Dimensionen geht es durchaus um die Vereinheitlichung von Forderungen und Strategien. Noch sind allerdings die lokalen und regionalen Gegebenheiten ausschlaggebend.

Nicht übersehen werden kann, dass sich im Gefolge tiefer gesellschaftlicher Spaltungen autoritäre Tendenzen verstärken. Dabei stehen nicht nur neofaschistische Regierungen im Blickfeld, gefährlich ist eine Massenbasis wie in den USA oder in Brasilien, aber auch in vielen europäischen Staaten.

Positionen der Linken

Bei zurzeit vielen Auseinandersetzungen und Kämpfen zur Verbesserung der ökonomischen und sozialen Lage ist die Linke, von den sozialdemokratischen Parteien bis nach ganz links aussen, extrem gespalten und nur in Ausnahmefällen in der Lage, sich auf irgendein Programm zu einigen. Schwer wiegt, dass angesichts der Globalisierung eine neue und transnationale Organisierung weitgehend inexistent ist. Insofern kann von einer rückständigen Linken gesprochen werden.

Bezüglich linker Positionen ist die alte Kritik an der sogenannten bürgerlichen Demokratie überholt. Wie ein neues linkes Projekt konkret aussehen könnte, vermag heute niemand zu sagen. Unseres Erachtens weisen folgende Elemente und Tendenzen in eine progressive Richtung: Erweiterung der Demokratie, mithin die Demokratisierung aller gesellschaftlichen Bereiche, insbesondere die Wirtschaftsdemokratie. Die Stellung öffentlicher Güter muss gestärkt werden, fundamental ist eine energische Ausdehnung des Service Public.

Staatlichkeit wird keineswegs wegfallen, sondern bei der Verdichtung von Klassenverhältnissen und der Durchsetzung von Forderungen progressiver sozialer Bewegungen eine primäre Rolle spielen. Angesprochen wird gleichzeitig der Wohlfahrtsstaat. Soziale Absicherungen gegenüber den Lebensrisiken sind in höchst unterschiedlichem Ausmass vorhanden. Als erforderlich erachten wir globale Mindestlösungen, die schrittweise zu vereinheitlichen und auszubauen sind. Zudem muss der Carebereich enorm gestärkt und vor allem gehörig besser finanziert werden.

Der Green New Deal beinhaltet eine illusionäre sozialdemokratische Vereinbarung, um die Folgen der Klimakrise etwas abzumildern. Dass EU-Kommission und EU-Parlament fossiles Gas und Kernkraft als grüne Energien einstufen, muss als irrwitzig bezeichnet werden. Allgemein auf einen grünen Kapitalismus zu setzen, stellt einen Irrweg dar, denn der Kapitalismus ist hinsichtlich Ökologie lediglich an neuen profitablen Geschäftsfeldern interessiert, wie sich dies im Fall der Elektrifizierung der PKW- und LKW-Flotten abzeichnet. Unentbehrlich sind völlig andere Mobilitätskonzepte.

Der Konsens für höhere Rüstungsausgaben reicht bis ins sozialdemokratische Lager. Die massgebenden Parteien unterstützen unisono eine Aufrüstung. Eine linke Position muss sich hingegen klar dagegen aussprechen und sich für schnelle Abrüstung und Friedenssicherung einsetzen.

Weltweit werden die Migrationsflüsse zunehmen. Eine bessere rechtliche Absicherung ist unerlässlich, alles ist aber nicht möglich. Von daher können auch nicht einfach die Grenzen geöffnet werden. Doch die Push-Back-Strategie ist zu beenden.

Das Völkerrecht dient zur Regelung der zwischenstaatlichen Beziehungen und zur transnationalen Zusammenarbeit. Allerdings wurde und wird es von den Grossmächten immer wieder verletzt. Kriege sind völkerrechtswidrig und Ausnahmen müssten klarer definiert und eklatant enger begrenzt sein. So verstanden, kann das Völkerrecht Teil eines neuen linken Projektes sein. Zu stärken ist die Uno, wobei namentlich die Vetoposition der Grossmächte im Sicherheitsrat endlich wegfallen muss.

Und nicht zuletzt gilt es, das Engagement für die kompromisslose Durchsetzung der Menschenrechte zu erhöhen und die inakzeptable Ungleichheit auszumerzen.

Bei all diesen Punkten sind divergierende strategische und taktische Positionen vorhanden. Vertiefte Diskussionen sind folglich angezeigt. Diese müssen von den Kämpfen ausgehen, bedingen netzwerkartige Verbindungen und neben den nationalen Besonderheiten, die nicht vernachlässigt werden sollten, sind die globalen Herausforderungen im Auge zu behalten. Zweifellos stellt sich überdies das Problem der Führung einer neuen Internationalen, die jedoch nicht zentralistisch sein kann. Ein angeblich radikaler Antikapitalismus ist wenig hilfreich, wenn diese Perspektive nicht in eine längerfristige Strategie eingebettet ist.

Anforderungen für die nächsten Jahre

Das Kapital forciert die Auspressung von unbezahlter Arbeit ungeachtet aller Konsequenzen, setzt damit auf Wachstum und Akkumulation, doch dies führt zur Zunahme von Ungleichheit; die Demokratie bleibt auf der Strecke, Ressourcen werden hochgradig geplündert, Abfallberge masslos angehäuft und ungebremste Emissionen folgen. Bewahrung unseres Planeten für die Menschheit oder Kapitalismus heisst somit die Alternative. Eine zukunftsfähige linke Position basiert auf der Inklusion, der Bewältigung der vorhandenen Krisen, einer Verbesserung der sozialen Lage der Mehrheitsbevölkerung, erhöhter Partizipation und Teilhabe, mehr Gleichheit und Gerechtigkeit sowie der Absicherung erreichter Fortschritte.

Dabei sind Prioritäten zu setzen. Linke Politik muss sich um die grossen Probleme der ökologischen Beschädigungen und Zerstörungen unseres Planeten durch das Kapital zentrieren. Dies soll in Anlehnung an Latour/Schultz (2022) verstanden werden, ohne jedoch deren Begriff der «ökologischen Klasse»[1] zu übernehmen. Von entscheidender Bedeutung ist indessen ein «ökologischer Imperativ» (Mahnkopf 2022). Nur mit dieser Ausrichtung ist eine Revitalisierung des Internationalismus aussichtsreich, und nur dann geht es um die Politik für die berühmten 99 Prozent der Menschheit. Diese wollen ein besseres Leben und keine katastrophischen Zusammenbrüche ihrer Lebensgrundlagen.

Zum zweiten sind Abrüstung und Friedenssicherung zwingend. Faktisch aber steigen die Militärausgaben. Dadurch reduzieren oder verzögern sich die unumgänglichen Investitionen für den schnellen Ausbau erneuerbarer Energien. Aus einer linken Position muss für die fortlaufende Reduzierung der Militärbudgets zugunsten einer sozialökologischen Wende eingestanden werden.

Eine schnellstmögliche Dekarbonisierung von Wirtschaft und Gesellschaft sowie ein Trendbruch bei der Zerstörung der Biodiversität sind dringend nötig, grundlegende Verbesserungen bei der Trinkwasserversorgung sowie die Erhöhung von Ernährungs- und Energiesicherheit unumgänglich. Gleichzeitig muss der Extremkonsum in den entwickelten Staaten gewaltig reduziert werden. Unvermeidlich und hilfreich sind sicherlich auch Steuerreformen, mit sehr hohen Grenzsteuersätzen bei Einkommen, Vermögen und Erbschaften. Überdies muss die Landnutzung den grossen Agrokonzernen entrissen werden, um die Position der kleinen Bauern und Bäuerinnen zu stärken.

Die radikale Frauenbewegung ist im Kern antirassistisch und antiimperialistisch. Ihre konkreten Forderungen und der Kampf gegen die patriarchale Unterdrückung sowie gegen die Unterordnung der Reproduktion weisen über den Kapitalismus hinaus.

Wenn sich gesellschaftliche Konflikte verschärfen, nehmen autoritäre Gegenmassnahmen der Herrschenden zu und neue Formen des Faschismus halten Einzug. Dagegen gilt es zu kämpfen. Eine linke Politik ist wegen der vielfältigen Krisen im heutigen Kapitalismus, der massiven Gefahren für die Reproduktion und des sich ausweitenden Bellizismus als antikapitalistische Bewegung zu gestalten, die blosse Stabilisierungen oder Modernisierungen zurückweist und damit den sozialdemokratischen Orbit überschreitet. Anzustreben ist eine sozial-ökologische und emanzipatorische Transformation mit vielen Farben und Facetten.

Schlussfolgerungen

Unterschieden wurden bei den geopolitischen Kräfteverhältnissen zwei Ebenen. Zum einen die Ambitionen und Grenzen von Super- und Grossmächten mit ihren Allianzen und zum anderen Opposition und Widerstand von unten, der sich vornehmlich in den progressiven sozialen Bewegungen manifestiert. Diese befinden sich zurzeit nicht auf dem Rückzug, sondern machen sich verstärkt bemerkbar, entlang der unterschiedlichen Konfliktlinien und über den ganzen Planeten verteilt.

Linke und progressive Kräfte müssen sich den globalen Bedrohungen stellen. Eine Beschränkung auf die regionale oder sogar lediglich auf die nationale Ebene wäre verfehlt. Eine Akzeptanz des Blockdenkens mit kriegerischen Auseinandersetzungen an den Rändern – stellvertretend oder allenfalls direkt – würde überdies eine Unterordnung oder sogar eine Marginalisierung linker Positionen bringen. Demgegenüber haben sich vordringliche Anstrengungen auf die Neubelebung internationaler beziehungsweise globaler Allianzen zu richten. Ausschlaggebend dabei sind eine weltweite Friedenspolitik und die Festlegung von Eckpunkten einer radikalen ökologischen Strategie. Wegweisend ist in vieler Hinsicht die feministische Bewegung, die produktive Diskussionen vorantreibt und vielerorts an Kraft gewinnt. Diese Elemente umreissen eine strategische Ausrichtung, die sich über die kommenden Kämpfe und deren Verbindungen weiter entwickeln wird und von den sozialen Bewegungen umzusetzen ist.

Ein langer Weg liegt vor uns, doch angesichts düsterer Zeiten wirkt Pessimismus bremsend und hinderlich. Soziale Auseinandersetzungen und Kämpfe können andererseits nicht einfach vorausgesehen, sondern müssen geführt werden. Sie sind Movens der Geschichte, die kontingent bleibt.

Anmerkung

1 Latour/Schultz betonen das Performative des Klassenbegriffs. Dabei wird die ökologische Klasse irgendwie vorausgesetzt und bereits in ihrem Namen argumentiert. Beispielsweise wenn geschrieben wird, die ökologische Klasse werde beschuldigt, nicht genug «links» zu sein (2022, 16). Auch wenn wir nicht für das traditionelle marxistische Konzept einer «Klasse an sich» und einer «für sich» eintreten, verorten wir den Klassenbegriff in der Struktur des Kapitalismus, sodass heute von einer transnationalen kapitalistischen Klasse und einer globalen, jedoch hierarchisierten und zerklüfteten Arbeiter:innenklasse gesprochen werden kann.

Literatur

Khani, Mina, 2022: Iran. Die unaufhaltsame Revolution. In: Blätter für deutsche und internationale Politik, 12 (online verfügbar)

Krüger, Hans-Peter, 2022: Russland-Ukraine. Ein doppelter Stellvertreter-Krieg. Wer übernimmt Verantwortung für dessen Beendigung? Supplement zu Heft 12 der Zeitschrift Sozialismus

Lateinamerika Nachrichten, Dossier 19, 2021: Eine neue soziale Mobilisierung von unten; Dossier 20, 2022: Sein oder Schein? Die neue progressive Welle in Lateinamerika

Latour, Bruno / Schultz, Nikolaj, 2022: Zur Entstehung einer ökologischen Klasse. Berlin

Mahnkopf, Birgit, 2022: Zurück zu Atomstrom, Holz und Kohle? Europäische Antworten auf die «Energiekrise» eskalieren den Krieg gegen den Planeten. In: WISO, Nr. 2 (online verfügbar)

Ortiz, Isabel / Burke, Sara / Berrada, Mohamed / Saenz Cortés, Hernán, 2022: World Protests. A Study of Key Protest Issues in the 21st Century. New York

Verlag Westfälisches Dampfboot

Helmut Dahmer
Trotzki, die Psychoanalyse und die kannibalischen Regime
2022 – 277 Seiten – 30,00 €
ISBN 978-3-89691-076-9

Slave Cubela
Wortergreifung, Worterstarrung, Wortverlust
Industrielle Leidarbeit und die Geschichte der modernen Arbeiterklassen
2023 – 424 Seiten – 48,00 €
ISBN 978-3-89691-070-7

Jule Ehms
Revolutionärer Syndikalismus in der Praxis
Die Betriebsarbeit der Freien Arbeiter-Union Deutschlands von 1918 bis 1933
2023 – 371 Seiten – 40,00 €
ISBN 978-3-89691-077-6

www.dampfboot-verlag.de | info@dampfboot-verlag.de

Herausgeber_innenkolleitiv des Andrea Wolf Instituts: **Wir wissen, was wir wollen.** Frauenrevolution in Nord- und Ostsyrien.
Edition Assemblage, Münster 2020 (554 S.)

Sind es ausgerechnet Frauen aus Gesellschaften, in welchen Unterdrückung, Diskriminierung und Gewalt besonders schlimm sind, die der Welt den Weg weisen zu einem gerechteren, ökologischen und freien Leben für alle? Aktuell erleben wir, wie Frauen im Iran dem blutigen Terrorregime die Stirn bieten. Das Buch *Wir wissen, was wir wollen* gibt Einblicke in eine andere Frauenrevolution, die in unseren Mainstreammedien kaum Beachtung findet: Im Norden und Osten Syriens bauen Menschen an einer selbstverwalteten Zukunft, ohne nationalstaatliche Regierung und auf ökologischer Basis. Getragen wird das Projekt im Wesentlichen von Frauen – viele von ihnen langjährige Aktivistinnen aus der kurdischen Widerstandsbewegung. Ihre Geschichten und Erfahrungen sind das Herzstück des vorliegenden Buches, gesammelt von einem Autor_innenkollektiv von Frauen der Jineoloji-Akademie in Rojava und Freund_innen der feministischen Kampagne «Gemeinsam Kämpfen» aus Deutschland. Diese war im November 2017 gegründet worden, um eine internationalistische Verbindung der Frauenbewegung voranzutreiben und die Ideen der selbstverwalteten Region Nord- und Ostsyrien – allgemein auch bekannt unter dem Namen Rojava – in Deutschland bekannter zu machen.

Das Buch versteht sich als Fortsetzung der Publikation *Widerstand und Gelebte Utopie – Frauenguerilla, Frauenbefreiung und Demokratischer Konföderalismus in Kurdistan* aus dem Jahr 2012. Um zu erfahren, wie sich die Projekte und Visionen aus dieser ersten Periode des politischen Umbruchs entwickelt haben, unternahm eine Delegation von Feministinnen aus Deutschland im Herbst/Winter 2018/19 eine ausgedehnte Reise nach Syrien, wo sie eine breite Palette von Eindrücken, Erfahrungen und Beispielen zusammengetragen hat. Im Buch geben sie den Frauen eine Stimme, die sich seit Jahren für die Freiheit und heute ganz konkret für den Aufbau einer neuen Gesellschaft in den multikulturell geprägten autonomen Gebieten im Norden Syriens engagieren – was hierzulande kaum wahrgenommen wird. «Ihre vielfältigen Identitäten, als Kurd_innen, Ararber_innen, Armäer_innen, Therkess_innen oder Êzîd_innen verschwimmen im westlichen Blick. Sie werden als ‹bedeutungslose Schachfiguren› dargestellt, die es im Krieg um politische Hegemonie und wirtschaftliche Macht zu kontrollieren gilt. Dahinter aber verbirgt sich ein jahrzehntelanger Kampf um Demokratie und Gleichberechtigung, der weltweit seinesgleichen sucht. Was als Bewegung der Kurd_innen begann, wurde 2012 zu einer Revolution, deren Menschen heute ein ganzes Gebiet in Nord- und Ostsyrien verwalten.» (S. 15 f.)

Die Publikation ist denn auch ein klar deklariertes politisches Programm; Ziel der Autor_innen ist nichts weniger als die globale

Frauenrevolution: «Frauen bringen seit über einem Jahrhundert die Notwendigkeit eines gemeinsamen Kampfes zur Sprache. Jetzt müssen wir die Organisierungsform, das Organisierungsmodell und die Mentalität, die in der Lage dazu sind, dieses Bedürfnis zu stillen, auf tiefgründige Weise zur Diskussion stellen. [...] Wir schlagen dafür als Weg zum Aufbau einer globalen Organisierung der Frau und als Modell den Demokratischen Weltfrauenkonföderalismus vor.» (S. 531) Was die Frauen im Norden und Osten Syriens erreicht haben, so die Autor_innen, sei wegweisend für den globalen Kampf gegen das kapitalistische Patriarchat.

Das Konzept des Demokratischen Konföderalismus, das den selbstverwalteten Gebieten in Syrien zugrunde liegt, geht auf den Kurdenführer Abdullah Öcalan zurück. Er entwarf unter diesem Begriff die Vision einer Gesellschaft jenseits von Nationalstaat, Sexismus und Religion, in der die Entscheidungsgewalt bei basisdemokratisch organisierten Gemeinschaften liegt. Nationalstaat und Kapitalismus, so Öcalan, behandelten Frauen gesellschaftshistorisch wie eine kolonisierte Nation. Die Versklavung der Frau ist für ihn die Basis jeglicher Unterdrückung – entsprechend grosses Gewicht legt er auf die Befreiung der Frauen aus diesen Strukturen. Öcalan gilt denn auch als grosser Förderer feministischer Selbstorganisierung. Im Rahmen der Parteischule der Arbeiterpartei Kurdistans (PKK) legte er an der Parteiakademie im Libanon bereits in den 1970er- und 1980er-Jahren die Basis für die kurdische Frauenbewegung: «In Wohnungen, die extra dafür zur Verfügung gestellt wurden, lebten sie kommunal, diskutierten und forschten. Gemeinsam erarbeiteten sie sich die Prinzipien für den Aufbau einer Frauenarmee und einer Frauenpartei.» (S. 23)

In ihrem historischen Rückblick unterscheiden die Autor_innen vier strategische Phasen des kurdischen Befreiungskampfes, die auch für die Frauenbewegung entscheidend waren: Die ersten zehn Jahre (1973–1983) dienten der ideologischen Bildung und dem Aufbau einer revolutionären Organisation. Ein zentraler Punkt bei der damaligen Gründung der PKK war «die Abschaffung aller Arten von feudaler Unterdrückung der Frauen und die Festschreibung der Gleichheit von Männern und Frauen in allen sozialen und politischen Bereichen». (S. 25) Die zweite Phase wurde durch den Beginn des bewaffneten Kampfes der PKK gegen «die türkische Armee und alle Institutionen des Kolonialstaats» (S. 26) eingeläutet und dauerte bis zur Verkündigung des ersten Waffenstillstands im März 1993. Mit dem Zusammenbruch des Realsozialismus Anfang der 1990er-Jahre startete die dritte Phase, während der sich Öcalan und die PKK intensiv um eine politische Lösung bemühten. In der Zeit von 1993 bis 2010 nahm die autonome, gesellschaftlich verankerte kurdische Frauenbewegung konkrete Formen an: «Angefangen mit dem Aufbau der Frauenarmee in den Bergen über autonome Frauenakademien und -versammlungen bis hin zu Strukturen, die politische und gesellschaftliche Organisationen von Frauen in allen vier Teilen Kurdistans und in der Diaspora umfassen, baute die Frauenbewegung ein eigenständiges System auf.» (S. 29)

Die vierte Phase begann 2010: Nach jahrelangen vergeblichen Bemühungen um eine politische Lösung und der laufenden Verhärtung der Fronten, namentlich in der Türkei, rief die kurdische Befreiungsbewegung den Aufbau einer «Demokratischen Autonomie auf der Grundlage der legitimen Selbstverteidigung» aus. (S. 31) Während das türkische Regime die kurdische Freiheitsbewegung weiterhin mit Morden und Massakern zu unterdrücken versuchte, entwickelte sich in Syrien im Zug des Arabischen Frühlings eine neue Situation: Als sich das Regime aus dem Norden des Landes zurückzog, wussten die Kurd_innen in der Region die Chance zu nutzen. Sie begannen mitten im Krieg mit dem Aufbau basisdemokratischer Strukturen und legten so den Grundstein für die selbstverwalteten Gemeinschaften in der Region Rojava.

Diesem Aufbau, der mit vielen Verlusten, Trauer und Krieg verbunden war und ist, widmen die Autor_innen das Herzstück des vorliegenden Buches. Im Kapitel «Frauenrevolution in der Praxis» (S. 163 f.) erhalten Leser_innen lebendige Einblicke in eine Vielzahl von Projekten. Sie werden dabei mit Herausforderungen und oft erschütternden Lebensgeschichten konfrontiert und lernen mutige, engagierte Frauen kennen, die Tag für Tag an der Verwirklichung ihrer Vision weiterbauen. So etwa im Frauendorf Jinwar, dessen Grundstein im Frühjahr 2017 gelegt wurde. «Polygamie und Zwangsheirat stellen grosse Probleme für die Frauen in unserer Gesellschaft dar. Wir analysierten diese Probleme und diskutierten in vielen verschiedenen Fraueninstitutionen darüber. Einige Frauen haben gesagt: Wenn Frauen einen Ort hätten, an dem sie gemeinsam leben könnten, dann könnten wir mehr verändern», (S. 391) wird etwa Rûmet Heval zitiert, Mitglied der Jineoloji-Akademie und Mitglied des Aufbaukomitees von Jinwar. Mittlerweile leben dort rund siebzig Frauen und Kinder – alle Lebensbereiche sind kollektiv und selbstorganisiert. Die Bewohner_innen des Dorfes legen dabei grossen Wert auf soziale Ökologie sowie die eigene Bildung und jene ihrer Kinder. Die Motivation der Frauen, in diesem Dorf zu leben, sind unterschiedlich. Zeynep, die als fünfzehnjährige mit einem zwanzig Jahre älteren Mann verheiratet wurde, hatte aus dem Fernsehen vom Dorf erfahren und ist mit ihren Kindern hierher geflohen. «Ich selbst bin nur wenige Jahre zur Schule gegangen und kann nicht gut lesen und schreiben. Mein Vater und mein Bruder wollten nicht, dass ich zur Schule gehe», sagt sie. Heute ist sie überzeugt: «Wenn Frauen auf ihren eigenen Beinen stehen, sich selbst organisieren, braucht es keine Männer.» (S. 403 f.) Oder Fatma, die mit ihren sechs Töchtern nach Jinwa gezogen ist, nachdem ihr Mann im Kampf um Kobanê gefallen war. Sie musste sich gegen die Familie ihres Mannes behaupten, weil sie nach dessen Tod nicht noch einmal heiraten, aber die Kinder behalten wollte. «Die Familie meines Mannes unterstützt die Revolution und trotzdem ist es ein harter Kampf gegen alte Rollenbilder.» Sie kenne die Bewegung, seit sie ein Kind ist, und engagierte sich in Kobanê als Co-Vorsitzende der Kämpfer_innen, bevor sie sich für einen Neuanfang in Jinwar entschied. «Ich wollte nach Jinwar und dort beim Aufbau mithelfen.» (S. 406)

Die Frauen in Jinwar verstehen ihr Dorf als Vorbild dafür, wie Freiräume für die Entfaltung von Frauen und den Aufbau einer sozialen, gerechten Gesellschaft geschaffen werden können. «Baut Jinwars, wo auch immer es möglich ist. Baut Orte der Frauen. Das kann die Form einer Akademie haben, eine Jinwar-Akademie. Es können zwei, drei Häuser in einem Dorf sein, als eine Jinwar-Nachbarschaft. Oder in der Stadt könnt ihr ein Viertel als ‹Jinwar› benennen und dort ganz viele Frauen einziehen lassen. Organisiert Bildungen dort, das lässt sich alles machen. Ihr könnt Jinwar als Beispiel nehmen und Frauen können diese Philosophie weiterführen» – diesen Aufruf von Rûmet Heval aus Jinwar (S. 407) tragen die Autor_innen von *Wir wissen, was wir wollen* weiter: Der Kampf der Frauen in Rojava ist für sie ein Weckruf für die Frauen weltweit.

Gabriela Neuhaus

Paola De Martin: **GIVE US A BREAK!** Arbeitermilieu und Designszene im Aufbruch
Diaphanes, Zürich 2022 (504 S.)

Gib uns eine Pause! Das ist die popularisierte Fassung einer Dissertation. Paola De Martin hat sie an der Zürcher ETH erarbeitet. Die Autorin analysiert Lebensläufe, Lebensstile und Werkanalysen von Gestalter:innen mit bildungsferner Herkunft. Und gehört selbst dazu.

Biografien dokumentieren persönliche und gesellschaftliche Veränderungen. Paola De Martin fokussiert (Habitus-)Brüche. Diese deuten neue Gewohnheiten an, in denen sich alte reproduzieren. Das Spannungsfeld ermöglicht wesentliche Erkenntnisse, wenn ein emanzipatorisches Interesse daran besteht, machtgeprägte Muster aufzudecken. «Feine Unterschiede» signalisieren, wie Biografien auf das reagieren, was in ihnen scheinbar natürlich angelegt ist. Und eigentlich Gewalt symbolisiert.

Paola De Martin ist 1965 geboren und selbst ein Arbeiter:innenkind. Sie fühlt sich früh von der Designszene angezogen, studiert von 1992 bis 1996 Textildesign und arbeitet bis 2001 als Textil- und Modemacherin. Zwischen ihrem eher sanften beruflichen Ein- und Ausstieg machen sich recht stürmisch herkömmliche Prägungen bemerkbar. Die Designszene kontrastiert das ursprüngliche Milieu. Sie fasziniert und stösst ab. Paola De Martin geht von diesem Widerstreit aus. Sie setzt sich mit erlebter (Nicht-)Zugehörigkeit und kollektivem Verschweigen auseinander. Um Übergangenes als Quellen einer Oral History reflektieren zu können, muss sie erst Worte für das noch nicht Formulierte finden. Das ist methodologisch anspruchsvoll. Und gelingt «intersubjektiv nachvollziehbar».

Allmählich aufscheinende Einsichten sind komplex verwoben, wie der scheinbar simple Eigensinn, der sich in der Anpassung verbirgt. Was vordergründig paradox wirkt, ist systemisch mitbedingt und so ähnlich von sozial Benachteiligten bekannt, die soziale Ungleichheiten akzeptieren. Das Eingeständnis von Unstimmigem fordert dazu auf, etwas zu verändern. Und das kann, je nach Ressourcen, Selbstwert und Erfahrungen, hilfreich sein oder überfordern.

Paola De Martin stellt sich der Gefahr, unerfüllte Wünsche abzuwerten oder überhöht ins untersuchte Forschungsfeld zu projizieren. Wie Habitusbrüche auf soziale Kämpfe verweisen, untersucht sie in biografischen Interviews mit fünf Designer:innen. Dabei interessieren kaum hörbare Stimmen, Pausen und Nebengeräusche. Aus dem aktiven Zuhören, Transkribieren und Reflektieren verdichten sich ausgiebige Porträts. Die Erzählungen dienen nicht als Story, sondern als Medium. Paola De Martin nimmt ebenfalls auf, wie Berichtetes bei ihr räsoniert und neue Fragen inspiriert. So erhellt sich, was in der Regel tabuisiert bleibt. Die Autorin stellt ihre Stimme und Resonanz als Plattform und Saitenspiel für andere zur Verfügung. Sie lässt sich zudem von einer Soziologin selber interviewen und reflektiert ihr aktualisiertes Erleben mit den aufgezeichneten Erinnerungen; kontextualisiert mit dem Wandel gesellschaftlicher Verhältnisse, struktureller Diskriminierung und Privilegierung.

Paola De Martin beleuchtet, wie sich im Verklären sozialer Ungleichheiten symbolische Gewalt manifestiert. Ein emanzipatorischer Impetus fördert den Umgang damit. Hinderlich ist, wenn Opfer zu Held:innen stilisiert oder alte Mythen neu zelebriert werden. Paola De Martin fragt weiter, wie soziale Bedingungen mit persönlichen Dispositionen und Mikro- mit Makroprozessen korrespondieren. Um Dynamiken zu eruieren, ist Komplexität zunächst etwas zu reduzieren. Das hilft, grobe Konturen zu erkennen, die sich nicht generalisieren, aber in neue Verhältnisse setzen lassen. Ähnliches gilt für Klassenanalysen. Diese sind, über den Besitz an Produktionsmitteln hinaus, mit Race, Gender und sozialen Kriterien räumlich weiter zu differenzieren; ohne damit zu verschleiern, dass es ein Oben und Unten gibt.

Paola De Martin bereitet keinen isolierten Forschungsstand auf. Wesentliche Bezüge fliessen stimmig in die biografischen Porträts ein. Im ersten von drei Teilen erforscht sie sich selbst. Sie nimmt dabei fundierte wissenschaftliche Grundlagen auf, beispielsweise von Alain Ehrenberg über *Das erschöpfte Selbst*. Diese Studie passt zu *Give Us a Break*. Hinzu kommen narrative Interviews mit Designer:innen und weitere Fachgespräche. So verfeinern sich Analyse und Porträts. Die Autorin verknüpft deutend historische und sozialstrukturelle Daten mit symbolischen Hinweisen und fotografischen Dokumenten. Die Bilder veranschaulichen soziokulturelle und stilistische Unterschiede. Sie ermöglichen auch diskursanalytische Betrachtungen.

Transparent weist Paola De Martin eigene (Vor-)Annahmen aus, die sie aus verschiedenen Perspektiven erörtert, kritischen Korrektiven unterzieht, weiter nuanciert und kontextualisiert. Etwa mit dem Postfordismus, der viel Flexibilität verlangt und die Lebensbedingungen sowie das Selbstverständnis von Migrierten beeinflusst. Dies im Rahmen eines wirtschaftlichen Globalismus, der die Mobilität finanzgetrieben strapaziert, die individuelle Freiheit neoliberal ideologisiert und die Designszene durchdringt. Die Autorin präzisiert so, was sich in diesem Milieu zwischen der 1970er-Krise und 2020 verändert hat, ohne die untersuchte Zeitspanne zu etappieren. Gegenläufige Prozesse prägen das Geschehen und den Widerstreit, von dem die Autorin ausgeht. Sie ergründet, wie die Finanzkrise die zuvor boomende Kreativindustrie in der Zürcher Metropole prekarisiert und rekurriert dabei auf frühere Studien von Pierre Bourdieu, der die Affinität des postmodernen Kleinbürgertums für Mode, Innenarchitektur und Fotografie identifiziert. Seine Befunde fliessen immer wieder in den Text ein. So entsteht ein vielfältiges Bild, kein Phasenmodell.

Paola De Martin geht der Genese der Gegenwart und (dem Verschweigen) der Wechselbeziehung zwischen sozialer Herkunft und beruflicher Erfahrung nach. Hilfreich ist das Konzept des gespaltenen Habitus. Wir gewöhnen uns an willkürliche Ungleichheiten durch unsere Sozialisation in einem bestimmten Milieu. Daraus leiten sich spezifische Einstellungen und Dispositionen ab. Wer sozial aufsteigt, verliert leicht an innerer Orientierung. Das kann einen brüchigen Habitus mitbedingen, der sich in umtriebigen Phasen «weniger kitten» lässt. Oft ermöglichen aber ein Bruch oder Verlust an Vertrautem neue Erkenntnisse. Vor allem, wenn wir uns dadurch irritieren lassen und Denkpausen kultivieren. *Give us a break!* nimmt das auf und kontrastiert eifrig angefertigte «To do»-Listen. Aufsteiger:innen sind für Paola De Martin «wandelnde Archive» und Interviews «Stoffmuster für das zu webende Tuch». Im Vordergrund stehen die Beziehungen und die Kommunikation zwischen den Porträtierten und der Forscherin. Der Versuch einer Selbstobjektivierung fördert den bewussten Umgang damit. Er mindert auch die Projektionsgefahr. So kommen die Vorteile des eigenen Involviertseins zum Tragen.

Give us a break! ist ein unkonventionelles und eigenwilliges Werk; auch sprachlich – mit eigenen, sensibilisierenden Wortspielen. Die Studie lebt von der Neugier. Paola De Martin will Zusammenhänge entdecken und verstehen. Sie ringt um Erkenntnisse, die sie wieder neu zur Disposition stellt. Wie die Einsicht, sich mit Demütigungen in einer Weise auseinanderzusetzen, damit sich das Erlittene nicht verstetigt. Sie wirft gleich neue Fragen auf; schier sokratisch, fernab jeglicher Ratgeberliteratur. Der Weg ist das Ziel.

Paola De Martin regt zum (Nach-)Denken an. Zentral ist der Widerstreit vom Nichtdazugehören und Dazugehören. Mit Bezug auf Georg Simmels *Exkurs über den Fremden* (1908), in welchem der Fremde vielleicht weiterzieht, sich aber auch drinnen und draussen befindet, wenn er bleibt. Und wie verstehen wir Fremdes? Indem wir versuchen, dessen inneren Bezugsrahmen wahrzunehmen? Das ist methodologisch ein ambitiöses Vorhaben. Und nur ansatzweise möglich. Weiterführend ist jedenfalls, eigenen Entfremdungen und auch dem auf die Spur zu kommen, was uns bei uns selbst fremd bleibt. So finden wir eher Vertrautes im Unvertrauten.

Ueli Mäder

Mathias Knauer / Jürg Frischknecht: **Die unterbrochene Spur.** Antifaschistische Emigration in der Schweiz von 1933 bis 1945.
DVD und Buch. Limmat-Verlag 1983 (Neuauflage 2020).

Die unterbrochene Spur: Der Titel dieses Films und Buchs bezeichnet einen Verlust und eine Aufforderung zugleich. Unterbrochen worden ist eine Tradition, und sie soll wenn immer möglich wieder hergestellt werden. 1982 hat Mathias Knauer den so benannten Film gedreht, in Zusammenarbeit mit dem Journalisten Jürg Frischknecht ist dazu ein Buch entstanden, ergänzend und zugleich eigenständig. Rekonstruiert wird darin der antifaschistische Widerstand in der Schweiz von 1933 bis 1945, die Hilfe für Verfolgte aus Deutschland und Österreich in der Illegalität oder in der Internierung ebenso wie die Unterstützung, 1943/44 geflüchtete ItalienerInnen aus dem Tessin wieder nach Italien zu Partisaneneinheiten zu führen.

Um eine Spur geht es aber auch im Wortsinn: Spuren entziffern, den Spuren folgen. Mit der Kamera machen wir, formal wie inhaltlich, eine Entdeckungsfahrt. Wir stehen im Archiv, folgen Fluchtwegen und Schmuggelpfaden, die einst begangen worden sind, reisen auf Zugfahrten zu Orten der Inhaftierung oder des Widerstands, gleiten Häuserfronten entlang, hinter denen sich klandestine Unterkünfte verbargen, und landen immer wieder bei den Menschen, Flüchtlingen, die in der Schweiz Hilfe fanden, und solchen, die Unterstützung leisteten, sich im Widerstand engagierten.

Man kann Film und Buch als historische Fundgruben betrachten und lesen. Da tauchen Dokumente einer bei der Veröffentlichung noch kaum bekannten Solidaritätsbewegung auf, Fotografien, Interviewaussagen. Aufgesucht werden Orte, Landschaften, Wohnungen und ein Dutzend Menschen, Geflüchtete ebenso wie Schweizer HelferInnen. Es ist keine Geschichte derer da oben, sondern es geht um die Geschichte von unten, um den Alltag, um die Tricks und Listen des täglichen Überlebens und des Engagements. Das stand bei der Veröffentlichung, 1982, für einen Paradigmenwechsel der Geschichtsschreibung, den Knauers Projekt zugleich befördern half. Solche Betrachtungsweise ist mittlerweile häufiger geworden.

Mathias Knauer hat den Montagecharakter seines Unterfangens betont, «eine Montage von Funden, die den Zeugen, den Objekten, Fotografien oder Akten nicht zu nahe tritt, ihnen ihr eigenes Wesen, ihr Widersprüchliches, auch einen Überschuss an Information belässt und nicht eliminiert, was sich mit andern Elementen des Buches nicht reimt».

Zwar schreitet der Film chronologisch von

1933 bis 1945 voran und entspringt der jeweiligen weltpolitischen, lokalen Situation, spricht aber immer wieder übergreifende Stichworte, Themen an: Arbeiten, Wohnen, Sammeln, Internierungen, Passagen. Das Buch fasst diese Bricolage dann in fünf grossen Abteilungen zusammen.

Sichtbar wird ein Mut, der ganz selbstverständlich daherkommt, ein Erfindungsreichtum, etwa im Einsatz der oft rudimentären technischen Mittel, und auch ein wenig Schalk, wenn von der Überlistung der Polizei berichtet wird. Dazu die Anklage gegenüber den Schweizer Behörden, deutlich ausgesprochen oder implizit den Berichten entspringend.

Berta Urech, zum Beispiel, hat jahrelang in Zürich für die kommunistisch orientierte Rote Hilfe gewirkt, Unterkünfte, Kleider, Essen, Geld gesammelt bei ihren NachbarInnen aus der Arbeiterklasse, die selbst mit wenig Geld auskommen mussten, und bei etwas besser gestellten sozialdemokratischen Angestellten. Zwanzig Hausdurchsuchungen haben die Behörden bei ihr veranstaltet, aber nie jemanden gefunden, wie sie stolz anmerkt. Alle Details aus der damaligen Zeit dürfe sie freilich nicht erzählen, meint sie noch 1982, sonst merke es die Polizei.

Die Wege, die wir im Film mit den ProtagonistInnen beschreiten, sind zumeist menschenleer, und mit einem merkwürdigen Effekt wird so veranschaulicht: Die Hilfe, die von einer kollektiven Solidaritätsbewegung getragen wurde, musste sich in entscheidenden Situationen auf das konkrete, persönliche Einzelschicksal konzentrieren.

Dem Alltag des Widerstands entspringen eindringliche Geschichten, zuweilen schon beinahe skurrile Details: Flüchtlinge werden nachts über den Rhein gerudert, wie von einem Charon, der den Acheron rückwärts ins Reich der Lebenden überquert; Geflüchtete springen auf einen schweizerischen Postzug auf wie amerikanische Hobos und werden von den Eisenbahnern unter den Heizkohlen versteckt; ein Kurier watet mit sechzig Kilogramm illegalem Material durch einen Grenzbach; ein anderer Kurier bringt Flugschriften im Rollstuhl des Bruders über die Grenze und kann bei einer Verhaftung auf deutschem Boden den Bruder im Rollstuhl gerade noch zurück in die Schweiz stossen; für den Marsch über die Berge nach Italien werden nicht eben bequem gepolsterte Stoffschuhe benutzt, die weniger verräterischen Lärm machen.

Im Kontrast zu solchen Heroismen des Alltags stehen etwa die offiziösen Wochenschauen. Regelmässig feiern sie die dreimonatigen Ferien, die Kinder aus verwüsteten Ländern Europas in der Schweiz verbringen konnten. Das war durchaus eine humanitäre Leistung; aber unerträglich trieft das Selbstlob, und die Hilfe an die Kinder deckt das Schicksal der Zurückgewiesenen, der Ausgewiesenen, der Internierten zu. Momentaufnahmen der Letzteren zeigen historische Filmaufnahmen von 5000 internierten polnischen Soldaten, abgekämpft, verstört, misstrauisch. Dagegen steht der Aufmarsch einer Hundertschaft Schweizer Bewachungssoldaten. Das Leben in den Internierungslagern schildert eindrücklich der deutsche angehende Pianist Hannes Becher, die harte Arbeit, die seine Hände und die Karriere ruiniert, die Isolation, Schikanen der Lagerleitung und der Behörden. Die von Mathias Knauer angesprochenen überschiessenden Informationsreste zeigen sich an einer historischen Filmszene: ein Schweizer Soldat, der mit dem Gewehr auf dem Rücken die Internierten bewacht und dann doch ein wenig beim Abladen schwerer Lasten hilft.

Stellvertretend für die Unterstützungsaktionen im Tessin sei Gaby Antognini aus Locarno erwähnt, die geflüchtete Italiener (erwähnt werden keine Frauen) vorübergehend beherbergt hat, bevor diese wieder über die Grenze zurückkehrten, um sich den PartisanInnen anzuschliessen. Als sie selbst wegen Mithilfe verhaftet wird, legt sie sich mit einem Obersten der Schweizer Armee an, hartnäckig und erfolgreich. Das Buch stellt diese Abteilung unter den hoffnungsvollen Titel «Vorbereitung auf ein freies Europa».

In einem ausführlichen Vorwort zur Neuausgabe 2020 schildert der Historiker Jakob Tanner die Entstehungs- und Publikationsbedingungen von Film und Buch um 1980 herum. Tatsächlich verquicken sich mittlerweile beim Schauen und Lesen drei Zeitebenen. Die Zeit des Faschismus und Antifaschismus selbst, die rekonstruiert wird; vierzig Jahre später die Entstehungszeit von Film und Buch; und jetzt wiederum vierzig Jahre später die erneute Betrachtung.

Einige politische Konstellationen haben sich verändert. Eine Hauptrolle spielten in der antifaschistischen Bewegung die kommunistischen Parteien, KPD, KPÖ und KPI; nur einmal taucht die KPD-Opposition auf. Unausgesprochen bleiben, worauf Jakob Tanner hinweist, die damals heftigen innerlinken Debatten und Auseinandersetzungen. Im erweiterten Interview im Buch erwähnt Berta Urech, dass sie nach etlichen Jahren aufgrund einer anonymen Anschwärzung faktisch aus der kommunistischen Partei ausgestossen wurde. Tatsächlich ist der Kommunismus für uns in ein aschfahles Licht geraten. Dagegen bleibt das Kernwort der Solidarität. Berta Vögeli «kocht jeden Tag für fünf bis sechs Emigranten. Politisch ist sie mit den meisten nicht einverstanden, aber sie sagt sich: die haben zu Hause auch eine Mutter». Die fürsorgliche Anteilnahme bekommt im politischen Kontext ihre besondere Qualität.

Das Heute bricht unterschiedlich durch. Unmittelbar drängt sich angesichts der Beherbergung der Geflüchteten die Solidaritätsbewegung mit der Ukraine auf. Was damals illegal geschehen musste, ist heute offizielle Politik. Die zehrt noch ein wenig von der antikommunistischen und eurozentrischen Vorstellung der Schweiz als Hort «westlicher Freiheit». Aber mehr noch steht die persönliche Solidarität in der Tradition anderer, von der Stärke her allerdings entschieden eingeschränkter Solidaritätsbewegungen, von Kirchenasyl und Freiplatzaktion bis zur Solidarität mit Bootsflüchtlingen.

Eine unrühmliche Konstante ist das Arbeitsverbot für Geflüchtete – was damals unter anderem mit möglicher Konkurrenz auf dem Arbeitsmarkt begründet wurde, ist ein diskriminierendes, im Übrigen kurzsichtiges Mittel der Asylpolitik geblieben. An den Formen der Gegeninformation lassen sich Konstanten und Veränderungen ablesen. Damals wurden illegale Aufrufe und Analysen zur Tarnung in Kochbücher eingebunden; in China oder im Iran wird heute Kritik im Internet in die Form von Tiergeschichten verpackt.

Der Film endet, indem Mathias Knauer auf die eigene Geschichte zurückblickt. Als Kind habe er einst am Bodensee mit Nachbarskindern Grenzwächter gespielt, gegen Eindringlinge, die es abzuwehren galt. Seeretter zu spielen, wäre ihnen nie eingefallen. Die Vorstellungskraft fürs Unrecht ist als Voraussetzung für Solidarität nötig. *Die unterbrochene Spur* trägt weiterhin dazu bei.

Stefan Howald

Slave Cubela, 2023: **Wortergreifung, Worterstarrung, Wortverlust.** Industrielle Leidarbeit und die Geschichte der modernen Arbeiterklassen.

Münster, Verlag Westfälisches Dampfboot (424 S.)

Ich spreche, also bin ich: So könnte dieses Buch in einem Satz zusammengefasst werden. In der Publikation von Slave Cubela steht jedoch kein Individuum als Subjekt im Fokus. Vielmehr handelt diese Geschichte vom Werden und Vergehen der modernen Arbeiterklassen. Der Plural ist dem Autor wichtig: Auf keinen Fall möchte er ein weiteres Mal die Geschichte der einen und einzigen, homogen gedachten Arbeiterklasse erzählen. Gleichwohl bringt er die Pluralität der Arbeiterklassen in einer einzigen Erzählung unter, deren zentrale Stationen sich an den Schlüsselbegriffen im Titel ablesen lassen: Wortergreifung, Worterstarrung und Wortverlust.

Slave Cubela hat Politikwissenschaften und Germanistik in Frankfurt am Main studiert. Seit 2003 schreibt er für die Zeitschrift *express*, ein Organ der Gewerkschaftslinken in Deutschland. Seit 2009 arbeitet er als Organizer für eine grosse Gewerkschaft. Hier ist also nicht nur ein Theoretiker am Werk, sondern auch ein Praktiker, der die deutschsprachige Debatte über gewerkschaftliches Organizing in den letzten Jahren gestützt auf eigene Erfahrung mitgeprägt hat.

In Zentrum des Buchs steht die Analyse dessen, was Slave Cubela den Arbeit-Sprache-Nexus nennt: Um die Geschichte der modernen Arbeiterklassen zu verstehen, müssen wir uns demnach dafür interessieren, ob und wie die Arbeiter:innen über ihre Arbeit sprechen. Sie können sich dabei verschiedener Sprachen bedienen. Die Sprache der Religion, die Sprache der Ökonomie und die Sprache der Politik sind aus Sicht des Autors die wichtigsten Sprachen. Darüber hinaus postuliert er, dass vor allem die kollektive Verarbeitung von Arbeitsleid das Potenzial hat, Arbeiterklassen als Subjekte entstehen zu lassen. Entsprechende sprachliche Praktiken bezeichnet er als Leidarbeit.

Slave Cubela legt keine empirische Untersuchung vor. Stattdessen verarbeitet er zahlreiche Beispiele aus anderen Untersuchungen, deren Inhalte sich über einen Zeitraum von mehreren Jahrhunderten erstrecken. In theoretischer Hinsicht bezieht er sich insbesondere auf Anregungen der britischen Cultural Studies sowie der französischen Arbeitsforschung, einschliesslich der Untersuchungen zur Psychodynamik des Arbeitsalltags, wie sie insbesondere Christophe Dejours entwickelt hat. Einen zentralen Gedanken greift er von James C. Scott auf, der sich in seinen Studien immer wieder mit der Kunst des Widerstands beschäftigt hat. Demzufolge äussert sich die Leidarbeit der Arbeiterklassen im Arbeitsalltag oftmals in Form einer versteckten Sprache, die den Vorgesetzten entweder verborgen oder unverständlich bleibt (hidden transcript). Zugleich kann sich der Widerstand auch maskiert artikulieren, in dem die Arbeiter:innen sich der offiziellen Sprache des Betriebs bedienen. Leidarbeit findet nicht nur während der Arbeitszeit (oder in Pausen) statt. Slave Cubela hebt die Bedeutung von Begegnungen ausserhalb der Arbeitszeit hervor, etwa im Wohnviertel oder in den Organisationen der Arbeiterklassen, die der industriellen Leidarbeit einen kollektiven Rahmen zu verleihen vermögen.

In diesem Buch wird die These vertreten, dass die Arbeiterklassen gesellschaftlich nur unter der Bedingung existieren, dass sie für sich selbst sprechen und gehört werden. Das 19. Jahrhundert war für Slave Cubela ein Jahrhundert der Wortergreifung, in dessen Verlauf sich ein lebendiger proletarischer Pluralismus entwickelte. Im Gegensatz dazu beobachtet er im Gefolge des Ersten Weltkriegs und der Russischen Revolution den Übergang zu einer Worterstarrung, die diese Dynamik zum Erliegen bringt. Daraus geht ein proletarischer Bewegungsdualismus hervor: Auf der einen Seite sprechen grosse Organisationen wie Parteien und Gewerkschaften für die Arbeiter:innen, während es auf der anderen Seite von Zeit zu Zeit zu unkontrollierten Protesten oder Aufständen kommt, in denen sich die kollektive Leidarbeit Gehör verschafft. Als letzten Aufstand dieser Phase beschreibt der Autor die Arbeiter:innen-Proteste der 1960/70er-Jahre. Danach verlieren sich die Spuren kollektiver Leidarbeit und es geschieht etwas Unerhörtes: die Selbstauslöschung der modernen Arbeiterklassen. Wie sie im 19. Jahrhundert durch gemeinsames Sprechen entstanden sind, verschwinden sie gegen Ende des 20. Jahrhunderts durch kollektives Verstummen. Zweifellos gibt es auch heute noch Arbeiter:innen, vermutlich sind sie weltweit gesehen zahlreicher als jemals zuvor. Aber sie sprechen nicht mehr als Arbeiter:innen, zumindest nicht gemeinsam. Deshalb bilden sie keine Kollektivsubjekte mehr, die sich als Arbeiterklassen bezeichnen und als solche wahr- und ernst genommen werden.

Die Protagonist:innen von Slave Cubelas ebenso dramatischer wie trauriger Geschichte sind die Arbeiter:innen selbst. Gleichwohl gibt es zwei weitere Akteur:innen, die eine Schlüsselrolle spielen. Da sind auf der einen Seite die grossen Arbeiterorganisationen. Der Autor verzichtet auf polemische Bürokratiekritik. Vielmehr versucht er nüchtern zu rekonstruieren, welche Rolle sie gespielt haben, was und wie sie zu Worterstarrung und Wortverlust beigetragen haben. Immerhin haben diese Organisationen im fordistischen Zeitalter durch ihre Klassenkompromisse auch Wohlstand und soziale Sicherheit geschaffen. Slave Cubela nennt diese Errungenschaften das Imperium des kleinen Glücks, das die überwältigende Mehrheit der Arbeiter:innen weitaus mehr überzeugte als die radikale Kapitalismuskritik der heterodoxen Linken. Und da ist auf der anderen Seite das betriebliche Management, das die Organisationsformen der Produktion immer wieder von Grund auf verändert hat. Hervorzuheben sind die Übergänge zur wissenschaftlichen Fabrik des Taylorismus, vor deren Hintergrund die Worterstarrung sich festigte, sowie zur fluiden Fabrik des Neoliberalismus, die ihren Teil zur Selbstauslöschung der Arbeiterklassen beitrug.

Zum Schluss begibt sich Slave Cubela auf Spurensuche: Er sucht Indizien, die am Beginn des dritten Jahrtausends auf neue Formen von Wortergreifung hinweisen. Die industriellen Kernbelegschaften verrichten seines Erachtens in erster Linie eine Leidarbeit des Bewahrens, die prekären Beschäftigten eine Leidarbeit des Begehrens, und die überflüssigen Arbeiter:innen eine Leidarbeit des Bestehens, die auf das nackte Überleben zielt. Hoffnung schöpft er am ehesten bei Beispielen aus der Welt der fluiden Fabrik – etwa angesichts der neuartigen Kämpfe, die in der Plattformökonomie gegen Uber, Amazon & Co. ausgefochten werden. Doch der Autor redet keinem Hals-über-Kopf-Aktivismus das Wort: Vielmehr spricht aus dem Buch die Überzeugung, der Boden für neue Wortergreifungen wachse langsam heran, und die sprachliche Praxis der Arbeiter:innen lasse sich letztlich weder steuern noch antizipieren.

Dieses Buch ist nur schon aufgrund der zahlreichen eindrücklichen Beispiele von Arbeitsleid und Leidarbeit lesenswert, die aus einem reichen Fundus an Quellen aufgegriffen werden. In den Grundzügen überzeugt auch der Gang der Argumentation. Dennoch seien einige Schwachpunkte angesprochen. Dass die Bedeutung von Staat und Bildungssystem nicht thematisiert wird, stellt einen gravierenden blinden Fleck der Untersuchung dar. Wie verschiedene Untersuchungen seit den

1960/70er-Jahren – nicht zuletzt von Vertreter:innen der Cultural Studies – gezeigt haben, prägt die Auseinandersetzung mit Schulunterricht und Berufsbildung die sprachliche Praxis der Arbeiterklassen wesentlich. Und vielen von uns kommen vermutlich Beispiele für jenes Hidden Transcript in den Sinn, mit dessen Hilfe wir schulisches Leid verarbeitet haben. Bedauerlich ist darüber hinaus die Tatsache, dass Slave Cubela kein Konzept entwickelt, um die Diversität der Arbeiterklassen reflektiert in den Blick zu nehmen. Dazu passt die anachronistische Entscheidung des Autors, auf inklusive Sprache zugunsten des generischen Maskulinums zu verzichten. Eine weitere Leerstelle des Buchs liegt darin, dass die Zusammenhänge zwischen körperlichem und psychischem Leid nicht ausgeleuchtet werden, obwohl Slave Cubela sich an einigen Stellen auf Traumaforschung bezieht. Hier stellt sich die Frage, ob der Fokus auf industrielle Leidarbeit gerechtfertigt ist oder ob sich das Argument zum Beispiel auch auf Arbeit in Verwaltungen und Dienstleistungen anwenden liesse. Und als letzte Anmerkung sei die Hypothese gewagt, dass neben dem Arbeitsleid auch Freude an und Stolz auf geleistete Arbeit zentrale Ressourcen sind, aus denen sich kollektive Sprache speisen kann. Falls dem so ist, gälte es die vorliegende Studie durch Untersuchungen über Freudarbeit und Stolzarbeit zu ergänzen, und das Gesamtbild zur Entwicklung der modernen Arbeiterklassen würde weniger düster ausfallen.

Peter Streckeisen

Beat Schneider: **Chinas langer Marsch in die Moderne.** Zwanzig nicht-eurozentristische Thesen

PapyRossa Verlag, Köln 2022 (333 S.)

Bob Dylan dichtete einst in seinem berühmten Song «The Times They are A-Changin'» die prophetisch anmutenden Verse: Die alte Ordnung verschwinde allmählich, und «wer jetzt der Erste ist, / wird später der Letzte sein». Diese Worte können als aktuelle Zeitdiagnose verstanden werden: Die in den letzten 200 Jahren vom Westen bestimmte Weltordnung schwindet dahin und muss etwas Neuem Platz machen. Dieses Neue zeichnet sich allerdings erst in Umrissen ab und lässt sich noch nicht auf den Begriff bringen.

Die globalen Veränderungen sind ursächlich mit dem Aufstieg der «Dritten Welt» verbunden, insbesondere mit jenem der Gesellschaften Asiens. Dabei geht gegenwärtig die stärkste Dynamik vom «Reich der Mitte» aus: Seine sozialen und wirtschaftlichen Errungenschaften der vergangenen vierzig Jahre beeindrucken in höchstem Masse. Die Spuren eines «Jahrhunderts der Schande», welches China zwischen der Mitte des 19. und des 20. Jahrhunderts koloniale Herrschaft und massenhafte Armut beschert hatte, konnten dank der Mobilisierung des Volkes durch die Kommunistische Partei und einer staatlich gelenkten nachholenden Entwicklung in annähernd allen Bereichen getilgt werden.

Dieser Wiederaufstieg löst bei uns im Westen massive Ängste aus. Untergründig wirkt das Bild der «gelben Gefahr» weiter, welches seit dem Vordringen mongolischer (nicht chinesischer!) Heere im europäischen Mittelalter mit dem fernen Osten verbunden wurde. Die Vorstellung, die weisse Welt stelle die Spitze der Menschheitsgeschichte dar, und die damit verbundene Überheblichkeit gegenüber den nichtweissen Nationen geraten heute gewaltig ins

Wanken. Jene Völker, die den *American way of life* nicht einfach adaptieren wollen, machen sich verdächtig.

Angesichts einer Sichtweise, die von Überheblichkeit und Angst zugleich geprägt ist, bedarf es neuer Perspektiven. Sie sollen helfen, den eurozentristisch geprägten Blick zu weiten. Das China-Buch des Kulturwissenschaftlers und langjährigen politischen Aktivisten Beat Schneider, der auch gelegentlich für den *Widerspruch* schreibt, ist in dieser Hinsicht ein Augenöffner. Sein Vorhaben, auf etwas mehr als 300 Seiten einen Abriss von Geschichte, Gegenwart und möglicher Zukunft dieses Riesenreiches zu liefern, mag überrissen wirken. Und wohlgemerkt: Es ist kein wissenschaftlich ausgewogenes Werk, das der Autor hier vorlegt. Er begibt sich mit seinen zwanzig Thesen mitten ins Getümmel des Kampfes um die Deutung der Prozesse, welche die Volksrepublik gegenwärtig durchläuft.

Noch vor wenigen Jahren glaubte die US-amerikanische und europäische Elite, China befinde sich dank seiner Reform- und Öffnungspolitik auf einem mehr oder weniger direkten Weg Richtung Westen. Seitdem Xi Jinping die Kommunistische Partei und den Staat anführt, hat sich diese Einschätzung grundlegend geändert. Jetzt erscheint das Land nicht nur als wirtschaftlicher Konkurrent auf dem Weltmarkt, sondern auch mehr und mehr als politisch-militärischer Gegner. Mit der Formierung eines Lagers der Demokratie wird der Gegensatz zu den sogenannten Autokratien stärker herausgearbeitet, um damit den Kampf um die globale Hegemonie zu kaschieren (vgl. dazu Kapitel 12 und 13 des Buches).

Dabei scheint es den Eliten zu gelingen, auch die einstmals eher kapitalismus- und herrschaftskritischen Kräfte für ihre Sicht der Welt zu gewinnen, in welcher der Westen für die Verteidigung der Menschenrechte einstehe, die von Autokratien wie China bedroht würden. Da ist dann keine Rede mehr davon, dass die Befreiung von Hunger und Armut ein fundamentales Menschenrecht darstellt – und dass China genau dieses Recht umgesetzt hat. Und es soll dann auch nicht mehr davon gesprochen werden, dass der Westen im Namen der Menschenrechte immer wieder Kriege führt – während China sich dem Prinzip der Nichteinmischung verpflichtet fühlt (vgl. dazu Kapitel 16).

Die frühere China-Begeisterung beachtlicher Teile der westlichen Linken ist schon lange verflogen. Das Land scheint auf einem kapitalistischen Weg zu sein, der mit ein wenig rotem Dekor verziert wird. Welcher progressive Geist mag sich schon für einen «Staatskapitalismus» erwärmen, gar einen «autoritären Kapitalismus», wie Slavoj Žižek über das chinesische Regime urteilt? Mit dem verstorbenen italienischen Marxisten Domenico Losurdo prangert Schneider den «Bezugsverlust der westlichen Linken zu den realen antikolonialistischen Emanzipationsbewegungen im Globalen Süden» (S. 219) an. Für ihn gibt es keinen Zweifel, dass Chinas Entwicklung einen entscheidenden Beitrag zur Befreiung der «Verdammten dieser Erde» geleistet hat (um einen Buchtitel des Kolonialismuskritikers und Revolutionärs Frantz Fanon zu zitieren). Das Land habe bewiesen, dass es möglich sei, den Sprung aus massenhafter Armut in ein hochindustrialisiertes Staatswesen zu schaffen.

Die Politik der «Reform und Öffnung» seit den späten 1970er-Jahren barg allerdings auch grosse Gefahren in sich: Die schier unbegrenzten Möglichkeiten für das Wirken westlichen Kapitals hätten eine «neokolonialistische Option» (S. 79) eröffnen können, schreibt Schneider – vor allem im Hinblick auf die chinesische Arbeiter*innenklasse, die in weiten Teilen der fast ungehemmten Ausbeutung durch ausländische Konzerne unterworfen wurde. Das nahm die KP-Führung in Kauf, obwohl sie dadurch die Widersprüche zwischen sich und der Bevölkerung verschärfte. Ihre Politik verfolgte die Absicht, eine nachholende Entwicklung zu ermöglichen, die China innerhalb weniger Generationen wieder an die Weltspitze katapultieren würde, dort, wo das «Reich der Mitte» bereits einmal gestanden hatte, vor der Zeit europäischer Hegemonialmächte.

Der ökonomische Erfolg hat der Kommunistischen Partei Chinas Recht gegeben. Dieser Erfolg ist notwendig, wenn Sozialismus mehr sein soll als die Verwaltung der Armut. Er kann aber noch nicht als hinreichend betrachtet werden, wenn es um das Ziel einer umfassenden Erneuerung der Gesellschaft geht. Beat Schneider ist davon überzeugt, dass die derzeitige Führung unter Xi Jinping die Stärken und vor allem auch die Schwächen der von Deng Xiaoping angestossenen Reform- und Öffnungspolitik erkannt hat. Seit seiner Wahl an die Spitze der Kommunistischen Partei im Jahr 2012 geht Xi mit aller Härte gegen die weit verbreitete Korruption vor und thematisiert die fehlende soziale Moral. Mit der Politik des «gemeinsamen Wohlstands» sollen der Abstand zwischen grossen und kleinen Einkommen verringert und die Unterschiede der Entwicklung zwischen Stadt und Land sowie zwischen den Küstenprovinzen und den Regionen im Westen Chinas verkleinert werden (vgl. dazu Kapitel 10).

Befindet sich China damit auf dem Weg zum Sozialismus? Für Beat Schneider ist das keine Frage. Die Kommunistische Partei Chinas habe die richtigen Lehren aus dem Niedergang des realexistierenden Sozialismus in der einstigen Sowjetunion und den Ländern Mittel- und Osteuropas gezogen, ist Schneider überzeugt. Im Gegensatz zu ihren einstigen Bruderparteien sei die chinesische KP in der Lage gewesen, sich selbst zu korrigieren und zu erneuern. Das mag schon sein, doch die Frage stellt sich nach der Verfasstheit dieser Partei: Ist sie vor allem ein sehr effizienter Transmissionsriemen der staatlichen Apparate oder ermöglicht sie auch die Selbsttätigkeit der Massen? Beat Schneider nennt die von der Kommunistischen Partei Chinas seit den Zeiten von Mao Zedong hochgehaltene «Massenlinie» eine «symbiotische Bindung zwischen der Partei und dem Volk» (S. 212). Bei einer solchen Bindung bleibt wenig Platz für Widerspruch. Und der Widerspruch ist es doch, der das Leben ausmacht, denn «sobald der Widerspruch aufhört, hört auch das Leben auf, der Tod tritt ein». So zitiert Mao Zedong in seiner Schrift *Über den Widerspruch* aus dem Jahr 1937 zustimmend Friedrich Engels.

China entwickelt sich weiter, nicht nach den Textbüchern des Sozialismus, sondern auf seine eigene Art. Ob die chinesische Gesellschaftsformation als ein «hybrides» Gebilde bezeichnet werden kann (wie der Autor dieser Zeilen einmal vorgeschlagen hat, was wiederum von Schneider aus Gründen der Logik abgelehnt wird – vgl. dazu S. 221), das mag auf einem anderen Blatt stehen. Auf jeden Fall wandeln sich die Zeiten. Denken wir an Bob Dylans Song und stellen wir uns ihnen nicht in den Weg! Die Lektüre des Buches hilft beim Versuch, die eurozentristische Brille abzulegen.

Übrigens: Eine zweite, teilweise überarbeitete Auflage des Buches ist in Vorbereitung.

Kurt Seifert

Francesco Filippi: **Mussolini hat Gutes getan?** Abrechnung mit einem Mythos.
Vorwort von Carlo Greppi. Übersetzung von Winfried Roth. Edition AV, Bodenburg 2022 (159 S.)

Am 22. Oktober 2022, fast pünktlich zum 100. Jahrestag von Mussolinis «Marsch auf Rom» kam in Italien eine Rechts-Rechtsaussen-Koalition an die Regierung. Viele Italiener*innen scheinen die Schrecken der Vergangenheit vergessen zu haben. Trotz gelegentlicher – teils vieldeutiger – Distanzierungen haben die Wahlsieger*innen das Unrecht des italienischen Faschismus wiederholt relativiert oder es mit «Erfolgen» verrechnet. Auch Viktor Orbán, Jair Bolsonaro oder Alexander Gauland verharmlosten rechte Diktaturen. Hinzu kommt ein ununterbrochener Nachschub an Fake news zu historischen Themen in den sozialen Medien.

Der italienische Historiker Francesco Filippi greift in *Mussolini hat Gutes getan?* nach wie vor (oder wieder) populäre Mythen an. Das Buch ist für ein breites Publikum geschrieben, mit viel Polemik und Ironie. Filippi hat in den letzten Jahren mehrere weithin beachtete Arbeiten zum italienischen Faschismus veröffentlicht. *Mussolini ha fatto anche cose buone* erreichte seit 2019 23 Auflagen. 2021 erschien *Noi però gli abbiamo fatto le strade* (Aber wir haben doch Strassen für sie gebaut) – hier kritisiert Filippi die anhaltende Verklärung des italienischen Kolonialismus (auch der vorfaschistischen Ära).

Wie breiteten die faschistischen Mythen sich aus? Das Mussolini-Regime selbst warb mit den damals modernsten Mitteln – Radio und Film – aufwendig für seine «Leistungen». In der Nachkriegszeit wurde einerseits die Resistenza, der Widerstandskampf, zum Mythos überhöht – andererseits blieb eine wirkliche politische und juristische Aufarbeitung der zwei Jahrzehnte Diktatur aus. Gerade in den Unterhaltungsmedien lebte – in naiven Geschichten versteckt – die Propaganda der Faschisten fort, heute begeistern sich auch junge Leute auf Facebook & Co. für «revisionistische» Sichtweisen. Parallelen zur Entwicklung des «Mythos Nationalsozialismus» sind offensichtlich.

War Mussolini ein «gemässigter» Diktator mit vielen guten Seiten? Das Buch von Filippi setzt sich mit heute noch – oder wieder – populären Behauptungen auseinander, wie:

«Mussolini hat die Mafia besiegt!» Ja – aber es ging dem «Duce» darum, ein konkurrierendes (ebenfalls rechtsorientiertes) Machtzentrum zu beseitigen. Die Bürger*innen, die Drohungen und Gewalt der Mafia losgeworden waren, lebten stattdessen im Griff des Faschismus.

«Der Duce hat Wohlstand für alle geschaffen!» Filippi verweist dagegen auf jahrelang zurückgehende Reallöhne und eine zunehmend ungleiche Einkommensverteilung.

«Er hat das Frauenstimmrecht eingeführt!» Ja – 1925, auf kommunaler Ebene. Aber schon kurz darauf wurden Gemeinderäte nicht mehr gewählt, sondern von der Zentralregierung ernannt. In zwei Jahrzehnten Diktatur durften Frauen – auch wenn ihnen dabei nichts entging – kein einziges Mal wählen.

«Die Faschisten haben viele Wohnungen gebaut!» Das stimmt – aber es waren kaum mehr als zu Zeiten der (liberalkonservativen) Vorgängerregierungen.

«Der Duce hatte nichts gegen Juden!» In der Anfangszeit des Regimes spielte Antisemitismus tatsächlich keine grosse Rolle. In den 1930er-Jahren folgte zunehmende Diskriminierung – wie Filippi zeigt, keineswegs nur auf Druck Deutschlands. Am Ende stand die Deportation aller für die Faschisten «greifbaren» Jüd*innen in die Vernichtungslager.

Man könnte noch einen Schritt weiter gehen: Was wären mehr Wohnungen, grosszügigere Sozialleistungen oder ein uneingeschränktes Wahlrecht für Frauen wert gewesen angesichts von Diktatur, Staatsterror und Krieg?

An etlichen Stellen des Buchs hätten sich mehr Beispiele oder statistische Daten gut gemacht. Einige Themen, die für heutige Mussolini-Bewunderer wichtig sind, streift Filippi sogar nur: die zahlreichen Siedlungen und Kleinstädte, die das Regime gründete, die neuen umfangreichen Freizeitangebote – vor allem «Dopolavoro» (Feierabend), das zum Vorbild für das NS-Projekt «Kraft durch Freude» wurde –, die Aktivitäten der «offiziellen» Kinder- und Jugendorganisationen. Vielleicht hätte das Buch – auch mit Blick auf Persönlichkeiten wie Trump – auch ausführlicher auf den «Medienstar» Mussolini, einen der unterhaltendsten Politiker des 20. Jahrhunderts, eingehen sollen.

Mussolini hat Gutes getan? von Francesco Filippi demontiert präzise und detailreich Mythen über den italienischen Faschismus. Das Vorwort des Historikers Carlo Greppi ordnet Filippis Text in die neuere italienische Diskussion ein, ein Beitrag des Übersetzers beschäftigt sich mit der halbvergessenen folgenschweren Zusammenarbeit zwischen der aufsteigenden faschistischen Bewegung und Italiens bürgerlichen Demokraten.

Winfried Roth

Carolin Amlinger / Oliver Nachtwey: **Gekränkte Freiheit.** Aspekte des libertären Autoritarismus.
Suhrkamp, Berlin 2022 (478 S.)

Mirela Ivanova / Helene Thaa / Oliver Nachtwey (Hg.): **Kapitalismus und Kapitalismuskritik.**
Campus, Frankfurt a. M. 2022 (416 S.)

Carolin Amlinger und Oliver Nachtwey gehen in *Gekränkte Freiheit* von ausführlichen Gesprächen aus, die sie und ihre Mitarbeitenden in verschiedenen Projekten mit 45 Personen aus der Querdenkenden-Szene und mit 16 zivilgesellschaftlich aktiven AfD-Anhänger:innen geführt haben. Die Interviewten kommen «als freundliche, ja sogar herzliche Menschen» (S. 10) daher. Sie sind auch gekränkt, autoritär und dokumentieren gesellschaftliche Verhältnisse. Zur Studie gehören «eine Online-Umfrage mit 1150 Querdenker:innen» (S. 23), das Beobachten zahlreicher Demonstrationen, das Durcharbeiten von Telegram-Kanälen, theoretischen Grundlagen und konkreten Fallanalysen.

Herr R. ist ein Grüner der ersten Stunde, Kosmopolit und weit gereist. Heute kritisiert er die «Überfremdung seiner Heimat». Frau W. meditiert für den Weltfrieden. Menschliche Nähe bleibe den Corona-Kindern vorenthalten, was «gleichgeschaltete Medien» verschwiegen. Weitere Empörte erkennen die «Meinungsdiktatur» am Genderstern. Einst emanzipativ orientiert, leiden heute viele an Ressentiments und tun laut kund, keine Stimme zu haben.

Carolin Amlinger und Oliver Nachtwey analysieren Freiheitskonflikte. Ein libertäres Verständnis favorisiert individuelle Rechte. Es wendet sich gegen Steuern und Vereinbarungen, die Freiheiten für alle ermöglichen. Diese Sicht beinhaltet eine autoritäre und solitäre Konzeption von Autorität. Sie unterläuft die Solidarität mit Vulnerablen und drückt spätmoderne Nebenfolgen aus. Der libertäre Autoritarismus beharrt auf selbsterklärten Freiheiten. Er wehrt soziale Verbindlichkeiten ab und korrespondiert mit gesellschaftlichen Trends.

Zum autoritären Charakter zählt die Kritische Theorie aus früheren Studien: starre konventionelle Werte, unterwürfig idealisierte Autoritäten, binäres Machtdenken sowie feindseliges Abwerten von Anderen und narzisstisches Überhöhen des Eigenen. «Autoritäre Rebellen» sind indes eher unkonventionell und eigenwillig. So ähnlich typisierte Psychoanalytiker und Soziologe Erich Fromm in den 1930er-Jahren jene, die sich quasi automatisch gegen Autoritäten wandten. Heutige libertär Autoritäre, die sich «trotzig gegen soziale Konventionen» (S. 16) auflehnen, erinnern daran. Von anarchistisch heroischen Impulsen beseelt, halten sie weder traditionelle Werte noch Führer:innen hoch. Sie stellen lieber «die eigene Überlegenheit wie die Schwäche des Gegners zur Schau» (S. 17). Ihr Machtdenken ist binär, ihre Selbstwahrnehmung demokratisch progressiv. Sie treten oft auf, wenn versprochene individuelle Freiheiten verwehrt bleiben, stellen Carolin Amlinger und Oliver Nachtwey einleitend fest.

Das Buch *Gekränkte Freiheit* enthält acht Kapitel. Das erste, «Aporien der Aufklärung», erörtert Ansätze und Potenziale freiheitlicher Ideen. In deren Entfaltung schlummert autoritäre Regression (S. 27). Die kapitalistische Moderne bringt materielles Wohl und begrenzt emanzipatorische Kapazitäten. Das zweite Kapitel, «Freiheit in Abhängigkeit», nimmt die «Dialektik der Individualisierung» historisch auf (S. 57). Die bürgerliche Gesellschaft überwindet feudale Abhängigkeiten. Freiheit verbindet sich mit Ungleichheit, Selbstverwirklichung mit Erfolgszwang, verdinglichte Libertät mit Autorität. Die verdinglichte Freiheit foutiert sich um gesellschaftliche Bezogenheit. Sie orientiert sich vielmehr am Besitzstand. Regressive Modernisierung kennzeichnet eine «Ordnung der Unordnung», so das dritte Kapitel. Globale Öffnung und Risiken bringen neue Verunsicherungen und Schliessungen mit sich (S. 95). Auch Herrschaftskritiken reproduzieren Widersprüche und autoritäre Realitäten. Spätmoderne Dilemmata rufen jedenfalls «Soziale Kränkung» (viertes Kapitel) hervor. Individuen agieren affektiv soziale Konflikte aus. In ihnen verselbständigt sich, was in gesellschaftlichen Verhältnissen angelegt ist. Das können anomische Prozesse sein, die rebellische bis destruktive Reaktionen auslösen. Ein Paradox besteht darin, dass offenbar auch egalitäre Normen die Sensibilität für Ungerechtigkeit steigern (S. 131).

Das fünfte Kapitel, «Libertärer Autoritarismus», zeigt auf, wie sich der autoritäre Charakter wandelt. Die Spätmoderne konfrontiert mündige Individuen mit abstrakten Abhängigkeiten (S. 171). Je nach konkreten Umständen trotzen autoritär Rebellische gegen einschränkende Mächte. Fallstudien veranschaulichen den möglichen «Sturz der Wahrheitssuchenden» (sechstes Kapitel). Intellektuelle driften regressiv ab, ideologische Interferenzen und irritierende Koalitionen entstehen (S. 207). 1150 Online-Befragte veranschaulichen im siebten Kapitel die «Wiederverzauberung der Welt», zusammen mit den 45 Interviewten aus der Szene der Querdenkenden. Sie stehen in der Studie für einen Prototyp libertärer Autoritärer, die protestieren, wissenschaftliche Befunde kritisieren und Verschwörungsmythen kreieren (S. 247). Mehrheitlich von links kommend, biegen die so Typisierten rechts ab, vertreten aber laut Carolin Amlinger und Oliver Nachtwey eher antiautoritäre Positionen. So etwa in der Kindererziehung. Sie sind nicht besonders fremdenfeindlich, kritisieren Hierarchien und pochen auf individuelle Freiheiten, die ins Autoritäre kippen. «Subversion als destruktives Prinzip» (achtes Kapitel) rekurriert ferner auf eine frühere Studie mit sechzehn Personen aus dem Umfeld der Nicht-Regierungsorganisation Compact, die sich als AfD-Sympathisierende outeten. In biografisch-narrativen Interviews schimpften mehrere gegen Flüchtlinge, Muslim:innen oder Jüd:innen. Sie erinnern an die in der Kritischen Theorie analysierten Rebellen, identifizieren sich aber nicht mit autoritären

Führungspersonen oder Nationen. Regressiv Rebellierende verkörpern für Carolin Amlinger und Oliver Nachtwey die radikalste Ausprägung des libertären Autoritarismus, zumal sie äusserst aggressiv gegen das demokratische System agierten. Moderat Mitstreitende tun als autoritäre Innovator:innen mit.

Was den libertären Autoritarismus weiter kennzeichnet und wie sich ihm Nährboden entziehen lässt, diskutieren Carolin Amlinger und Oliver Nachtwey am Schluss (S. 337) Ein prägendes Moment ist der Groll auf den komplexen Interventionsstaat, der zum einen soziale Ungleichheiten durch kapitalfreundliche Steuerprivilegien teilweise vergrössert, zum andern aber auch viel gesellschaftliches Miteinander ermöglicht, indem er öffentliche Räume und soziale Infrastruktur pflegt. Libertäre Autoritäre lasten dem Staat an, persönliche Freiheiten einzuschränken. Sie vernachlässigen soziale Fragen und komplexe Machtgefüge. Das ist ein zentraler Aspekt.

Frühere Autoritarismus-Kritiken reagierten auf einen übermarchenden Kontrollstaat. Inzwischen sind wirtschaftliche Kartelle erstarkt. Das Primat der Politik hat erheblich an Einfluss verloren. Und eine demokratische Öffentlichkeit ist bitter nötig, um soziale Strukturen zu stützen. Nebst staatlichen Anstrengungen sind auch zivilgesellschaftliche gefragt. Linke Interventionen verhinderten in Frankreich ein rechtsextremes Abdriften der Gelbwesten. Hilfreich ist ein selbstreflexives Denken, das systemkritisch Optionen offen hält. Alternativen zur neoliberalen Politik und zum finanzgetriebenen Kapitalismus sind möglich. Subjektive Rechte verwirklichen sich in vitaler Solidarität, nicht in autoritärer Konformität individueller Liberalität . Notwendig ist eine rebellische Herrschaftskritik von unten, die soziale Realitäten differenziert wahrnimmt und verändert. Freiheit verlangt, demokratische Institutionen weiter zu demokratisieren.

Carolin Amlinger und Oliver Nachtwey regen eine radikale Demokratisierung und systemische Veränderungen an. Sie fordern uns heraus, selbst mitzudenken. Dazu gehört, eigene Widersprüche anzugehen. So lassen sich Autoritarismen umfassender typisieren und bearbeiten. Wichtig sind auch Sozialcharaktere, die versuchen, unsere Epoche zu kennzeichnen. Erich Fromm zeigte auf, wie ein Marketing-Charakter die Wechselbeziehung zwischen Individuum und Gesellschaft beziehungsweise zwischen der sozioökonomischen Basis und unserer Psyche prägt. Der (quasi durchschnittliche) Sozialcharakter verdichtet gesellschaftliche Erwartungen und Haltungen. Er hält uns wie eine zwischengeschaltete Instanz dazu an, so zu denken und zu handeln, wie wir denken und handeln sollen. Mit dem Gesellschafts- beziehungsweise identischen Sozialcharakter ist also kein individuelles, sondern ein abstrahiertes Verhalten gemeint, das auf den sozialstrukturellen Wandel reagiert und weiter zu aktualisieren ist. Daran lässt sich anknüpfen. Das theoretisch fundierte Werk von Carolin Amlinger und Oliver Nachtwey leistet einen wertvollen Beitrag zu einer systemkritischen Autoritarismus- und Gesellschaftsanalyse.

Systemkritisch ist auch das von Mirela Ivanova, Helene Thaa und Oliver Nachtwey herausgegebene Buch *Kapitalismus und Kapitalismuskritik*. Am Anfang stehen die zerstörte Natur, soziale Ungleichheiten und andere Krisen. Sie zeigen, warum Kapitalismuskritik wichtig ist und neue Realitäten analysieren muss. Einst auf Reservearmeen bauend, beklagen westliche Metropolen heute fehlende Arbeitskräfte sowie Lieferketten. Zudem wende sich die Generation Z vom Kapitalismus ab. Wie einst das Proletariat? Nein, andere Betroffenheiten stehen an. Von einem System, das immer mehr Lebenswelten durchdringt, Konformität erzeugt, aber auch unterschiedlich motivierten Widerspruch hervorruft.

Konjunkturen des Kapitalismusbegriffs zeugen von einer Renaissance systemischer

Betrachtung. Lange dominierten Strategien und Diskurse der Modernisierung. Investitionen in kapitalistische Zentren sollten materielles Wachstum begünstigen. Statt in Peripherien durchzusickern, erhöhten sie soziale Gegensätze und verunsichernde Flexibilität. Neue soziale Bewegungen kritisieren neokoloniale Machtgefüge. Sie wollen, recht heterogen ausgerichtet, eine übergreifend sozial- und umweltgerechte Politik.

Vierzehn solide Buchbeiträge, die aus einer Vorlesungsreihe hervorgehen, verknüpfen Theorie und Praxis. Sie diskutieren recht anspruchsvoll die Normativität von Kritik, unterschiedliche Perspektiven und Mängel beim Umgang mit Ambivalenz. Theoretische Beiträge befassen sich mit Demokratiedefiziten, religionssoziologischen Deutungen liberaler Narrative, Entfremdung und rechten Kritiken am Kapitalismus. Historische Sichtweisen gehen dem Wandel der Arbeit und des Kapitalismus nach. Dies auch im Kontext der Digitalisierung. Einen Schwerpunkt bilden soziale Ungleichheiten. Dabei interessieren rassifizierende Hierarchisierungen, differenzielle Migration und Mobilität sowie veränderte Klassenverhältnisse in der kapitalistischen Globalität. Weitere Beiträge fokussieren zentrale Aspekte der Reproduktion. Zum Beispiel unterschiedlich organisierte Care-Arbeiten sowie feministische Kritiken an unbezahlter Sorgeleistung und geschlechtshierarchischer Arbeitsteilung. Sie thematisieren auch das Ausbeuten kaum regenerierbarer Ressourcen, die kapitalistische Akkumulation von Wohnraum und aktuelle Enteignungsversuche. Das ist wichtig und interessant. *Kapitalismus und Kapitalismuskritik* ergänzt die *Gekränkte Freiheit*. Beide Bücher passen gut zusammen. Sie sind sehr gehaltvoll und lesenswert.

Ueli Mäder

Alexander Behr: **Globale Solidarität.** Wie wir die imperiale Lebensweise überwinden und die sozial-ökologische Transformation umsetzen.

München: oekom – Gesellschaft für ökologische Kommunikation mbh 2022 (280 S.)

Was wir, so Alexander Behr, klar wissen, ist, dass «die ökonomische, politische und soziale Weltordnung heute nicht nur mörderisch, sondern im vollumfänglichen Sinne des Wortes absurd ist – sie tötet, und sie tötet ohne Notwendigkeit» (S. 258–259). Notwendig sei deshalb globale Solidarität. Sie sei Bedingung «sowohl für die kollektive Selbstverteidigung gegen die Zerstörungsdynamiken des Kapitalismus als auch für die Pflege und den Erhalt der eigenen Würde» (S. 258). Das im Jahre 2022 veröffentlichte Buch schliesst mit den Sätzen: «Wir müssen die imperiale Lebensweise überwinden und globale soziale Gerechtigkeit innerhalb der ökologischen Grenzen unseres Planeten durchsetzen. Die revolutionäre Dringlichkeit dafür ist ohne Zweifel gegeben (S. 259).» Also los! Packen wir es an! Doch wie genau?

Alexander Behrs Buch möchte einen Beitrag zur Beantwortung dieser Frage leisten. «Es soll Handwerkszeug, Diskussionsgrundlage, Strategiepapier und Reflexionsinstrument sein.» (S. 18) Behr schöpft dabei aus seinen Erfahrungen als Wissenschaftler, Journalist und Aktivist: «Ziel dieses Buches ist es, die Bedingungen und Voraussetzungen für globale Solidarität auszuloten und praktische Beispiele zu geben.» (S. 14) Unter Solidarität versteht Behr unter anderem eine transformative Praxis, welche alle daran Beteiligten verändere (S. 96). Das erinnert an Stephan Lessenichs 2019 in *Grenzen der Demokratie* formulierten Begriff von

Solidarität als soziale Praxis, «die kooperativ, performativ und transformativ zugleich ist». Sowohl Lessenich als auch Behr beziehen sich positiv auf Bini Adamczaks 2017 veröffentlichtes Buch *Beziehungsweise Revolution* und das Verständnis von Solidarität als eine «Beziehungsweise»: «Solidarische Beziehungsweisen sind nicht allein ein Mittel, um etwas zu erreichen, sie sind vielmehr ein zentrales Ziel gesellschaftlicher Veränderungsprozesse.» (S. 97)

Im ersten Kapitel werden die sozial-ökologischen Krisen und ihre Ursachen thematisiert. Rudimentär werden theoretische Ansätze kurz eingeführt, so beispielsweise das Konzept «Imperiale Lebensweise» von Ulrich Brand und Markus Wissen. Wie in der Einleitung angekündigt, wird rasch ersichtlich, was nicht zum prioritären Fokus der Lektüre gehört: Eine wissenschaftsphilosophisch fundierte und kohärente theoretische Einführung in die aktuellen Dynamiken der Veränderungen, wie sie der kapitalistischen Produktionsweise inhärent sind. Es ist eher ein eklektizistischer Überblick, der durchaus pointiert aktuelle Entwicklungen zusammenfasst.

Im zweiten Kapitel rückt die Geschichte der Solidaritätsbewegung in den Fokus: «Es geht um exemplarische Schlaglichter.» (S. 71) Dabei wird die Relevanz der globalen antikolonialen Befreiungsbewegung betont und zuvor relativ ausführlich auf die Geschichte der vielen «Internationalen» der Arbeiter:innenbewegung eingegangen. Ihr Beitrag zur Verwirklichung von Freiheit, Gleichheit und Solidarität wird gewürdigt, aber auch auf die teils drastischen Fehlentwicklungen, die Erscheinungsformen «autoritärer und mörderischer Wendungen linker Politik im 20. Jahrhundert» hingewiesen (S. 105), wie es im dritten Kapitel mit dem Titel «Falsche Alternativen» heisst.

Mit den Kapiteln vier und fünf folgen die eigentlichen Herzstücke der Lektüre. Behr stellt diverse emanzipatorische Strategien vor, die als Inspirationsquellen dienen sollen. Dabei geht es auch ans Eingemachte. In Bezug auf die Degrowth-Debatte meint Behr: «Der konsequente Umbau birgt die Chance, Eigentumsverhältnisse und Entscheidungsstrukturen zu demokratisieren und die Belegschaften in den Strukturwandel einzubeziehen. Dabei geht es zweifelsohne auch um die Eigentumsfrage. Grosse Transportunternehmen, Auto- und Energiekonzerne müssen vergesellschaftet werden.» (S. 155–156) Als Detailhandelsfachmann EFZ fragt sich der Rezensent: Warum nur diese? Und in einer an Marlene Engelhorn anknüpfenden Kritik an privater Philanthropie meint Behr, dass diese recht habe: «Auf den guten Willen der Superreichen können wir uns keinesfalls verlassen. Wir müssen sie ökonomisch und politisch entmachten und die Produktionsmittel, auf denen ihr Reichtum beruht, unter demokratische Kontrolle stellen.» (S. 179) Dass vereinzelte Strategien nicht wirklich weiterhelfen, wird dann deutlich, wenn die globale politische Ökonomie ins Blickfeld gerät: «Angesichts globalisierter Lieferketten und der globalen Klimakrise lässt sich Solidarität heute mehr denn je nur global verwirklichen.» (S. 190) Immer wieder kommt zum Ausdruck: Es geht im Kern um eine progressive Überwindung der kapitalistischen Produktionsweise.

Im fünften Kapitel kommen Behrs Erfahrungen als Aktivist und Journalist vollumfänglich zur Geltung. So hat Behr für das österreichische Radio Ö1 (ORF) eine Delegationsreise des Europaparlamentariers Joseph Weidenholzer begleitet, welche die Aufgabe hatte, die Verbrechen des Islamischen Staates an den Jesid:innen zu dokumentieren (S. 207). Und er war Teil einer Delegationsreise zum Flüchtlingslager in Moria auf Lesbos, an der Jean Ziegler teilnahm, um für den Österreichischen Rundfunk zu berichten (S. 226). Die Eindrücke, die er zu diesen Reisen schildert, sind aufrüttelnd. Beeindruckend sind auch die Ausführungen zum Werdegang und den Aktivitäten des Aktivisten Emmanuel Mbolela, mit dem Alexander Behr unter anderem im Rahmen des Netzwerkes Afrique-Europe-Interact eng zusammenarbeitet und dessen Autobiografie *Mein Weg vom Kongo nach Europa* (2014) von Behr übersetzt wurde (S. 200–203). Das abschliessende Kapitel «Ausblick» mobilisiert dann definitiv den gramscianischen Optimismus des Willens, auf den Behr in der Einleitung verweist (S. 14). Ein «aufgeklärter Alarmismus», ein Handeln im Hier und Jetzt sei gefragt (S. 253–254). In Anlehnung an den Ausspruch, der Jean-Paul Sartre zugesprochen wird, dass, um die Menschen zu lieben, man sehr stark hassen müsse, was sie unterdrücke, betont Behr, dass es eben um das «was» gehe und es «die strukturellen Gegebenheiten des globalen Kapitalismus, des Rassismus, Sexismus, Neokolonialismus und andere Unterdrückungsformen» sind, welche zurückgedrängt werden müssen (S. 257).

Bei dieser Aneinanderreihung von Unterdrückungsformen stellt sich wieder die Frage, wie diese konkret zusammenhängen. Zum Verhältnis von Kapitalismus und Rassismus hat der 2022 von Bafta Sarbo und Eleonora Roldán Mendívil herausgegebene Sammelband *Die Diversität der Ausbeutung* aufgezeigt, wie gewinnbringend ein «dialektisch-historisch-materialistischer Zugang» sein kann. Sarbo plädiert in ihrem Beitrag für einen materialistischen Rassismusbegriff, der «Rassismus oder zumindest seine Existenzbedingung in der materiellen Struktur der Gesellschaft» verortet (Sarbo, S. 63). Eine Einführung in ein grundlegenderes Verständnis der materiellen Verhältnisse hätte vielleicht auch dem rezensierten Buch dazu verhelfen können, Theorie, Bewegungen und Praxiserfahrungen und daraus resultierende Vorschläge etwas kohärenter zu verbinden. Doch es ist dem Buch auch nicht abzusprechen, dass es eben gerade versucht, Theorie und aktuelle soziale Bewegungen sowie eigene Praxiserfahrung leicht verständlich zusammenzubringen. Es ist im Sinne der von Behr geforderten solidarischen Arbeitsteilung ein empfehlenswerter Beitrag (S. 132). Einer, der motivieren kann, tätig zu werden «für die kollektive Selbstverteidigung gegen die Zerstörungsdynamiken des Kapitalismus» (S. 258).

Lukas Brügger

Jörg Kronauer: **Der Aufmarsch – Vorgeschichte zum Krieg.** Russland, China und der Westen

Verlag PapyRossa, Köln 2022 (207 S.)

Am 24. Februar 2022 erlitt die Welt einen Schock. Mit Russlands Überfall auf die Ukraine ist in Europa wieder ein offener Krieg entbrannt, nach dem Nato-Angriff auf Jugoslawien vor 23 Jahren. Der deutsche Journalist und Autor Jörg Kronauer leitet sein Buch *Der Aufmarsch – Vorgeschichte zum Krieg* mit dem Satz ein: «Der Krieg kam nicht unangekündigt, doch für viele unerwartet.» (S. 7) Dieser Behauptung geht er in seiner Publikation nach und behandelt die geopolitischen Beziehungen zwischen den Grossmächten seit dem Zusammenbruch der Sowjetunion zu Beginn der 1990er-Jahre. In seiner Arbeit behandelt er in einem ersten Teil die zunehmenden Spannungen im Vorfeld des Krieges: «Die kontinuierliche Einflussexpansion der westlichen Mächte in Richtung Osten; den wachsenden politisch-ökonomischen Druck, unter den sie Moskau im Lauf der Jahre setzten; schliesslich den militärischen Aufmarsch der Nato hin zur russischen Grenze.» (S. 8) Im zweiten Teil beleuchtet der Autor den sich zuspitzenden Machtkampf zwischen dem Westen und China: Vor allem die komplexen Konflikte im Südchinesischen Meer, Chinas Projekt der Neuen Seidenstrassen und eine gestärkte Position auf dem afrikanischen Kontinent. Das Buch schliesst mit Betrachtungen zum schwierigen Verhältnis zwischen Russland und China sowie der Frage, inwiefern die gegenwärtigen geopolitischen Umbrüche in einen Weltkrieg eskalieren könnten.

Ende 1991 befand sich alles im freien Fall, zumindest für diejenigen, die vom weltgrössten realsozialistischen Staat noch übriggeblieben waren. In dieser instabilen Lage suchte Boris Jelzin nach dem Ausbau eines Dialogs mit dem Westen und warf gar die Frage nach Russlands Mitgliedschaft in der Nato auf. Wie Kronauer feststellt, war das für die westlichen Staaten keine ernsthafte Option: «Schliesslich galt das Land – weiterhin Atommacht und ständiges Mitglied im UN-Sicherheitsrat – mit Blick auf seine Grösse und sein Potenzial trotz allen damaligen Zerfalls weiterhin als potenzielles Zentrum eigenständiger Machtambitionen.» (S. 12 f.) Unter dieser Prämisse beschreibt Kronauer, wie der Westen in den folgenden dreissig Jahren sein militärisches Bündnissystem festigt, ausdehnt und wie Russland darauf reagiert.

US-amerikanische Strategen verfolgten mit der Nato-Ostausdehnung nicht nur die Absicht, «das Bündnisgebiet zu vergrössern sowie Russlands Position in Ost- und Südosteuropa zu schwächen», sondern wollten auch der Gefahr begegnen, «dass es einer fremden Macht gelingen könne, Europa und Asien zu einem geschlossenen Machtblock zu verbinden» (S. 13 f.). Moskau wandte sich nach einer ersten Runde der Nato-Osterweiterung und dem Überfall auf Jugoslawien vom gescheiterten Plan einer insgesamt engeren Kooperation mit dem Westen ab und strebte nun eine Intensivierung der Beziehungen zur Europäischen Union und insbesondere Deutschland an. Während deutsche Konzerne am bevölkerungsreichen Russland sowohl als attraktivem Absatzmarkt wie auch Produktionsstandort Gefallen fanden und einen umfassenden Zugriff auf russische Energievorräte anstrebten. Zudem erhöhten die USA gemeinsam mit der EU zunehmend politischen Druck. Mittels «Farbrevolutionen» wurden prowestlich orientierte Kräfte gestützt, die östlich orientierte Regierungen ablösten. « Was für Russland schon an sich bedrohlich genug [war], zumal es sich in den meisten Fällen um unmittelbare Nachbarstaaten handelte, so kam hinzu, dass die USA mit ihrem Überfall auf den Irak im Jahr 2003 eines klargestellt hatten: Sie kannten bei der Durchsetzung ihrer globalen Interessen kein Halten mehr.» (S. 16)

Auf die russische Kritik am Vorhaben der USA, eine monopolare Welt zu schaffen, folgten auch russische Gegenschläge. Kronauer beschreibt diese geopolitische Auseinandersetzung in erster Linie anhand der Konflikte um Georgiens Teilrepublik Südossetien und die Ukraine. Dabei geraten verschiedene Mittel der Kriegsführung wie etwa Sanktionspolitik und propagandistische Tätigkeiten ebenso in den Blick wie Nebenschauplätze der kriegerischen und diplomatischen Auseinandersetzungen: Nord Stream 2 oder russische Aktivitäten auf dem afrikanischen Kontinent als Beispiele.

Während Russland eine Position vergleichbar derjenigen der Sowjetunion anstrebt, ist China bestrebt, seine Position wie anfangs des 19. Jahrhunderts wiederzuerlangen. Chinas Aufstieg ist mit grösseren globalen Umwälzungen verbunden und stellt die US-amerikanische Hegemonie vor eine grosse Herausforderung. Es ist bemerkenswert, dass ausgerechnet die enge Wirtschaftskooperation mit den USA dazu geführt hat, dass China nun dem Hegemonen seine globale Dominanz streitig machen kann. John Mearsheimer, eine gewichtige Stimme in der US-amerikanischen Aussenpolitik beklagt denn auch, man habe es verpasst, den Rivalen mittels vorausschauender Handelsbeschränkungen und Druck auf verbündete Staaten einzugrenzen – sehr spät habe Trump die

Notbremse gezogen. Inzwischen, hält Kronauer fest, ist «der Machtkampf der USA gegen China längst auf allen Ebenen in Gang. Die Vereinigten Staaten und ihre Verbündeten, darunter Deutschland und die EU, reagieren auf Chinas Erstarken mit massivem politischem Druck, mit heftigen Propagandaattacken und scharfen Sanktionen.» (S. 83) Der Wirtschaftskrieg unter der Führung der USA stösst bisweilen auf Vorbehalte – besonders in Berlin und Brüssel, die ein existenzielles Interesse am Erhalt und Ausbau des Chinageschäfts haben. «Dabei gelingt es den westlichen Mächten bislang nicht, chinesischen Expansionsprojekten wie etwa der Neuen Seidenstrasse mit eigenen Vorhaben erfolgreich entgegenzutreten, also Einflussverluste zu verhindern. Das steigert die Gefahr einer militärischen Eskalation.» (S. 83)

Das ökonomische Gravitationszentrum der Welt wandert also kontinuierlich in Richtung Osten. Eine von Kronauer vorgelegte Studie der Allianz Trade konstatiert das Ende der transatlantischen Ära der Weltwirtschaft und prognostiziert ein Fortlaufen der tendenziellen Verschiebung des ökonomischen Schwerpunktes gen Osten. Diese Verschiebung ist wesentlich vom Aufstieg Chinas angetrieben, was die «Dominanz, bei der die Führungen von Ländern mit zusammen gerade einmal einer Milliarde Menschen einer Weltbevölkerung von bald acht Milliarden die Regeln diktieren und Reichtümer horten» (S. 86), grundlegend infrage stellt. Das eröffnet neue Konfliktfelder, die Kronauer anschaulich darstellt: Die umfassende Wirtschaftsexpansion im Rahmen der Neuen Seidenstrassen und entsprechende westliche Gegenprojekte; Strafzollschlachten und Sanktionsgefechte auf verschiedenen Eskalationsstufen; ökonomische Spannungsfelder zwischen Partnerschaft und Wettbewerb; die Folgen zunehmender Blockbildung. Aber auch die ökonomischen und innenpolitischen Herausforderungen, die sich China stellen, werden behandelt: etwa die von wiederholten Massenprotesten begleiteten Auseinandersetzungen um die südchinesische Metropole Hongkong, der Umgang mit ethnischen Minderheiten im Autonomen Gebiet Xinjiang oder die Gefahr der chinesischen Schuldenfalle.

Kronauer entlässt seine Leser:innen mit einer düsteren Perspektive: «30. Juni 2034, Taoyuan International Airport auf Taiwan. Der grosse Krieg zwischen den USA und China, der am 12. März mit der Versenkung des US-Lenkwaffenzerstörers John Paul Jones nahe Mischief Reef im Südchinesischen Meer begonnen hat, ist in vollem Gang.» (S. 176) Diese Zeilen stammen aus einem von erfahrenen US-Militärs, James Stavridis und Elliot Ackerman, verfassten Roman mit dem Titel *2034*. Darin hat sich die Konkurrenz zwischen den USA und China zu einem nuklearen Weltkrieg entwickelt. Das unvorstellbare Zerstörungspotenzial, das ein nuklearer Weltkrieg entfalten würde, ist im Roman schonungslos dargestellt. Leider handelt es sich dabei um keine Spielerei im Reich der Science-Fiction, sondern um eine realistische Zukunftsperspektive: «Eine der häufigsten Reaktionen aus Militärkreisen auf den Roman laute, berichtete Stavridis: Sehr gutes Buch, aber falsches Datum. Manche hochrangigen Militärs seien der Ansicht, es gehe nicht um 2034, sondern eher um 2024 oder 2026.» (S. 192)

Der Aufmarsch – Vorgeschichte zum Krieg kann insofern als Mittel gegen künftige Überraschungen gelesen werden: So wie Kronauer mittels detaillierter Nachzeichnung der Vorgeschichte zum Ukraine-Krieg aufzeigt, dass uns dieser nicht hätte überraschen dürfen, so versucht er, uns durch eine nüchterne geopolitische Analyse der Gegenwart vor künftigen Überraschungen zu bewahren.

Dominic Iten

FRIEDENSZEITUNG

Viermal jährlich, engagiert, hintergründig, informativ.
Zu allen Fragen von Gewalt, Krieg und Frieden

In den letzten Ausgaben zu lesen:

– Ukraine: Zwischen Solidarität und Neutralität
– Russische Internierte in Schweizer Lagern 1945
– Über Kunst, Konflikt und Frieden
– Tötungsgrund Frausein – zu Femiziden
– Putins totaler Krieg mit Atomwaffen & -werken
– Emser Werke: Nazis, Nylon und Napalm
– Weltraum zwischen Konflikt und Konfrontation
– Der Frontalangriff auf den Zivildienst
sowie Diskussionen, Termine, Literatur u.v.m.

FRIEDENSZEITUNG
NR. 42 SEPTEMBER 2022

1 Schwerpunkt: Die Neutralität auf dem Prüfstand
8 Neutralität: Gedehnt, relativiert, verletzt
10 Zur Geschichte der alteidgenössischen Neutralität
12 Unter der Oberfläche: Der AUKUS-Vertrag
16 Erste Staatenkonferenz des Atomverbotsvertrags
18 Ukraine: Putins imperialer Phantomschmerz
22 Friedenskalender 2023: Ein Leben mit Nomaden
24 Der unsichtbare Feind der Afar-Nomaden

Diskussion um die schweizerische Neutralität nach der Übernahme der EU-Sanktionen gegen Russland

Neutrality reloaded

/ Peter Weishaupt /

«Kooperative Neutralität»

Knappe Vermeldung europäischer Isolation

Fortsetzung Seite 2

FRIEDENSZEITUNG 42/22

FRIEDENSZEITUNG

1 Zum ersten Jahrestag des Krieges gegen die Ukraine
6 Revisionsgesetze: Frontalangriff auf den Zivildienst
8 Weltinnenpolitik: Für ein Gewaltmonopol der UNO
12 Geopolitik oder gemeinsame Sicherheit im Weltraum?
16 Russische Soldaten in Schweizer Lagern 1945
21 Die ausserordentliche Armeebotschaft 2023
22 G. Baechler: Kunst, Konflikt und Frieden
30 Zusammenhalt: Ostermärsche am 10. April

Ukrainische Forderungen an die Schweiz anlässlich des Jahrestages vom 24. Februar 2023

Zum ersten Jahrestag des Krieges gegen die Ukraine

Fortsetzung Seite 2

FRIEDENSZEITUNG 44/23

❑ Jetzt abonnieren:
50 Franken im Jahr

❑ Jetzt schnuppern:
Zwei Ausgaben gratis

Mail an info@friedensrat.ch

Autor:innen

Lutz Brangsch Ökonom, Referent für Staat und Demokratie der Rosa-Luxemburg-Stiftung in Berlin

Lukas Brügger 1989, Detailhandelsfachmann und Soziologe, Ennetbaden

Franco Cavalli 1942, emeritierter Onkologieprofessor und ehemaliger Fraktionschef SPS im Bundesparlament, Beirat *Widerspruch*, Ascona

Renate Dillmann 1954, freiberufliche Journalistin/Dozentin Soziale Arbeit, Herdecke

Regula Flury 1952, Psychologin, politische Aktivistin, Redaktorin *Widerspruch*, Zürich

Ivo Georgiev 1966 geboren in Bulgarien, Abschluss in Politikwissenschaft, Leiter des Länderbüros der Rosa-Luxemburg-Stiftung in Kiew

Michael Graff 1959, Soziologe und Ökonom, Professor für Volkswirtschaftslehre an der ETH Zürich, Zürich

Markus Heiniger Historiker, Arbeit in der Schweiz und international beim Schweizerischen Friedensrat, für die Helvetas und im Eidgenössischen Departement für auswärtige Angelegenheiten (EDA), Meilen

Roland Herzog 1952, Ökonom und Soziologe, Bern

Stefan Howald 1953, Journalist und Publizist, Beirat *Widerspruch*, Dielsdorf

Renate Hürtgen 1947, Historikerin, Berlin

Wolodymir Ischtschenko 1982, wissenschaftlicher Mitarbeiter am Institut für Osteuropastudien der Freien Universität Berlin. Frühere Tätigkeiten: Stellvertretender Direktor des Zentrums für Gesellschaftsforschung in Kiew, Herausgeber von *Commons. Journal for Social Criticism* und Dozent an der Nationalen Universität Kiew-Mohyla-Akademie, Dresden

Dominic Iten 1991, Lehrer, vorwärts-Redaktor, *Widerspruch*-Redaktor, Bern

Ewgeniy Kasakow 1982, Historiker, Wissenschaftlicher Mitarbeiter Deutsches Auswandererhaus Bremerhaven (DAH)

Julia Klebs 1977, Lehrerin und Redaktorin *Widerspruch*, Basel

Dieter Klein 1931, em. Prof. für ökonomische Grundlagen der Politik, aktuell Forschungsprojekte bei der Rosa-Luxemburg-Stiftung, Heidesee

Thomas Konicz 1973, Autor und Journalist, Hannover

Ueli Mäder Soziologe, pensioniert, Beirat *Widerspruch*, Rheinfelden

Gabriela Neuhaus 1961, freischaffende Journalistin und Filmemacherin, Zürich

Hanna Perekhoda Doktorandin Geschichte und wissenschaftliche Assistentin, Universität Lausanne, Lausanne

Beat Ringger 1955, freischaffender Publizist, ehemals geschäftsleitender Sekretär des Denknetzes, Beirat *Widerspruch*, Windisch

Michael Roberts Marxistischer Ökonom, ehemals tätig als Ökonom und Finanzberater in der Londoner City, London

Winfried Roth 1952, Journalist und Übersetzer, Berlin

David Salomon Professor am Institut für Politikwissenschaft der TU Darmstadt, Dreieich

Annemarie Sancar Sozialanthropologin mit Schwerpunkten Friedenspolitik und Entwicklungszusammenarbeit, Netzwerk- und Programmverantwortliche bei FriedensFrauen Weltweit, Bern

Peter Schadt 1988, Gewerkschaftssekretär DGB, Lehrbeauftragter (unter anderem Universität Stuttgart), Göppingen

Hans Schäppi 1942, Historiker, ehem. Präsident SOLIFONDS, BastA!, Basel

Kurt Seifert 1949, Sozialwissenschaftler und Publizist, Mitglied der Redaktion Neue Wege, Winterthur

Arman Spéth 1991, Lehrer und Redaktor *Widerspruch*, Zürich

Peter Streckeisen 1975, Dozent am Departement Soziale Arbeit der Züricher Hochschule für Angewandte Wissenschaften (ZHAW) und Privatdozent für Soziologie an der Universität Basel, Beirat *Widerspruch*, Basel

Anatoli Uljanov 1984, Journalist, bildender Künstler und Dokumentarfilmer, Los Angeles

Nathan Weis 1991, Wissenschaftlicher Mitarbeiter und Doktorand am Wissenschaftszentrum Berlin für Sozialforschung, Berlin